高等职业教育汽车类专业教材

Qiche Tuzhuang Jishu

汽车涂装技术

（第3版）

全国交通运输职业教育教学指导委员会　组织编写
李　扬　主　编
黄　樱　袁留奎　副主编
和豪涛　主　审

人民交通出版社股份有限公司
北京

内 容 提 要

本书是高等职业教育汽车类专业教材。本教材以汽车车身维修涂装工作过程为主线，内容主要包括喷涂前的准备、底漆的施工、原子灰的施工、中涂漆层的施工、面漆的喷涂、塑料底材的涂装、涂装质量检测和缺陷处理，共7个学习任务。

本书主要供高等职业院校汽车类专业教学使用，也可作为车身涂装人员的岗位培训教材或自学用书。

图书在版编目(CIP)数据

汽车涂装技术/李扬主编.—3版.—北京：人民交通出版社股份有限公司,2021.1
ISBN 978-7-114-16864-2

Ⅰ.①汽… Ⅱ.①李… Ⅲ.①汽车—涂漆—高等职业教育—教材 Ⅳ.①U472.44

中国版本图书馆 CIP 数据核字(2020)第 184302 号

书　　名：	汽车涂装技术（第3版）
著 作 者：	李　扬
责任编辑：	时　旭
责任校对：	赵媛媛
责任印制：	张　凯
出版发行：	人民交通出版社股份有限公司
地　　址：	(100011)北京市朝阳区安定门外外馆斜街3号
网　　址：	http://www.ccpcl.com.cn
销售电话：	(010)59757973
总 经 销：	人民交通出版社股份有限公司发行部
经　　销：	各地新华书店
印　　刷：	北京市密东印刷有限公司
开　　本：	787×1092　1/16
印　　张：	14.25
字　　数：	320 千
版　　次：	2009 年 9 月　第 1 版 2015 年 8 月　第 2 版 2021 年 1 月　第 3 版
印　　次：	2021 年 1 月　第 3 版　第 1 次印刷　总第 8 次印刷
书　　号：	ISBN 978-7-114-16864-2
定　　价：	38.00 元

(有印刷、装订质量问题的图书由本公司负责调换)

第3版前言

本教材根据教育部对高职高专教育的指示精神,以培养高等技术应用型专门人才为根本任务,以适应社会需要为目标进行组织编写。结合"1+X"证书制度的考核标准与我国国内实际情况,在教学中引入"工作过程",突出"任务引领"式教学。简化技术理论,强化职业实践,打破传统的学科式教学体系,以"工作过程"为主线,知识与技能结合,理论描述简要,实践叙述符合职业规范,使高职学生在"工作过程"中获得实践技能。体现了高职高专教育加强实践技能的教育特点。

《汽车涂装技术(第3版)》在前版本的基础上进行了内容优化,仍保持以"工作过程"为主线,全面系统地描述汽车维修涂装的工作流程,将原有的学习任务7"汽车车身护理"调整为"涂装质量检测和缺陷处理",使得整书内容更有条理,更符合实际汽车涂装工作流程,同时增加的内容补充了"1+X"证书制度考核的相关知识。在学习任务1"喷涂前的准备"中汽车涂装作业的安全与防护部分增加了车间安全和环保知识,更符合教育部发布的教学标准,同时,能增强学生的车间安全和环保意识。

参加本教材编写工作的有:河南交通职业技术学院黄樱(编写学习任务1和学习任务6)、河南交通职业技术学院李扬(编写学习任务2和学习任务5)、河南交通职业技术学院袁留奎(编写学习任务3)、河南交通职业技术学院宋丹丹(编写学习任务4)、河南交通职业技术学院武超(编写学习任务7)。全书由河南交通职业技术学院李扬担任主编,河南交通职业技术学院黄樱、袁留奎担任副主编,河南交通职业技术学院和豪涛担任主审。

在本书编写过程中,作者参阅了公开出版、发表的文献资料,对文献的作者及提供资料的朋友们表示感谢。同时,作者还得到了美国PPG工业集团庞贝捷漆油贸易(上海)有限公司和丰田T-TEP事务局的帮助与支持,在此表示感谢。

由于编者水平所限,书中可能存在一些不足之处,恳请使用者提出宝贵意见,以便更正。

编 者
2020年6月

目　录

学习任务 1　喷涂前的准备 ··· 1
　一、相关知识 ··· 2
　二、任务实施 ··· 33
　三、评价反馈 ··· 41

学习任务 2　底漆的施工 ··· 44
　一、相关知识 ··· 44
　二、任务实施 ··· 60
　三、评价反馈 ··· 72

学习任务 3　原子灰的施工 ·· 75
　一、相关知识 ··· 75
　二、任务实施 ··· 87
　三、评价反馈 ··· 100

学习任务 4　中涂漆层的施工 ··· 104
　一、相关知识 ··· 104
　二、任务实施 ··· 120
　三、评价反馈 ··· 126

学习任务 5　面漆的喷涂 ··· 129
　一、相关知识 ··· 129
　二、任务实施 ··· 146
　三、评价反馈 ··· 162

学习任务 6　塑料底材的涂装 ··· 166
　一、相关知识 ··· 166

二、任务实施 ……………………………………………………………… 174
　　三、评价反馈 ……………………………………………………………… 182

学习任务 7　涂装质量检测和缺陷处理 ……………………………………… 186
　　一、相关知识 ……………………………………………………………… 186
　　二、任务实施 ……………………………………………………………… 210
　　三、评价反馈 ……………………………………………………………… 215

参考文献 ……………………………………………………………………… 219

学习任务 1 喷涂前的准备

学习目标

1. 能够叙述汽车制造涂装工艺过程;
2. 知道汽车涂装方法;
3. 掌握汽车涂装作业的安全与防护;
4. 了解压缩空气供给系统的组成和功用;
5. 能够正确描述车身涂层的类型,并能正确鉴别;
6. 能够按照安全操作规范进行喷涂前的准备作业;
7. 正确完成一辆漆面受损汽车的喷涂前准备工作。

任务描述

一辆车身漆面受损的汽车,需要进行修补涂装。在进行修补涂装作业之前,根据操作规范对汽车车身进行喷涂前的准备作业。

学习引导

本学习任务沿着以下流程进行:

汽车在使用过程中,常常会因为各种原因造成车身外部覆盖件损伤和涂层的破坏,因此需要对车辆的涂层进行修复,使其恢复原有的状态。

接修一辆漆面受损的汽车,一般需要完成以下的一系列工作:

喷涂前的准备(清洗、鉴定损坏程度、底材处理)→ 喷涂底漆(施工准备、喷涂底漆、干燥)→原子灰施工(刮涂、干燥、打磨、清洁、再干燥)→喷涂中涂漆层(施工准备、喷涂中涂漆层、干燥、填补缺陷、打磨、再干燥)→喷涂面漆(遮护、清洁、油漆调配、喷涂色漆和清漆、干燥)→ 整理(撕去遮盖纸、修补各边角侧面)→ 抛光打蜡(遮蔽不需要打蜡的位置、抛光打蜡、清洁、内外部整理)→交车。

一、相关知识

1. 汽车涂装的功能及要素

涂装是指将涂料涂覆于经过处理的基体表面,再经过干燥成膜的工艺过程。汽车涂装是指各种车辆的车身及其零部件的涂漆修饰。根据涂装对象的不同,汽车涂装可分为原厂涂装和修补涂装。

(1)汽车涂装的功能。汽车涂装不仅提高了汽车车身的耐腐蚀性,而且还能使汽车具有优良的装饰性外观,从而延长了汽车的使用寿命,提升了汽车的外观品质,提高了汽车的商品价值。汽车涂装的主要功能有以下几个方面。

①保护作用。一方面,汽车表面经过涂装后,使零件的基本材料(特别是金属材料)与大气环境隔绝,起到屏蔽作用防止锈蚀;另一方面,某些涂料(如磷化底漆)与金属底材发生化学反应,使金属表面钝化,增强了涂层的防腐蚀能力。

②装饰作用。汽车涂装的装饰作用体现在涂层的色彩、光泽、丰满程度和外观等方面。涂膜色彩与人们的爱好及时代感相适应,提升了汽车的视觉美感,提高了汽车产品的市场竞争能力。

③标志作用。汽车涂上不同的颜色和图案,以表示其不同用途。如:消防车涂成红色;救护车涂成白色并做红十字标记等。

④特定目的。应用涂料的特殊性能,使汽车具有特殊功能,来完成特种作业或适应特定的使用条件。如:化学物品运输车辆要在车体表面或货厢、罐体内部涂装耐酸碱、耐油、耐热、绝缘的涂料,以防止化学品的腐蚀、渗漏等;军用汽车采用保护色(如橄榄绿或迷彩色),起到隐蔽的作用等。

(2)汽车涂装的基本要素。包括涂装材料、涂装工艺、涂装管理三方面。

①涂装材料。涂装材料即涂料,其质量和配套性是获得优质涂层的基本保障。如果不同涂层的材料不相容(即配套性不好),就不会得到一个好的涂层整体。

在选用涂料时,要根据实际情况,从涂膜性能、作业性能和价格等方面综合考虑。如果忽视涂膜性能单纯考虑涂料价格,有时会明显影响涂膜质量,缩短涂层的使用寿命,从而造成更大的损失。如果涂料选择不当,即使精心施工,所得的涂层也不可能获得良好的效果。如内层涂料用作面漆,会出现早期失光、变色和粉化等现象;在硝基旧漆层上喷涂双组分面漆,会出现咬底、开裂等现象;含铁颜料的涂料涂在黑色金属表面是好的防锈涂料,而涂在铝制品表面上反而会加速铝的腐蚀。

②涂装工艺。涂装工艺是充分发挥涂料的性能,获得优质涂层,降低生产成本的必要条件。

涂装工艺包括所采用涂装技术的合理性和先进性;涂装设备和工具的先进性和可靠性;涂装环境条件和工作人员的技能、素质等。使用劣质的涂料,无法获得优良的涂层,但如果选择设备和工具不当,即使采用优质涂料,也同样无法获得优质涂层。

设备生产效率低则势必造成涂装工程的成本增加,经济效益下降。涂装环境的好坏直接影响到涂膜的质量。高级装饰性的汽车车身涂装必须在无尘、通风、照明良好的环境下操作。涂装操作人员的技能熟练程度和责任心是影响涂装质量的人为因素,加强操作人员的培训,提高人员的素质是非常必要的。

③涂装管理。涂装管理是达到涂装目的和涂层质量的必要条件。

涂装管理不仅指劳动组织分工,更主要的是对关键工序的工艺参数和执行的质量进行监测,对产生的质量问题进行及时分析、研究、解决,以及对人员进行培训等。因此,涂装管理包括工艺管理、设备管理、工艺纪律管理、质量管理、现场环境管理、人员管理等。

涂装材料、涂装工艺、涂装管理三方面互为依存,忽视哪一方面都无法获得优质的涂装质量。

2. 原厂涂装

(1) 原厂涂装漆膜。原厂涂装漆膜即原车涂膜,该涂膜经过120℃高温烘烤,在涂膜干燥过程中经过熔融和二次流平,涂膜表面具有镜面光泽,并且膜质坚硬。新车在自动化生产线上完成涂装,环境洁净,无粉尘污染,保证了新车涂膜表面的洁净无瑕疵。

(2) 原厂涂装工作过程。原厂涂装是指汽车制造厂家在车辆制造过程中,对车辆(一般指车壳)进行涂装的工艺过程。不同车型所采用的涂装工艺有所不同。轿车的原厂涂装工艺大多采用自动流水线生产,涂装过程自动化程度高、速度快、产量大。不同的轿车生产厂家所采用的涂装流水线也有所差别,图1-1所示为原轿车涂装工作过程。

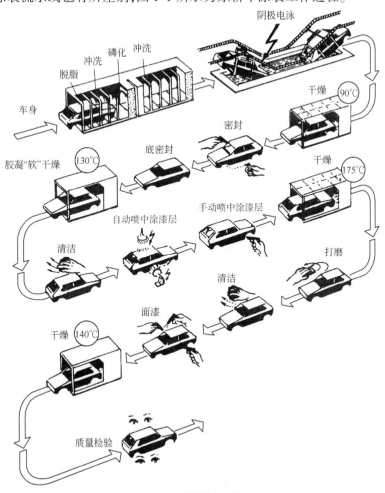

图 1-1 原厂轿车涂装工作过程

①车身表面处理。在涂装前对车身进行除锈、去氧化皮、去垢、脱脂和磷化处理,以除去车身表面在生产过程中出现的氧化皮、毛刺、锈蚀、油污和焊渣等,即车身表面处理。其一般操作如图1-2所示。通过车身表面处理,可在车体的内、外表面形成一层磷化膜。

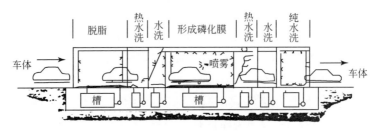

图1-2 车身表面处理

 小知识

磷 化 处 理

磷化处理是一种增强车身钢板防腐蚀能力的加工工艺。将成型的车身浸没于磷酸溶液中(或采用喷淋的方法),依靠化学反应在钢板表面形成一层致密的磷酸锌膜,这层磷化膜不易与酸、碱发生反应,从而提高了钢板的防腐蚀性能。

②原厂车身底漆涂装使用电泳涂装工艺。如图1-3所示,利用水溶性涂料液在电场(一般采用200~300V的直流电)下产生的电泳、电解、电沉积和电渗作用,使浸在漆液中的车身被涂上漆。电泳涂装的优点是:涂膜均匀、附着力强,一般涂装方法难以达到之处(内腔、凹陷、焊缝等)均能获得均匀、平整、光滑的漆膜,油漆利用率可达90%~95%。

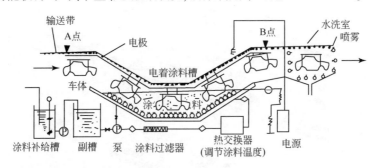

图1-3 电泳涂装

③密封剂、填缝胶和车底保护涂装。车身构件上有很多焊点、接缝,需要涂装密封剂,以防止车辆使用过程中水、气侵入这些部位。车体接合断面涂布填缝胶,防止外部雨水、灰尘渗入车室内,如图1-4所示。

汽车底盘安装有大量运动部件,在车辆运行过程中因振动很大且经受砂石撞击,容易造成底盘涂层损坏,进而造成底盘防腐蚀能力的降低。为防止这种情况发生,需要在车身底盘部分进行防撞涂料的涂装,如图1-5所示。

④中涂漆层涂装。中涂漆层涂装的作用是增强底漆与面漆之间的附着力,提高面漆的

机械强度,保证面漆表面的平整度。

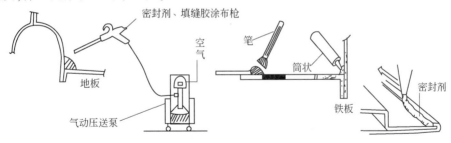

图1-4　涂装密封剂、填缝胶

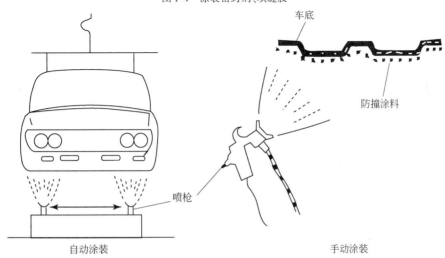

图1-5　涂装防撞涂料

中涂漆层大多采用自动静电涂装,如图1-6所示。被涂装的工件(车身)带正电荷,涂装机(喷枪电极)带负电荷,在被涂装的工件与涂装机之间形成的电场中,涂料被雾化成细粒子并带有负电荷。带有负电荷的涂料粒子飞向带有正电荷的车身,被吸附在被涂工件的正反表面。图1-7为静电涂装示意图。

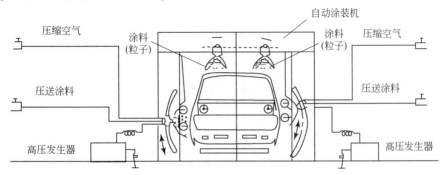

图1-6　自动静电涂装装置

中涂漆层涂装后的车身,需要经过静置、加温干燥,然后进行打磨,去除涂层表面的杂质和粗糙物。在中涂漆层表面形成平整表面,保证面漆与中涂漆的附着能力,为面漆提供平整的基础。通常,多采用自动打磨机进行湿打磨,如图1-8所示。

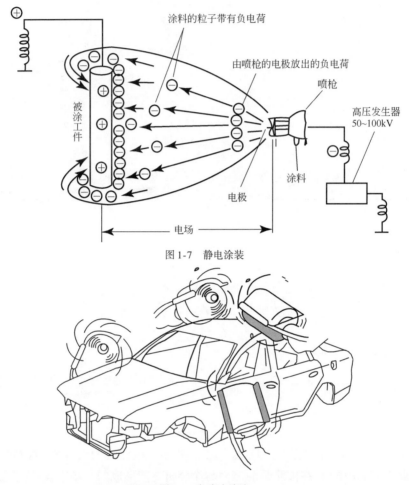

图1-7 静电涂装

图1-8 打磨中涂漆

⑤面漆涂装。面漆涂装决定车身表面涂层的最终效果,对产品质量好坏有着重要影响。

a. 遮护。在面漆喷涂前,对不需喷涂面漆或一些有特殊要求的部位进行遮护,避免其在喷涂面漆过程中被污染,如图1-9所示。

b. 清洁。使用粘尘布对车身上需要喷涂面漆的表面进行清洁,如图1-10所示。

图1-9 遮护　　　　　　　　图1-10 清洁

c. 预涂装。如图1-11所示,车身上有很多是机械喷涂不能到达的部位,这些部位主要是车身上的一些缝隙,如:车门与车身连接接缝处、车门与车身框架的重叠处等。这些部位虽然平时处于遮盖状态,但是从车辆整体美观角度出发,要求这些部位与车身其他部位具有同样的颜色和涂装质量。由于机械喷涂只适合喷涂较大的表面和能够使用机械臂进行喷涂的部位,因此,大多数汽车制造厂家在进行自动喷涂面漆之前,先人工喷涂那些机械臂不能喷涂的部位。这种人工面漆涂装可以称之为面漆的初次涂装或面漆预涂装。

d. 面漆涂装。如图1-12所示,根据车辆所喷涂面漆种类的不同,面漆喷涂适当调整喷涂工艺顺序。若喷涂素色面漆(单工序面漆),则在喷涂完面漆之后就可以进行下一道工序的操作。若喷涂金属效果或珠光效果的面漆(双工序或三工序面漆),则在喷涂完底色漆之后再喷涂清漆,方可进行下一道工序的操作。

图1-11 预涂装

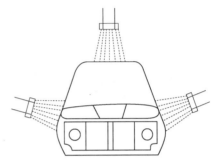
图1-12 面漆涂装

e. 面漆的干燥。喷涂完面漆的车身在室温条件下静置7~10min,以便于面漆中的溶剂有足够的挥发时间,防止由于突然加温使溶剂大量快速挥发,造成涂膜破裂。当涂膜中所含溶剂充分挥发后,使涂装好的车身进入到高温烘烤炉中并逐渐提高温度到120~150℃保持20~30min,如图1-13所示。当车身涂膜已经基本干燥后,就可以进入最终质量检验工序。

f. 外观质量检验。面漆是整个涂层的最外面的一层。当面漆喷涂完毕并干燥后,需对整个涂装质量进行检验,并对整个涂装过程进行总体评价,主要目视检查面漆表面有无划痕、灰尘颗粒、针孔、气泡,如图1-14所示。而对整个涂层的附着力、硬度等指标的检测只进行抽样检测。

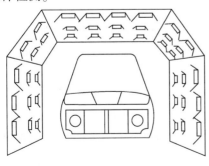
图1-13 面漆的干燥

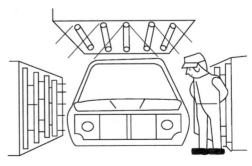
图1-14 目视外观质量检验

小知识

原厂高温漆漆膜

原厂涂装漆通常又称为原厂高温漆,即指汽车制造厂用在生产线上的油漆,一般为烘烤聚合物涂料。原厂高温漆经过原厂涂装生产线形成的漆膜如图1-15所示,各涂层厚度见表1-1。

图1-15 原厂高温漆漆膜

原厂高温漆涂层结构　　　　　　　　　　表1-1

底材	涂层		厚度(μm)	总厚度(μm)
钢铁	磷酸锌层		1~2	100~130
	电泳漆层		18~20	
	中涂底漆层		35~40	
	面漆层	底色漆层	10~25	
		清漆层	35~40	
塑料	塑料底漆		15	80~100
	面漆层	底色漆层	15~25	
		清漆层	50~60	

3.汽车涂装方法

常用的涂装方法主要有刷涂、空气喷涂、高压无气喷涂、空气辅助高压无气喷涂、浸涂、静电喷涂、电泳涂装、粉末涂装等。各涂装方法之间有着密切的关系,既可单独完成,又可用不同的涂装方法进行组合配套。

(1)刷涂。它是手工使用不同规格尺寸的毛刷蘸上涂料后,按一定操作方法把涂料刷涂在物体表面上,再经干燥形成涂膜。其特点是:设备简单,易于操作,适应性强;但质量差,劳动强度大,生产效率低。

(2)空气喷涂。它是以高压空气把涂料吹散雾化后,形成均匀而细微的雾滴,涂布于物体表面上,再经干燥固化形成涂膜。其特点是:操作方式简单,涂膜均匀,适用于不同材质、形状的产品;但一次成膜太薄,需要多次喷涂,同时高度分散的漆雾和挥发出来的有机溶剂既污染环境,威胁施工人员的健康,又使涂料利用率低,仅为30%~40%,浪费严重。

(3)高压无气喷涂。它是把涂料加压后通过高压无气喷枪的特殊喷嘴喷出,使涂料高度雾化成细小微粒涂布在物体表面。其特点是：一次成膜厚度大，涂装效率高，涂装面积大；但涂装质量不高。

（4）浸涂。它是把被涂物直接浸入已配置好的涂料液槽中，经一定时间浸渍后取出，将多余的漆液滴净并流回漆槽，再经干燥固化形成涂膜。其特点是：适用于小零件大批量生产，可进行流水线作业，易实现涂装的自动化；但涂膜质量不高，易流挂。

（5）静电喷涂。它是利用高频高压静电发生器高压直流电，把被涂工件接上正极，喷涂工具接负极，使之产生电晕放电。涂料以一定方式雾化喷出后，在电场作用下，负粒子奔向正极并吸附在物体表面，再经干燥形成一层牢固涂膜。其特点是：涂料利用率高，可达80%～90%，易实现自动化；但对非金属需要进行表面处理。

（6）电泳涂装。它采用蒸馏水或离子水与专用的电泳涂料合成电泳液，在工件与泳槽之间通电，带电胶体粒子在电场的作用下，游向异性电极，通过电泳、电沉积、电渗、电解等过程，使涂料牢固均匀地吸附在工作表面。其特点是：工件内腔焊缝等细微空间都能形成涂膜，提高工件的耐腐蚀能力，质量好，机械化程度高。现在汽车制造厂均采用阴极电泳涂装。

（7）粉末涂装。它先使经过预热后的工件表面黏住一层均匀的粉末涂料，然后再经烘烤、熔融、流平、提润、反应固化而成膜。其特点是：一次成膜厚，涂膜均匀且附着力强，涂料可回收，利用率可达95%。

4. 汽车涂装作业的安全与防护

涂装作业使用的涂料及溶剂绝大部分都是易燃和有毒物质，在进行涂装作业时易形成漆雾、有机溶剂蒸汽和粉尘等，操作人员长期接触和吸入体内，能够引起慢性中毒、皮肤病等，有害健康。若将它们排放到室外，有些具有光化学反应性的溶剂在受到阳光中的紫外线照射后能形成毒性更大的物质，则导致大气污染，造成公害。所以，必须加强工作环境的安全保护，做好工人的劳动保护工作。

（1）车间安全。

①防火安全。汽车涂装过程中形成的漆雾、有机溶剂蒸汽和粉尘与空气混合积聚到一定的含量范围时，一旦接触明火，就很容易引起火灾或爆炸事故。所以，涂装车间一般是火灾危险易发场所，防火安全一定要引起普遍重视。现在，汽车涂装线已开始采用低污染或无污染型涂料，如水性涂料、无溶剂型涂料、高固体分涂料和粉末涂料等，逐步替代传统的有机溶剂型涂料。这些新型涂料的采用显著地降低了涂装工厂的火灾危险性，达到安全防护的目的。

涂装作业的火灾危险性与使用的涂料种类、涂装方法、使用量和涂装场所的条件等有关。如果使用的不是易燃性的或不燃烧的涂料，则火灾危险性很小，如水性涂料的涂装就基本上消除了火灾危险性。可是，在使用易燃性涂料和溶剂的场合，爆炸和火灾的危险性就非常大。发生爆炸和火灾事故造成生命、财产严重损失，极大地影响生产的正常进行。从事涂装的单位和人员必须高度重视防火安全工作。

a. 涂装作业中的常见火源。

（a）自燃火源。浸有清洁剂、溶剂、涂料等的擦拭布、棉纱若不及时清除，化合物之间发生化学反应产生热量，当温度达到了燃点，就会"自动着火"。

(b)明火。涂装车间内严禁吸烟,禁止携带火种,严禁使用产生火种和易于燃烧的工具和设备。若必须使用喷灯、电烙铁、电焊机等,应按规定进行动火申请,并在相关职能人员的监督下,在规定的区域内操作。

(c)撞击火花。用铁器敲打或者开启金属桶,铁器相互敲击或穿有铁钉的鞋子撞击铁器,都容易发生撞击火花。

(d)电气火花。普通的电器设备开关在断开或闭合时,接触瞬间会产生火花,电源线超负荷时也会产生过热现象,这些都是发生火灾的隐患。必须采用防爆型照明装置和电动机,插头必须有接地线。在使用溶剂的工作场所,禁止安装闸刀开关、配电箱、断路器及普通电动机。

(e)静电。静电是火种的来源之一,两个良好的绝缘体之间的摩擦是产生静电的主要原因,也是发生火灾和爆炸事故的原因之一。涂装车间内的设备、管道、较大型的溶剂容器都必须接地,避免产生静电。

b. 易燃物质的燃烧特征。

(a)闪点。可燃性液体的蒸气与空气形成可燃性混合气体,遇到明火时引起闪电式燃烧,这种现象称为闪燃。引起闪燃的最低温度称为该可燃液体的闪点。根据闪点不同,可将溶剂和涂料的火灾危险等级分为三级:一级火灾危险品——闪点21℃以下,极易燃;二级火灾危险品——闪点21~70℃,一般易燃;三级火灾危险品——闪点70℃以上,难燃。

(b)着火点。溶剂蒸气遇火能燃烧5s以上的最低温度称为着火点。它比闪点略高些。

(c)自燃点。不需要借助火源,物质加热到一定的温度后自行燃烧的最低温度称为自燃点。它比闪点高得多。

(d)爆炸范围。可燃性气体与空气混合形成爆炸性混合气体,点火即爆炸。产生爆炸的最低浓度称为爆炸下限,最高浓度称为爆炸上限。在上限和下限之间都能产生爆炸,称为爆炸范围。为了确保安全,易燃气体和蒸气的体积应控制在下限浓度的25%以下。

(e)蒸气密度。相同体积的溶剂蒸气与空气质量比即蒸气密度。易燃性溶剂的蒸气一般比空气重,有积聚在地面和低处的倾向,因此,通风换气口应该设置在接近地面处。

除上述特征外,在考虑易燃物质危险性时,还要注意挥发性、沸点和扩展性等。

c. 火灾和爆炸的原因。

根据统计资料,涂装工厂发生火灾和爆炸事故的主要原因有以下几个方面。

(a)气体爆炸。由于涂装作业时换气不良,涂装车间内空气中充满溶剂蒸汽,在达到爆炸极限时遇明火(火星、火花)就会发生气体爆炸。

(b)电气设备选用不当或损伤未及时维修。如照明器具、电动机、开关及配线板等在危险场合使用时,在结构上防爆考虑不充分,则有产生火花的危险。

(c)在静电涂装作业时不遵守操作规程产生火花放电,造成气体爆炸和火灾事故。

(d)废漆、浓雾、被涂料和溶剂污染的废抹布等保管不当,堆积在一起易发生自燃。

(e)不遵守防火规则,在涂装现场使用明火或吸烟。

d. 防火防爆措施。

绝大多数涂料是易挥发、易燃烧的物料,涂料本身遇火会发生火灾。施工时挥发的熔剂蒸气与空气混合达到一定的浓度时,一旦遇到明火即会发生爆炸,造成重大损失。为了消除隐患,保证安全生产,施工时应该做好以下防火防爆安全工作:

(a)由于在施工中涂料有大量溶剂挥发,并且相当一部分溶剂是一级易燃品,其闪点低,极易燃烧,因此,施工场地应该配备防火设备,涂料桶盖要盖紧,防止溶剂蒸发而使空气中的溶剂浓度超过规定的界限;

(b)施工完毕,应该清理易燃材料,盖紧涂料桶盖,并且把材料入库;

(c)清理所有用过的浸有涂料、溶剂的棉纱、碎布等易燃物,将其集中存放在金属桶内,并且用清水浸没,防止自燃;

(d)施工场地严禁明火操作和点火、吸烟,附近不得有明火,张贴警告标识如图1-16所示,消除发生火灾的隐患;

(e)施工现场的电气设备必须有防爆装置,必须使用防爆插座,禁止使用闸刀开关,专业人员必须检查电气设备,消除隐患;

(f)施工现场必须放置足够数量的灭火器、黄沙及其他防火器材;

图1-16 警告标识图

(g)施工场地不准堆放易燃品,出入口及其通道上严禁堆放任何货物,易燃品应放入危险品仓库。

e.灭火方法。所有的火灾都可以通过抑制3个基本因素——热源、燃料、氧气,来实现灭火。大多数灭火的原理是降低燃烧物的温度和隔离空气。要有效地使用灭火器,必须将灭火器对准火焰的底部进行喷射灭火。灭火器应定期检查,并安放在车间合适的地方。

(a)灭火的基本方法:移去或隔离已经燃烧的火源,熄灭火焰。隔绝空气,切断氧气,使火焰窒息,或者将不燃烧的气体(如二氧化碳)喷射到燃烧的物体上,使空气中的氧气浓度下降到16%以下,熄灭火焰。用冷却法把燃烧物的温度降低到着火点以下,即可以灭火。

(b)灭火器的使用:把灭火器手柄上的销子拔出来,这是一个固定销,防止平时意外压下手柄;喷嘴对准火焰的底部,距离火焰约3m;用力压下灭火器的手柄,喷射出灭火剂,如果松开手柄,灭火器就停止喷射;移动喷嘴,前后吹扫火焰的底部;火焰扑灭后,要仔细观察,防止火焰复燃。

②工具设备的安全使用。汽车涂装作业中使用工具和设备基本的安全要求如下。

a.手动工具要保持清洁和完好。应经常清洁沾有油污和其他杂物的工具,检查其是否有破损,以免使用时发生机械事故,伤及人身。

b.使用锐利或有尖角的工具时应当小心操作。不要将旋具、手钻、冲头等锐利工具放在口袋中,以免伤及本人或划伤汽车表面。

c.专用工具只能用于专门的操作,不能移作他用。

d.用气动或电动工具从事打磨、修整、喷砂或类似作业时,必须佩戴安全镜。在小零件上钻孔时,禁止用手握持,必须用台钳夹住。

e.必须确认电动工具上的电路开关处于断开位置后,才允许接通电源。电动工具使用完毕,应切断电路,并从电源上拔下来。

f. 清理电动工具在工作时所产生的切屑和碎片时,必须让电动工具停止转动,切勿在转动过程中用手或刷子去清理。

g. 气动工具必须在规定的压力下工作。

h. 使用液压机具时,应保持液压压力处于安全值以下,操作时应佩戴护目镜。

i. 手工清除铁锈、旧涂膜、焊渣及打磨时,应该佩戴护目镜、棉纱手套、防尘口罩、穿工作服和带钢头的防滑皮鞋。用溶剂清洗工件、用脱漆水脱漆和喷涂时,应该佩戴护目镜、橡胶手套、双筒活性炭口罩,穿抗静电工作服和带钢头的防滑皮鞋。如果喷涂的是含异氰酸酯固化剂的双组分涂料,必须佩戴供气式面罩。

j. 施工环境要有良好的通风条件,尤其是室内施工时。在喷涂房内,充足的空气交换量不仅有利于涂层干燥,还能及时排出有害飞漆和挥发性气体。如果是干打磨,要安装吸尘装置。

k. 登高作业时,要注意凳子是否牢固,严禁穿拖鞋登高和操作。超过一定高度时,必须系安全带。

l. 操作人员要熟悉所使用的设备(空气压缩机、通风设备及其他设备),定期检查有关设备和装置(如气筒、安全阀等)。使用空气压缩机的安全阀时,随时注意压力计的指针不要超过极限红线。

m. 施工场地的易燃品、棉纱等要随时清除,并且严禁烟火。涂料库房要隔绝火源,要配备消防器材,要有严禁烟火的标志。施工完毕后,盖紧涂料桶盖,收拾工具,清除余料和棉纱,防护用品放在专用柜中。

③涂料的安全存放。工作间内尽可能少存放油漆,使用过的油漆罐和空的油漆罐不可以堆放在工作间,必须放回储存处,或者每天工作结束后处理掉。涂料绝大多数都是易燃、有毒的物质,并有一定的保存期,存放时应该采取一定的措施,做到安全、防毒,保证涂料质量,防止存放超过保存期而造成损失。涂料在存放和保管中应该注意以下几点。

a. 存放涂料的库房必须专用,不得与其他物品(特别是易燃材料)存放在一起。库房要干燥、隔热,避免阳光直射。库房要有通风口,防止库房密封使得库房内有机溶剂的浓度过高而发生危险。库房内的照明应该使用防爆灯,开关应该装置在库房外面,防止开或关时产生电火花而引起火灾。

b. 库房必须远离火源,库房门口应该有"严禁烟火"的醒目标志。火柴、打火机、移动电话不得带进库房。库房外应该放置灭火器、黄沙及其他灭火材料。

c. 库房室温不得超过28℃,夏季高温时应有降温措施,取料时避开中午高温时段,在早、晚温度较低时取料。

d. 库房内存放不同性质的涂料,应该分堆或者分层存放,以免由于牌号不明而混淆不清,造成错发导致事故发生。

e. 库房内不许调配涂料,涂料桶不得有缝隙,使用过的涂料桶盖必须盖紧,不准存放敞口的涂料桶。

f. 库房内不准存放使用过的棉纱、纸屑。涂料空桶不可以存放在库房内,应该集中存放在通风好、无易燃物品的地方,并定期处理。

g. 库房进料应该登记涂料出厂日期、进库日期和规定的保存期,做到先进先出,防止存放过期而造成涂料变质(如干化、结皮、沉淀等)。

h. 对于用量小或容易变质凝结的涂料,不宜大量进货,防止积压或变质。

i. 按可燃性不同参照有关法规分类贮存。如按闪点不同,分为一级、二级、三级火灾危险品;有的国家以涂料的燃点分类,燃点低于20℃为高度可燃性(如汽油);燃点范围20~32℃为可燃性;燃点大于32℃已不属于高度可燃性液体。有的规定燃点在55℃以上的产品标有"可燃物"的警示。

j. 储存地(漆库),应备有完善的防火及灭火设备,并应考虑在此区域内装设自动喷水系统,以提高对火灾的自动防护能力。

k. 作为聚酯涂料固化剂的过氧化合物,不可与其他物料共同存放。特别是硝基漆,必须避免与抹布及有机物质接触。

(2)环保知识。

①对环境的危害。涂装车间所使用的涂料及溶剂等物质绝大部分都是有毒物质,在工作中形成漆雾、有机溶剂蒸汽和粉尘,操作人员长期接触和吸入体内能够引起慢性中毒,有害健康。若将它们排放到室外,则导致大气污染。有些具有光化学反应性的溶剂,在受到阳光中的紫外线照射后能形成毒性更大的物质,造成公害。在进行涂装时,因所使用的材料中含有有害物质,使操作者有可能患急性或慢性中毒、职业病、皮肤病等,因此,必须加强工作环境的保护、劳动保护和工人的健康保护工作。

涂料中有机物的挥发、废涂料的排放、稀释剂的处理等都会对环境造成污染。

a. 涂料中有机物的挥发。汽车维修企业生产中对环境污染最严重的是挥发性有机化合物的排放。挥发性有机化合物主要是有机溶剂,其对人类和动植物的危害很大,在太阳光的照射下,有机溶剂与空气中的氧化氮反应,生成臭氧(O_3),人们吸入臭氧含量超过一定限量的空气,会导致严重的呼吸道疾病,损伤肺部功能。

b. 废涂料的排放。废涂料的处理也是汽车维修企业的重要工作。若将废涂料直接排放,则会通过大气、土壤及下水道对地表及水源造成污染,如涂料中溶剂的挥发影响大气,在土壤中影响植物的生长,排放至下水道中影响河道的生物链,水中残留的重金属对人体有直接的危害等。当涂料排放至下水道中形成工业废水,工业废水分为两类:第一类废水是指含有会在环境或者动物体内积累,对人体健康产生长远影响的有害物质的水;第二类废水是指含有对人体健康产生的影响小于第一类的有害物质的水。我国对两类工业废水的排放均有严格的标准。

c. 稀释剂的处理。汽车维修企业清洗喷枪及清洁工具使用过的稀释剂,也是产生环境污染源的主要因素。稀释剂使用后直接排放,会导致有机物的挥发。另外,沾染了涂料的废弃物可能对环境产生不良影响,也应正确处理。

对汽车维修企业所使用的涂料对环境的影响有了正确的认识后,应该针对各种情况采取相应的措施,保护环境。

②有机物排放的环保措施。欧洲和北美国家都制定了严格限制挥发性有机化合物(Volatile Organic Compound,VOC)排放的环境保护法。欧美国家的许多知名公司也在积极

采取措施。如20世纪80年代起,美国通用汽车公司就开始采用化学方法解决喷涂车间的空气污染问题,用水吸附喷涂车间的飞漆和废气中的有机溶剂,吸附水经过过滤,分离出漆渣,再把吸附水导入特种细菌培养砂槽内,水中的混合溶剂就被细菌"吃掉"一部分,从而降低了空气中的有机溶剂量,减轻了空气污染。再如21世纪初,世界上最大的汽车涂料供应商PPG公司开发出更安全及环保的Enviro-Prime2000电泳底漆,用金属钇替代涂料中重金属铅,一年可减少约100万千克的使用量,从而获得2001年度美国环境保护署颁发的绿色化学挑战奖。目前,在汽车维修行业采取以下措施,有效降低VOC的排放。

a. 选择固体含量高的涂料。可以通过选择固体含量高的涂料来降低涂料中有机溶剂的使用。

b. 选择好的喷涂设备。通过对喷涂设备的选择来降低涂料的浪费,如高流低压(HVLP)喷枪的使用,可以提高涂料的使用率,达到降低VOC的目的。德国废物处理顾问协会(Baden Wurttemberg Waste Disposal Consultant Agency, ABAG institute)研究了采用不同喷涂技术保护环境和节省用量的可行性。采用HVLP喷枪可以大大降低溶剂散失,即降低VOC,同时,经济效益也很可观。但是,我国汽车维修企业没有普遍使用HVLP喷枪,原因有以下几点:HVLP喷枪价格比较高;汽车维修企业的空气压缩系统供气量不足,或者压力不稳定;用HVLP喷枪会提高空气消耗量,喷涂速度比传统喷枪速度慢5%~10%;离工件距离是13~17cm,而传统喷枪距离是18~23cm。一些涂装工在使用HVLP喷枪时,仍旧按照传统喷枪工艺操作,未能达到好的效果,阻碍了HVLP喷枪的推广。

c. 使用水性涂料。使用水性涂料是降低VOC的最佳方法之一。由于水性涂料技术目前还存在一定的局限,难以在各个领域推广,如汽车修补中涂料的单工序纯色面漆,就很难通过使用水性涂料达到和溶剂型涂料一致或接近的效果,但在底色漆领域,水性涂料被广泛运用。水性底色漆主要溶剂是水,因此,产品体系中的VOC同传统的溶剂型底色漆相比有非常显著的下降。通过实践证明,与传统的溶剂型产品体系相比,若结合溶剂型底漆的产品体系,VOC可降低50%,若结合水性底漆的产品体系,VOC可降低72%。

由此可见,就修补而言,若使用传统的溶剂型底漆,即使是将清漆由中固体含量型上升为特高固体含量,其VOC下降幅度也仅为37%;若使用水性底色漆结合高固体含量的清漆,VOC下降幅度可达64%。因此,在双工序的面漆体系中,使用水性底色漆是降低喷涂体系VOC的最佳方法。

③废气的处理。废气的处理方法有活性炭吸附、催化燃烧、液体吸附和直接燃烧等。

a. 活性炭吸附法。利用活性炭作为物理吸附剂,有机物吸附在活性炭表面,使废气净化。具有吸附能力的物质还有氧化硅、氧化铝等,其中以活性炭应用最广泛。将活性炭装入容器内,废气从一端进入容器,通过活性炭吸附后从容器的另一端排出净化的空气。使用过的活性炭可以再生,方法有蒸汽脱附,即将水蒸气通入活性炭层中干燥后再使用,还可以用减压脱附、高温燃烧脱附等。当然,脱附介质还要经过处理,才可以排放。还有把使用过的活性炭直接燃烧掉,更换新的活性炭的处理方法,此法最为简便,但成本较高。

b. 催化剂燃烧法。这种方法是利用催化剂将废气中可燃物质在较低温度下氧化分解成二氧化碳和水,使废气净化。催化燃烧过程是废气进入预热室升温至起燃温度的50%左右,然后通过催化剂层进行催化燃烧,废气净化。起燃温度是催化剂的重要活性指标,与废气类别、浓度有关。如果用铂和钯做催化剂,甲醇气体在100℃左右开始燃烧,酯类、酮类、其他醇类和碳氢化合物等在200℃开始燃烧,在300℃以上时几乎所有的有机溶剂气体都能完全燃烧。

c.液体吸附法。用吸收液吸收废气中的有机溶剂,使废气净化。溶剂分为溶于水的、微溶于水的和不溶于水的。溶于水的有甲醇、丙酮、丁醇、醚类等;微溶于水的有乙酸乙酯、乙酸丁酯等;不溶于水的有苯、甲苯、二甲苯等。涂装作业废气中含甲苯、二甲苯最多,可以用柴油或机油洗涤吸收。洗涤吸收装置一般做成塔式,常用的有填料塔、喷淋塔和斜孔塔3种。

d.直接燃烧法。直接燃烧法是将含有有机溶剂气体的混合气直接燃烧生成水和二氧化碳,放出的热量还可用于涂膜干燥,是一种经济简便的废气处理方法。

④废水的处理。废水排放标准分为三个等级,等级数越大,排放要求越低。废水处理标准也分三个等级,但是等级数越大处理力度越大。

a.一级处理,主要是预处理,用机械方法或者简单的化学方法使废水中悬浮物或者胶状物沉淀分离,中和溶液的酸碱度。

b.二级处理,主要是解决可以分解或者可以氧化的有机物或者部分悬浮固体物的污染,常常采用生物化学分解废水中的有机物,或者添加凝聚剂使悬浮固体物凝聚分离。经过二级处理后水质明显改善,大部分可以达到排放标准。

c.三级处理是深度处理,主要处理难分解的有机物,处理方法有活性炭吸附、离子交换、电渗析、反渗透和化学氧化等。通过三级处理,废水达到地面水、工业用水或生活水的水质标准。

⑤废弃物的处理。所有废弃物必须分类处理,危险废弃物需由具备当地环保局认可资质的废弃物处理中心,经由固体废弃物管理中心审批同意后进行处理,并需登记备案。

a.浸蘸溶剂的抹布、棉纱、废纸或其他可燃物会产生热量,引起自燃,所以要浸没在水中,储存在密闭容器中;必须抛弃时,应投入隔开的有盖的金属容器内,并于每日工作完后或换班时清理出喷漆场地,或送往厂房外面的安全区,以避免其自燃。

b.严禁向下水道倒易燃溶剂或涂料,应收集回收处理或送往锅炉房当燃料处理。

c.喷漆室的废漆渣绝不可与其他产品混合储存,应深埋或当燃料处理。

d.过氧化物的抛弃应绝对小心,以防引起火灾。

e.异氰酸硬化物的残渣需以砂、土或其他无化学变化的物质吸取后,置于密封的容器中。含异氰酸基的涂料和固化剂要废弃时,应先中和,用90%的水稀释,再用5%尿酸溶液及2%的洗衣粉中和。中和后,应放置24h以上,瓶盖应打开,产生物质变化,才不会污染环境。

f.空的漆桶比装满油漆的桶更具爆炸的危险,绝不允许堆积在工厂内,必须每天处理。

g.在搬运和涂装过程中应尽量避免敲打、碰撞和摩擦等动作,开桶应使用非铁质的工具,不穿带钉子的工作鞋,以免发生火花或静电放电,引起燃烧。

h.涂装中的废涂料、粉尘、废抹布、废纸、废溶剂等,经分类及循环使用后无法再使用的,一般采用直接燃烧法,在专用焚烧炉集中烧掉,方法简便,效果好。

ⅰ.国内一些汽车维修企业一般用沉淀、漂浮等分离方法处理湿打磨、水帘净化废气等产生的废水,达到初步净化后排放;用活性炭吸附法净化废气;用直接焚烧法处理废弃物。

(3)个人安全防护。

汽车涂装施工作业中,涂料、填料和稀料的挥发气体对人体有害,施工人员长期接触将受到伤害。对施工人员的安全防护,首先要确保通风条件良好,其次要做好施工人员的人身防护。在作业区内,施工操作者必须戴好呼吸保护器、安全手套,穿好防护服及工作鞋。万一人体触及此类有害物质,应及时用肥皂水冲洗干净。

①通风。汽车涂装过程中,需要使用稀释剂、清洁剂等,在打磨及喷涂作业时,会排出有毒气体或颗粒,这不仅对人身体有害,且对喷漆质量也有影响。为此,常采用换气系统进行地面抽气、抽吸磨料和喷漆场地灰尘。

良好的通风系统,可以将涂料、填料和稀料所挥发的有害气体及时排除出作业区,也可以将作业区内汽车排出的尾气及各种灰尘抽离出去。

一方面,应当在其进气道设置空气过滤装置,滤去空气中的杂物,保持进入作业区的空气达到一定的纯净度;另一方面,在其排气道也应放置过滤装置,以便将作业区的污物阻挡在过滤器表面,使排出的气体不会污染大气,实现对环境的保护。

②呼吸系统的安全与保护。磨料的粉尘、腐蚀性溶液和溶剂所蒸发的气体、喷漆时的漆雾,都会给呼吸系统带来危害,即使在通风良好的环境下,操作者仍需要戴呼吸保护器。呼吸保护器有3种:防尘口罩、供气式面罩和活性炭过滤面罩。

a.防尘口罩。防尘口罩可以防止灰尘、漆雾、烟雾等空气中浮游微粒被吸入,保护肺、预防哮喘、避免中枢神经受损害。它有可更换过滤器芯式防尘口罩和一次性防尘口罩两类,如图1-17、图1-18所示,在原子灰施工和打磨、除尘等操作时使用。

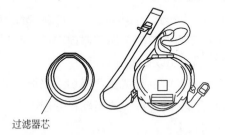 

图1-17　可更换过滤器芯式防尘口罩　　图1-18　一次性防尘口罩

b.供气式面罩。供气式面罩可以防止混有机溶剂的空气通过口鼻吸入人体,分为全面罩式和半面罩式两种。它利用压缩空气供气系统,通过供气软管向面罩内供应新鲜空气,也可选用小型空气压缩机提供新鲜空气。新鲜空气的入口必须置于清洁、远离喷漆的区域,并且须加装可滤油、滤水的空气过滤器及冷冻干燥机,以确保空气品质。

它主要在如下喷漆情况和环境下使用:大量和长时间喷漆;在封闭或不通风环境,如烤漆房、油罐等。

供气式全面罩如图1-19所示。其优点是不仅保护操作者的呼吸系统,而且保护了整个头部,特别是眼睛,但视觉上没有半面罩式清楚。

供气式半面罩如图 1-20 所示。它能够给操作者提供新鲜空气及良好的视线,但缺少保护眼睛及脸部的作用。

c. 活性炭过滤面罩。喷涂磁漆、硝基漆以及其他非氰化物的油漆和喷涂量较少时,操作者可以戴活性炭过滤面罩,如图 1-21 所示。这种面罩由一个适应人的脸形并具有密封作用的橡皮面具构成,包括可拆卸的前置活性炭滤芯,可以滤去空气中的溶剂或喷雾。呼吸器还有进气和排气阀门,以保证呼吸顺畅。

图 1-19　供气式全面罩　　　图 1-20　供气式半面罩　　　图 1-21　活性炭过滤面罩

 注意

目前常用的双组分油漆均含有氰化物,都无法用这种面罩过滤,同时,不可在封闭或不通风的环境下使用。

活性炭过滤面罩有双滤芯式和单滤芯式两种,使用中需要及时更换活性炭滤芯。当出现呼吸困难时,应更换活性炭滤芯;定期检查面罩,保持良好密封性能。

③ 人体其他部位的保护。

a. 头部的保护。涂装作业时将长发扎结在头后,要始终戴安全帽。

b. 眼睛和脸部的保护。戴防尘镜、护目镜或防护面具,如图 1-22～图 1-24 所示,防止眼睛受到灰尘、溶剂蒸气、飞行物、油漆及溅出溶剂的伤害。焊接时,必须戴遮光镜和头罩,使眼睛和脸部免受伤害。

 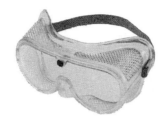 

图 1-22　护目镜　　　　图 1-23　防漆雾眼镜　　　　图 1-24　防护面具

c. 耳朵的保护。敲打钢板或喷沙时所发出的噪声,对人的听觉有不利的影响,严重者会损伤耳膜。在钣金作业及喷沙时应戴耳塞或耳罩,如图 1-25 所示。

图 1-25　耳塞、耳罩

d. 手的保护。为防止溶液、底漆及外层涂料对手的伤害,应佩戴安全手套进行操作。安全手套如图 1-26～图 1-28 所示。

图 1-26　普通手套　　　图 1-27　一次性手套　　　图 1-28　抗稀料手套

e. 脚的保护。在钣金作业时,应穿带有金属脚尖衬垫及防滑功能的安全工作鞋,如图 1-29 所示。金属脚尖衬垫可以保护脚趾不受落下的物体砸伤。喷漆时,还应再穿上方便鞋套或鞋罩。

图 1-29　安全工作鞋

f. 身体的保护。在喷漆场地,应穿清洁的喷漆防护服,如图 1-30 所示。此类工作服面料不起毛,以免影响漆面质量。工作服的上衣应是长袖的,袖口必须是橡皮扎口。工作裤要有足够的长度,裤脚口也是橡皮扎口。

图 1-30　喷漆防护服

技术提示

①油漆、稀料溅入眼睛的处理：

安装紧急淋浴、洗眼设备，如图1-31所示。

当溶剂等化学药品溅入眼睛后，切勿揉搓，必须立即冲洗眼睛，如图1-32所示。用大量水冲洗至少冲洗15min，然后送往专门医院进行检查与治疗。

当溶剂或化学药品大量溅在人体上时，立即用紧急淋浴器冲洗身体。

图1-31　紧急淋浴、洗眼器

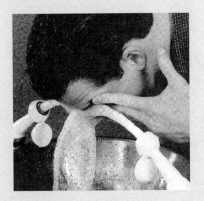

图1-32　冲洗眼睛

②油漆粘到皮肤上的处理：

先用布擦掉，立即用肥皂清洗或用专门的洗手膏等清洗。切勿用稀释剂、溶剂或香蕉水清洗！

小知识

在进行汽车涂装施工作业时，不同的作业项目及作业环境需要穿戴合适的个人防护用品，见表1-2。

汽车涂装个人防护用品推荐表　　　　表1-2

施工作业	防护用品												
	棉质工作服	防静电工作服	安全鞋	护目镜	供气式面罩	活性炭面罩	防护面具	防尘口罩	劳保手套	乳胶手套	耐溶剂手套	耳塞耳罩	工作帽
化学除漆		√	√	√		√	√				√		√
除油,使用除油剂		√	√	√		√					√		√

续上表

施工作业	防护用品												
	棉质工作服	防静电工作服	安全鞋	护目镜	供气式面罩	活性炭面罩	防护面具	防尘口罩	劳保手套	乳胶手套	耐溶剂手套	耳塞耳罩	工作帽
机械除漆,使用干磨机	√		√	√				√	√			√	√
除锈;用除锈水对金属进行酸处理	√		√	√			√				√		√
原子灰混合,刮涂	√		√	√			√			√			√
干磨原子灰	√		√	√				√	√				√
调漆			√	√			√				√		√
混合油漆			√	√			√				√		√
工作准备	√		√	√							√		√
喷涂油漆			√	√	2K涂料						√		√
油漆闪干或置干			√	√	2K涂料						√		√
清洗喷枪			√	√		√					√		√
强制干燥	√		√										√
抛光	√		√	√				√	√				√
清洁	√		√	√				√	√		√		√

5. 压缩空气供给系统

压缩空气供给系统用于提供充足的达到预定压力的压缩空气,以确保喷涂车间所有的气动设备都能有效地工作。

如图1-33所示,压缩空气供给系统一般由空气压缩机、空气净化设备、空气输送管道以及压力调节装置等组成。

(1)空气压缩机。空气压缩机以电动机为动力,将空气压力提升到规定的压力值,为气动设备提供动力,是现代汽车修理厂必不可少的设备。目前使用的空气压缩机根据工作原理分为活塞式、螺杆式、膜片式三类,普遍使用的是活塞式和螺杆式。

①活塞式空气压缩机。活塞式空气压缩机利用电动机带动活塞在汽缸中上下往复运动,其外形如图1-34所示。当活塞下行时,进气门打开吸气;当活塞上行时,进气门关闭,因为容积缩小而产生压缩空气。

活塞式空气压缩机有单缸和多缸两种,多缸压缩机能够提供较大容量的压缩空气。为了得到更高的压力,活塞式空气压缩机又可以设计成二级或多级式的。空气被压缩一次后,由排气阀直接进入储气罐，为一级压缩式，如图 1-35 所示。压缩一次后，空气由排气阀再进入高气压缸，经二次行程压缩后，由高气压排气阀送入储气罐，为二级压缩式，如图 1-36 所示。活塞式空气压缩机适合小修理厂或用气量不大的喷漆车间。

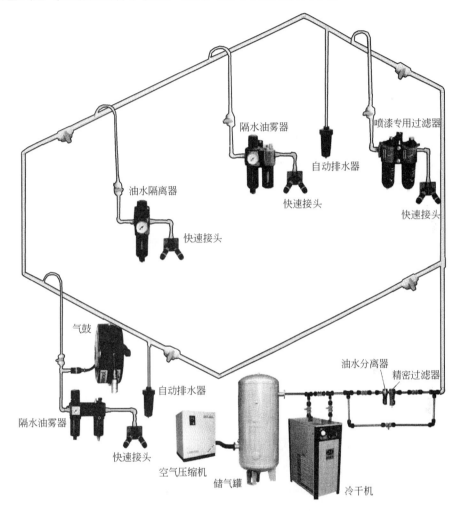

图 1-33　压缩空气供给系统

图 1-34　活塞式空气压缩机外形

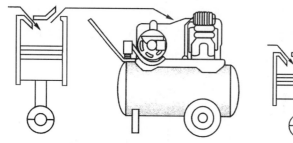
图 1-35 单级空气压缩机

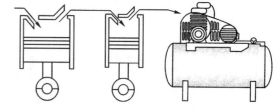
图 1-36 双级空气压缩机

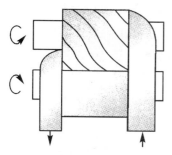
图 1-37 螺杆式空气压缩机

②螺杆式空气压缩机。如图 1-37 所示,螺杆式空气压缩机内有两个相啮合的螺旋形转轮,压缩机工作时,转轮的螺纹在进口处封闭,形成一个气室,压缩空气由输出口处排出,输出口处的压力脉动小。该空气压缩机是新一代空气压缩机,具有美观、高效、低速、低噪声、气量大、节能、自动化控制等优点。螺杆式空气压缩机的工作效率和可靠性高,在汽车修理行业将逐步取代活塞式空气压缩机,适用于耗气量大的修理厂。

(2) 储气罐。储气罐用来储存空气压缩机所产生的压缩空气,如图 1-33 所示。

储气罐的工作压力必须大于车间工具所需压力,其作用为:

①储存一定压力和容积的压缩空气;

②排水;

③保持气压和气流量的平衡;

④避免空气压缩机频繁启动。

(3) 冷干机。空气经压缩后,大气中的水蒸气会凝结形成大量水分,如果不加处理会造成管路腐蚀,影响产品品质,甚至导致设备故障。冷干机通过低温对压缩空气进行干燥,除去其中的水分。

其原理如图 1-38 所示,当压缩空气经过冷干机的热交换器时,会先冷却,使部分的油与水先行分离,再进入冷冻单元进行最后干燥。压缩空气降温后,大量的水蒸气转变成液态水,经冷干机自动排出,保护工具,提高气源品质。

(4) 压缩空气的调理部件。经冷干机干燥后的空气仍会带有部分水分和油气,若直接用于喷涂作业,这些水分和油气会随着飞漆一起喷涂到工件表面上,使涂膜表面产生水泡和麻点,影响喷涂质量。因此,压缩空气在输送到气动工具之前,必须用过滤器将压缩空气中的有害固体颗粒和液体过滤,并用调压器来调节系统所需要的压力。此外,对于气动工具还必须使用润滑器使润滑油混入压缩空气中,以保证进入到气动工具的压缩空气清洁且具有润滑作用。

①压缩空气过滤器。空气压缩机从外界吸入的灰尘、水分以及压缩机所产生的油粒大部分在冷干机中被除去。留在压缩空气中的少部分尘埃、水分需要压缩空气过滤器加以清除。其原理如图 1-39 所示。

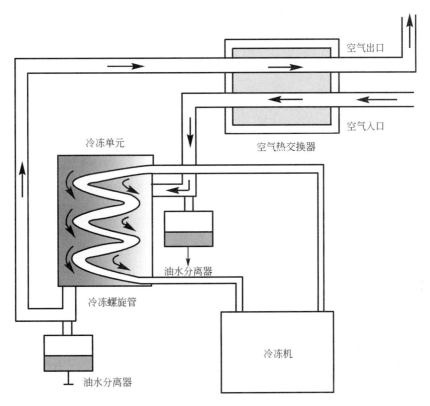

图 1-38 冷干机工作原理

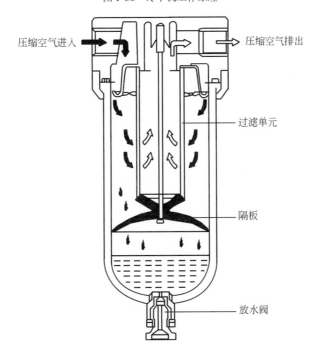

图 1-39 压缩空气过滤器

压缩空气进入过滤器时,由于过滤器的偏心结构造成旋风效果,旋转运动使较大的灰尘和水滴在惯性力的作用下分离出来,流向底部,空气随后进入过滤单元,将余下的灰尘过滤掉,然后从出口流出。隔板用于防止沉积的液体飞溅或重新污染压缩空气。放水阀可以将沉积的液体放出。

压缩空气过滤器可单独安装,也可与调压阀及微油雾器一同使用。

空气管路中过滤器的用途及应用范围见表1-3。

压缩空气过滤器用途及应用范围　　　　表1-3

用　途	特　点	应用范围
水分离过滤器	能完全过滤5μm以上的固态颗粒	冷却后的水分离
	去除水分95%,油雾40%	主配气管的前置过滤器
主管路过滤器	能完全过滤1μm以上的固态颗粒	气动设备的前置过滤器
	去除水分99%,油雾70%	主管道过滤器
微油雾过滤器	能完全过滤0.01μm以上的固态颗粒	提供无油作业的前置过滤器
	去除水分99.9%,油雾99.9%	

②压缩空气调压阀。压缩空气调压阀可自动控制,确保气压稳定。同时还显示调节后的气压和进气管道的气压值。如图1-40所示为含有过滤器的压缩空气调压阀。

③压缩空气润滑油雾器。压缩空气润滑油雾器给压缩空气内增加油雾,给气动工具提供一定的润滑作用,减少气动工具的摩擦损失,减少磨损消耗,防止气动元件锈蚀。

④自动排水器。自动排水器可排泄压缩空气管路中的油、水及脏物等。

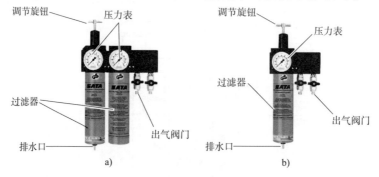

图1-40　压缩空气调压阀

小知识

油水分离器

压缩空气供给系统管路中通常可设置集空气过滤器、调压阀及油雾器于一体的油水分离器。它能够清洁压缩空气、调整系统压力和以油雾润滑压缩空气。也可以将空气过滤器及调压阀制成一体,油雾器单独设置。

(5)压缩空气供给系统的管路设置。在管路设置时,应注意:

①主供气管道应逐步向末端倾斜,倾斜度为1/100,以利于管道中水的排放;

②支供气管道应从主供气管道上方引出,防止水进入支供气管道;

③空气过滤器(油水分离器)应安装在主供气管道与空气压缩机相距 8~10m 的位置,提高油水分离的效果;

④主供气管道最低处应安装自动排水阀,支供气管道末端要有排水阀;

⑤供喷涂设备使用的支供气管道应安装压缩空气调压阀,以及精密过滤器。

6. 底材处理工具设备

底材处理作业中,需要清除被涂板件表面上的旧漆层、铁锈、焊渣等异物。作业中使用的工具主要有手工工具和机械工具。

(1)手工工具。手工工具主要有尖角锤、刮刀、锉刀、钢丝刷等简单工具,如图 1-41 所示。通过铲、敲、刷清除金属表面的旧漆层、铁锈、焊渣等。

底材处理手工作业的效率低、劳动强度大,现在的涂装工作中已很少采用。但因其设备简单,不受施工条件和工件形状的限制,一般用于批量小、形状不规则的金属表面的处理作业。

(2)机械工具。机械工具是以压缩空气或电力作为动力源,驱动打磨头旋转或移动,与砂轮、砂布、砂纸等磨具配合作业。它适用于表面平整部位的处理,与手工工具相比工作效率高,现代涂装作业中普遍采用。

①打磨机。打磨机能够降低操作人员的劳动强度及提高涂装质量。打磨机的种类很多,根据动力来分,有电动和气动;根据形状来分,有圆盘式和板式;根据砂纸及运动方向,有单向旋转式、轨道单振动式、双轨道偏心振动式、往复直线式,适用于各种不同的工作需要。

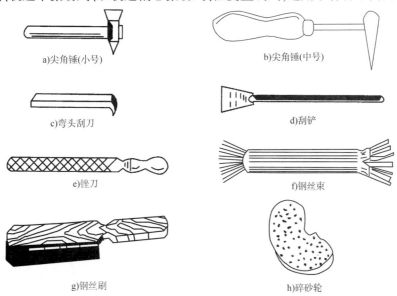

图 1-41 常用手工工具

a. 单向旋转式打磨机。单向旋转式打磨机如图 1-42 所示,打磨盘垫绕一个固定的点转动,砂纸只作单一圆周运动。它用于粗打磨工作,可用于清除铁锈、旧涂层、较厚原子灰层的打磨操作。换上抛光盘也可用于涂膜抛光。因为打磨盘垫做单向圆周运动,盘面中心和边缘存在速度差,造成打磨不均匀会产生圆形磨痕,所以,在操作时不能把打磨盘垫平放在打磨面上,而是利用旋转边缘约 3cm 作为打磨时的打磨面,操作时要轻微倾斜,以达到最佳打磨效果。

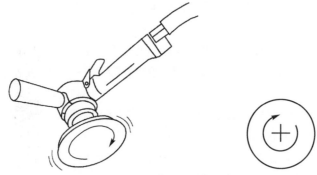

图 1-42　单向旋转式打磨机

b. 轨道单振动式打磨机。轨道单振动式打磨机如图 1-43 所示,打磨机的打磨盘垫和砂纸都呈矩形,主要用于平面打磨。运转时,在直线轨迹上产生移动并作圆周运动,由于打磨操作平压在打磨面上,各部的运动均匀,不易产生划痕缺陷,主要适用于原子灰的打磨。

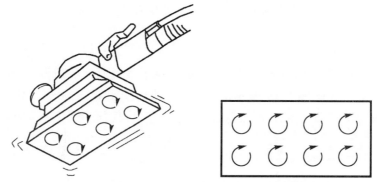

图 1-43　轨道单振动式打磨机

c. 双轨道偏心振动式打磨机。双轨道偏心振动式打磨机如图 1-44 所示,该打磨机的旋转轴是偏心轴,使得打磨盘垫在运转中作双重圆周运动,旋转时产生振动,可避免单向旋转时产生的圆形磨痕。

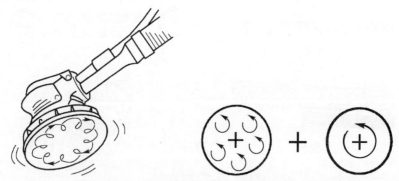

图 1-44　双轨道偏心振动式打磨机

影响打磨速度与打磨质量的因素,除了打磨机的运动方式以及砂纸颗粒粗细之外,振动幅度大小是另一个关键因素。粗磨时振动幅度应选用 7mm,细磨时振动幅度应选用 3mm。

d. 往复直线式打磨机。往复直线式打磨机是一种长板式打磨机,只是简单的前后运动,砂纸安装在底板上靠来回直线运动研磨物面,一般使用于要求平整度的打磨工作。

气动打磨机的优点

电动打磨机和气动打磨机的基本原理相同,区别仅在使用的动力源上,汽车涂装作业中气动打磨机使用较多,这主要基于以下原因:

①工作时产生热量少,转速和转矩可调节,发生过载或失速的危险性小。

②工具质量小,便于提携。

③由于不直接使用电能,能避免因电路短路或损坏发生触电及火花引起火灾,相对来说安全性高。

④结构较简单,经久耐用,节约成本。

②喷沙机。喷沙机是由空气流驱动一定粒度的沙子或钢丸冲击物品表面达到冲刷、打磨的目的,同时不会过多损伤底材。喷沙机配置有沙子储罐、沙子过滤器、管道及喷沙枪。利用喷沙机处理底材有利于对某些孔隙、缝隙或难以到达的一些狭小空间部位的处理。

喷沙机有两种基本类型:标准型喷沙机和可回收型喷沙机。标准型喷沙机一般用于室外作业,可回收型喷沙机用于室内作业。

喷沙机工作原理

扣紧板机时,压缩空气通过软管从喷沙喷枪中喷出。由于空气的高速通过,在沙子供应软管里形成强大的虹吸力。在喷沙操作的过程中,由于重力的作用,沙子连续不断地落入罐中;由于虹吸作用,沙子通过软管进入喷枪。因此,在喷枪中压缩空气与沙子混合形成强大的湍流,湍流强度与压缩空气的压力成正比。处于湍流状态的沙子和空气一起喷向基材表面,形成极大的切削力,清除基材表面的旧漆层及锈迹。

喷沙机的操作

首先,应穿戴好合适的个人防护用品(表1-2),然后按以下步骤操作。

①用清洁干燥的空气吹空气软管,清洗沙子储罐。

②把清洁、干燥、筛过的沙子装入沙子储罐。

③调节压缩空气压力,一般为 0.35~0.5MPa。如果基材的厚度有限,为了防止将基材喷穿,可降低压力。

④开始喷沙操作之前仔细观察待喷沙打磨区,并检查设备是否安全可靠。

⑤手持喷沙枪在一个直径大约为 1~3cm 的范围内试喷。

⑥在喷沙打磨区来回多喷几次,喷沙距离为 0.5m 左右,喷枪对基材的角度大致为 45°~80°,一直喷到表面显露出金属原有的光泽。

⑦对车身内外喷沙打磨区域进行清洗。
⑧清理设备,将沙子放入密封的塑料口袋里,以保持清洁、干燥。

喷沙操作注意事项

①对汽车敏感部位的保护,如玻璃、塑料零件、镀铬件、汽车表面完好的涂层等,特别是与处理表面相邻的区域。
②操作人员必须穿戴好个人防护用品,如工作服、眼镜、手套及帽子等。
③空气管道的直径应不小于8mm,压缩空气必须是清洁、干燥的。
④严禁将喷枪对着其他操作人员。

（3）化学除漆。需要清除大面积旧涂膜时,采用机械法既费时间,又容易引起变形,改用化学除漆,既省时间又不会引起板件变形。化学除漆时,需要用脱漆剂。

脱漆的步骤如下。

①遮护要除漆部位以外的地方,防止粘到脱漆剂,板件之间的空隙也必须用胶带遮蔽好,以免脱漆剂进入板内。
②用P60号砂纸先打磨涂层,再涂脱漆剂,以加快脱漆剂的渗透,提高效率。
③再涂一次脱漆剂,大约5min后,用刮刀刮掉表面的漆层。
④如果还有没除掉的漆,重复第③步的工作。
⑤漆层脱离后,用干布擦掉残存的脱漆剂。然后用干净布和水清洗表面,直到没有脱漆剂为止。
⑥用P120号砂纸,除掉残余的漆。

 小知识

化学除漆的注意事项

①保持操作场所通风良好。
②操作人员必须穿戴好个人防护用品(表1-2),避免脱漆剂与皮肤、眼睛的直接接触。
③如果皮肤偶然接触了脱漆剂,应尽快用清水反复清洗;如果脱漆剂偶然溅到眼睛里,应立即用大量的清水冲洗,然后要送到医院处理。
④储存脱漆剂时注意密封,避免受热,受热脱漆剂易汽化产生有毒蒸气。

7. 底材及表面预处理

汽车外壳主要是以钢铁为主,而其他金属底材(如铝及铝镁合金、镀锌及锌合金、镀铬板材、各种塑料等)近年来也越来越多地被使用。由于不同底材各有特性,要充分发挥涂料的保护作用,就必须针对不同的底材做好相应的涂装表面预处理。

（1）钢铁底材。汽车车身表面一般都是由钢铁制成,钢铁也称黑色金属。车身表面锈蚀产生的主要原因是钢铁本身不稳定且容易氧化,而车身表面由于涂层开裂、脱落、碰撞使钢铁暴露在空气中,空气中的水分、氧气、二氧化碳等就会使钢铁表面产生锈蚀。一般轻锈呈黄褐色,此时无疤痕,但能加快金属的腐蚀还原,若再发展则是棕色或褐色的疤痕。旧车修理时常发现积水处、弯角、饰条处、积垢处易产生锈蚀,腐蚀严重时被蚀物质会填满锈坑。

涂层一般都有渗水、渗氧、渗离子的弱点,水、氧和离子等到达金属基层,会在涂层和基材之间形成亲水层,导致涂层的附着力下降,甚至起泡,锈蚀也随即形成。为了增强金属的耐蚀能力,底材用酸性金属处理液进行处理,形成化学处理涂层如磷化、钝化等,以提高耐蚀能力。

①清洗底材。一块干净抹布用脱脂除蜡剂湿润后,在底材上擦洗,面积控制在 0.2 ~ 0.3 m^2,一小块一小块地进行,当底材还湿润时,用一块干净抹布把它擦干,以有效清除油污和蜡质。

②用金属磷化液清洗。在无锈的表面上用抹布、海绵涂抹或用喷涂工具喷涂(非涂装表面注意用耐溶剂型物料遮蔽,例如喷涂专业遮蔽纸、膜),当表面仍湿润时,用干净的抹布擦干。

(2)镀锌金属底材。镀锌钢板的结构是在钢铁表面镀了一层锌。锌的电化学活性高,与钢铁的表面组成双电层,能有效降低后者的腐蚀速度。但镀锌钢板和油漆之间的附着力一般都比较难保证,因此,适当的前处理是必需的。

①黄膜铬酸盐处理。将锌材在含铬的酸性溶液中处理后,便生成一层无机铬酸盐膜。根据实际使用上的不同处理液配方,膜层呈无色、黄色、橄榄绿色,膜层厚度以及耐腐蚀性能也依次增加。

②磷酸盐处理。对锌材表面进行磷化处理,形成磷酸盐膜,提高镀锌板的耐腐蚀性能。

(3)铝及铝合金底材。当要求减轻车身质量时,用铝材代替钢材是最好的办法。目前,铝材主要用于汽车的前盖和后盖,对于铝材的表面预处理,可采用如前所述的钢材处理方法。但不宜采用强酸、强碱,以防被侵蚀。

①化学氧化膜法(碱性溶液氧化法)。将铝及铝合金材料置于含碳酸钠、铬酸盐等碱性溶液内,在高温下处理 5 ~ 20min,使表面生成一层氧化膜,再进行钝化处理。

②黄膜铬酸盐法。将铝及铝合金材料置于含有铬酸的 pH 值为 1.8 ~ 3.0 的酸性处理液中进行处理。

(4)塑料底材。涂装前对塑料底材进行处理的目的,是通过一系列的化学或物理方法,提高涂层对塑料底材的附着力和减小涂层的各种缺点,从而提高塑料涂层的质量。

①物理处理。

a.火焰处理。将火焰喷到塑料制品表面,使其表面温度高达 1000 ~ 2000℃,让塑料表层分子局部氧化,从而改善其润湿性和附着力。但时间极短,塑料制品不会损伤熔化。

b.紫外线辐射处理。塑料经紫外线处理后,表面结构发生变化,有利于附着力的提高。

②除静电。塑料为绝缘体,其表面容易积累电荷。喷涂涂料时,会由于静电作用使涂料喷涂不均匀,降低涂层的附着力。所以,喷涂涂料前塑料表面一定要用除静电剂进行处理。

③表面脱脂、除尘、退火。

④化学处理。化学处理是通过适当的化学物质对塑料制品表面进行处理,使其表面粗化具有多孔性,从而改善涂料在塑料制品表面的附着力。

a.酸性氧化处理。酸性氧化处理是用铬酸、硫酸混合液通过表面氧化,提高塑料制品表面润湿性,使表面刻蚀成为有控制的多孔结构。

b.溶剂处理。溶剂处理塑料制品表面,可以除去表层的油污,脱膜剂使表面粗化,具有多孔性而提高表面附着力。

8.原涂层及底材的鉴别

在进行新涂层的修补之前对车辆原涂层及底材进行鉴别是非常重要的,因为原涂层及底材的类型如果与修补涂层的类型不符,将会出现严重的涂膜故障。例如,在镀锌板底材上施涂普通原子灰会造成附着力不良而引起脱落;在自然挥发型涂料或热塑性涂料上施涂会造成咬底或涂膜脱落等,对修补质量有很大的影响。因此,在涂装修补之前须首先对原涂层和底材进行准确的判别,并以此为根据,选用合适的操作工艺和适当的涂料。

(1)原涂层的判别方法。

①视觉检查法。视觉检查法是通过仔细的观察,根据不同涂料的不同特征进行判断。这种方法往往需要很多的实际经验,有时还要配合适当的识别操作才能比较准确的判断。如果车辆特征线附近的表层结构粗糙,经过摩擦后能够产生一种抛光的效果,则可初步判定原涂层是抛光型涂料(多为硝基树脂型);如果出现一种丙烯酸聚氨酯型涂料特有的光泽,可以断定原涂层是丙烯酸聚氨酯型涂料。

②涂抹溶剂法。涂抹溶剂法即用普通硝基稀释剂在原涂层上进行涂抹擦拭,通过观察有无溶解现象判别原涂层是否为溶剂挥发干燥型涂料。检查时,应使用白色的软布蘸上硝基稀释剂在破损涂层周围或在车身隐蔽部位轻轻擦拭,如果原涂层溶解,并在布上留下痕迹,说明原涂层属于溶剂挥发干燥型;如果原涂层不溶解,说明原涂层属于烘干型或双组分型。丙烯酸聚氨酯漆层不易溶解,但稀释剂会减少漆面光泽。若原涂层为自然挥发干燥型涂料,则在修补喷涂时要充分考虑新涂层中的溶剂成分是否会溶解原涂层,而造成咬底等涂膜故障。

 小知识

典型的表面预处理工艺

汽车维修涂装中的表面预处理,应根据涂层的表面状况、不同材料采用相应的方法。如涂层状况良好,未发生开裂、粉化、附着不牢,就没有必要铲除旧涂层,一般表面预处理包括清洗、除油、除蜡、除粉化的涂层及打磨工作,见表1-4。

典型的表面预处理工艺　　　　　　　　　　　表1-4

步骤	目的	工艺	注意事项
清洁	清除掉车身上的油污、盐分、鸟粪、污泥及其他脏物	①使用有控制喷水量开关的专用清洗水管; ②先用清水冲洗,再用中性肥皂水或专用清洗剂配合海绵进行擦洗; ③最后用清水彻底冲洗干净; ④用压缩空气吹干表面,再用干净的抹布擦干	①戴好相应的防护用具,如橡皮手套、防护眼镜或面罩; ②选择微碱性清洗剂,若清洗剂为浓缩型,按标准配制,忌用强碱性清洗剂; ③清洗车身外部时要关好车窗、车门; ④用软海绵专用清洗剂擦车,应先擦车顶,后擦前盖和后盖,再擦车辆两侧; ⑤对缝隙处不易清洗的部位要特别注意清洗干净

续上表

步骤	目的	工艺	注意事项
除油、除蜡	去除防锈油、油脂、矿物油、油脂蜡和树脂蜡等	方法一:使用专用脱脂剂(有机溶剂)擦涂、清洗旧涂层。擦涂一般适用于汽车大面积修补,外表光滑平坦,缝隙、凹角较少,形状并不复杂,并且油污和蜡质不太多之处。 方法二:刷涂有机溶剂进行脱脂、除蜡的清洗。刷涂一般适用于汽车凹角处及形状复杂处,如发动机罩下、发动机四周、门框内侧等,这些地方一般形状复杂,油污又较重。使用小毛刷蘸有机溶剂或清洁剂能起到一定的效果,但达不到较高的要求,只能做一般要求的清洗。 方法三:用碱液和乳化剂配合清洗除油高光泽及高精密度的器材,不宜采用碱液清洗法	①对旧涂层脱脂、除蜡要使用专用脱脂、除蜡清洁剂; ②对旧涂层打磨之前,应用专用清洁剂彻底清洗工作表面; ③旧涂层打磨完毕后,应再用脱脂、除蜡剂清洗一遍; ④对易积聚蜡质的边框、凹槽、把手要特别注意清洗干净; ⑤用一块清洁抹布浸湿脱脂、除蜡剂后,在旧涂层上擦洗,当表面还湿润时,用另一块擦干净,以保证最佳清洗效果; ⑥一次擦洗面不应大于 $0.2\sim0.3m^2$,应一块一块地进行,在进行大面积清洗时要注意经常更换抹布
金属表面除漆、除锈	去除金属底材上的旧漆层、锈迹、焊渣	方法一:手工处理 主要使用手工工具,靠手工敲、铲、刮、刷、磨的方法清除旧漆层、铁锈、焊渣等	操作时要戴防尘口罩、防护眼镜、棉纱手套,穿工作服及防护鞋
		方法二:机械处理 借助机械设备冲击清除旧漆层、铁锈、焊渣等的一种方法,效率高,降低劳动强度	操作时要戴防尘口罩、防护眼镜,穿工作服及防护鞋
		方法三:化学处理 借助于脱漆剂和除锈剂清除旧漆层和锈迹的一种方法,效率高,适用于大面积处理	操作时要戴活性炭面罩、防护眼镜、抗溶剂手套,穿工作服及防护鞋

③加热检查法。加热检查法用来判别原涂层是热固性还是热塑性。如果原涂层为热塑性涂料,则在喷涂时应选用同类型的涂料,或将旧涂层完全打磨掉后再使用热固性涂料。用红外线烤灯对测试板进行加热即可很容易地进行判别,如果漆面有软化现象则为热塑性涂料。

④硬度测定法。由于各种面漆干燥后漆膜的硬度不同,可以通过测定硬度判定涂层类型。大体上看双组分漆和烘干漆硬度较高,而自干漆硬度较低。

⑤厚度测试法。各种面漆由于性质不同,其涂层厚度是不一样的,所以可通过用厚度计测定漆膜厚度来判定面漆的大致类型。

⑥电脑检测仪法。电脑检测仪法是利用电脑调色系统可直接获得原车面漆的有关资料,这是目前涂装行业中普遍使用的检测方法。此方法方便快捷,只需将原车车身加油口塞取出,利用仪器进行检测,很快就能准确无误地判别面漆的类型。

小知识

原有涂层的鉴别见表1-5。原有旧涂层与重喷涂层的适应性见表1-6。

原有涂层的鉴别　　　　　　　　　　　　　　　　表1-5

原有涂层	常用鉴别方法		
	视觉检查	涂膜溶剂	加热检查
醇酸磁漆	表面被填实	不溶解	发生一定程度的软化
聚丙烯漆	—	溶解	软化
聚丙烯磁漆	—	—	发生一定程度的软化
聚氨酯漆	抛光的表面	—	—
聚丙烯聚氨酯漆	抛光的表面	难溶解	发生一定程度的软化
聚丙烯聚氨酯磁漆	出现光泽并伴有一些橘子皮形缺陷	—	—

原有旧涂层与重喷涂层的适应性　　　　　　　　　　表1-6

重喷涂层	原有旧涂层					
	醇酸磁漆	聚丙烯漆	聚丙烯磁漆	聚氨酯漆	聚丙烯聚氨酯漆	聚丙烯聚氨酯磁漆
醇酸磁漆	A	B	A	A	B	A
聚丙烯漆	A	A	B	A	A	A
聚丙烯磁漆	A	B	A	A	A	A
聚氨酯漆	B	B	B	A	A	A
聚丙烯聚氨酯漆	B	B	B	A	A	A
聚丙烯聚氨酯磁漆	A	A	A	A	A	A

注：A-能够重新喷涂；B-重新喷涂时必须使用特定的原子灰或封闭涂料。

（2）底材的判别方法。目前，车身制造所用的金属板主要有：钢板、镀锌板、铝或铝合金，根据金属的不同性质对相应的底材作出正确判断。

①钢板的判断。钢板机械强度较高，表面比较粗糙，未经加工的表面一般呈现灰黑色，有些部位会有铁锈存在。钢板表面经粗砂纸打磨后会显露出白亮的金属光泽，但从侧面观察，颜色有些变暗；钢板耐强碱侵蚀的能力较强，使用强碱对经过打磨后的表面进行浸润或涂抹不会有太大的反应。

②镀锌板的判断。未经加工的镀锌板表面常有银色的光芒，有些镀锌板表面有鱼鳞状花纹。使用中的镀锌板表面没有锈溃，裸露处常显现灰白色，经过砂纸打磨的地方比钢材表面更加白亮且侧光时变暗的程度也要轻一些。镀锌板不像钢板耐强碱的侵蚀，使用强碱浸润或涂抹时多会留下发黑的痕迹。

③铝及铝合金的判断。铝的机械强度较低,汽车上一般使用铝合金板材。铝合金板材的机械强度较好,质量较轻,板材表面比钢板和镀锌板都要光滑,不耐强碱,经处理后表面形成氧化膜,打磨后可显露白亮的内层金属。通过打磨后涂抹强碱的方法,可以比较准确地与其他金属材料区分。

二、任务实施

小知识

汽车维修作业中的5S要求

5S源于日本,即整理(Seiri)、整顿(Seiton)、清扫(Seiso)、清洁(Seiketsu)和素养(Shitsuke)5个项目。通过规范现场,营造一目了然的工作环境,培养员工良好的工作习惯。其最终目的是提升人的品质,养成良好的工作习惯。5S的对象是现场的"环境",它对工作现场环境全局进行综合考虑,并制订切实可行的计划与措施,从而达到规范化管理。"5S"的核心和精髓是修身,如果没有员工队伍素养的相应提高,5S就难以开展和坚持下去。

(1)整理。整理即对工作现场的各种物品进行分类,区分什么是现场需要的,什么是现场不需要的,坚决把现场不需要的东西清理掉。对于车间里各个工位或设备的前后、通道左右、厂房上下、工具箱内外以及车间的各个死角,都要彻底搜寻和清理,达到现场无不用之物。坚决做好这一步,是树立好作风的开始。通过整理要实现:

①改善和增加作业面积;
②现场无杂物,通道通畅,提高工作效率;
③减少磕碰的机会,保障安全,提高质量;
④消除管理上的混放、混料等差错事故;
⑤有利于减少库存量,节约资金;
⑥改变作风,改善工作情绪。

(2)整顿。整顿即把需要的人、事、物加以定量、定位。对工作现场需要留下的物品进行科学合理的布置和摆放,以便用最快的速度取得所需之物,在最有效的规章、制度和最简捷的流程下完成作业。通过整顿要实现:

①物品摆放要有固定的地点和区域,以便于寻找,消除因混放而造成的差错;
②物品摆放地点要科学合理,经常使用的东西应放得近些(如放在作业区内),偶尔使用或不常使用的东西则应放得远些(如集中放在车间某处);
③物品摆放目视化,使定量装载的物品做到过目知数,摆放不同物品的区域采用不同的色彩和标记加以区别。

(3)清扫。工作过程中会产生灰尘、油污、铁屑等垃圾,使现场变脏。脏的现场会使设备精度降低,故障多发,影响工作质量,甚至出现安全事故;脏的现场还会影响员工的工作情绪。因此，必须通过清扫活动来清除那些脏物，创建一个明快、舒畅的工作环境。通过清扫要实现：

①自己使用的物品，要自己清扫，不依赖他人；

②对设备的清扫，着眼于对设备的维护，清扫也是维护；

③清扫也是为了改善。当清扫时发现异常，要查明原因，并采取措施加以改进。

(4)清洁。整理、整顿、清扫之后要认真维护，使现场保持完美和最佳状态。清洁，是对前三项活动的坚持与深入，从而消除发生安全事故的根源，创造一个良好的工作环境，使员工能愉快地工作。

①环境不仅要整齐，而且要做到清洁卫生，保证员工身体健康，提高劳动热情；

②不仅物品要清洁，而且员工本身也要做到清洁，工作服要清洁，仪表要整洁；

③员工不仅要做到形体上的清洁，而且要做到精神上的"清洁"，待人要讲礼貌、要尊重别人；

④要使环境不受污染，进一步消除浑浊的空气、粉尘、噪声和污染源。

(5)素养。素养即努力提高员工的自身修养，养成严格遵守规章制度的习惯和作风。没有员工素质的提高，各项活动就不能顺利开展，开展了也坚持不了。所以，5S要始终着眼于提高人的素质。

另外，有的企业根据发展的需要，在原来5S的基础上又增加了安全(Safety)，即形成"6S"；有的企业再增加了节约(Save)，形成"7S"；也有的企业加上习惯化(Shiu-kanka)、服务(Service)及坚持(Shikoku)，形成"10S"等。

1. 车辆的清洗

对漆面受损的车辆进行修复处理之前，需要对车辆进行清洁。根据车辆的受损程度以及工作要求，进行全车清洗，也可对受损部位进行局部清洗。

漆面受损可能是车身的某一块钣金件或钣金件的某一部分，但一般情况下仍需要对全车进行彻底清洗，尤其注意门框、行李舱、发动机罩缝隙和轮胎罩处的泥土、污垢及其他异物。如果不能彻底清洁，新油漆的漆膜上就可能沾上污点，造成漆面缺陷。

一般先使用清水冲洗，然后用车辆清洗剂清洗，再用清水彻底冲净。

清洗步骤：

(1)取出地毯清洗、晾干，清理烟灰盒、座椅垫等物品。

(2)关闭好门窗，用清水将车身表面淋湿。

(3)配制清洗液(按照生产厂商的说明进行配制及操作)。

(4)用软海绵沾清洗液擦洗车辆。擦洗顺序：车顶→风窗玻璃→发动机舱罩→保险杠→灯具→车身的一个侧面(包括玻璃)→车身后部(包括玻璃、尾灯)→车身的另一侧(包括玻璃)及车轮。

(5)按上述顺序进行全车冲洗，直到把清洗液冲洗干净。

(6)按相同的顺序用压缩空气吹车身表面,用干净的麂皮(或绒布)擦干。

2. 损坏程度的评估

对损坏部位进行正确的评估,以确定修补范围,从而确定各道工序的范围、确定过渡区域、需要遮盖保护的部位以及需要拆卸的零部件等,为后续工序的正确实施,及保证涂装质量奠定基础。一般采用的评估方法有目测评估、触摸评估和直尺评估。

(1)目测评估。根据光照射钣金件的反射情况评估损坏的程度及受影响面积的大小,如图 1-45 所示。稍微改变观察角度,即可看到微小的变形。

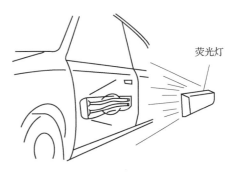

图 1-45　目测评估

小提示

目测评估时,不能在强光下进行,强光会影响到人的观察。

(2)触摸评估。如图 1-46 所示。戴上手套,从各个方向触摸受损的区域(不要对钣金件施加压力),注意力集中在手掌的感觉上。为了能准确地找到受损区域的不平整部分,手移动的范围要大,要包括没有被损坏的区域。在有些损坏区域,手在向某个方向移动时,可能比向另一个方向移动时更容易感觉到,因此需要向不同方向移动。

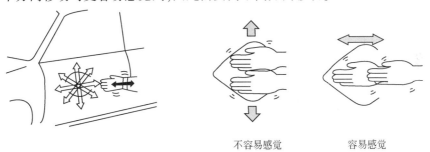

图 1-46　触摸评估

小提示

触摸评估时,为防止手被损坏区域划伤,需要戴上手套。为了不降低手感,手套要薄,一般应采用棉质薄手套。

(3)直尺评估。如图 1-47 所示,将一直尺放在车身另一边对应的没有被损坏的区域上,检查车身和直尺间的间隙;然后将直尺放在被损坏的车身钣金件上,评估被损坏的和未被损坏的车身钣金件之间的间隙相差多少。

如果在用直尺评估时,损坏件有凸出部分,将影响评估操作。可用冲子或鸭嘴锤,将突起的区域敲平或稍低于正常表面,如图1-48所示。

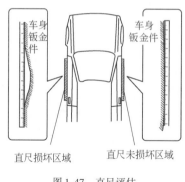

图1-47 直尺评估

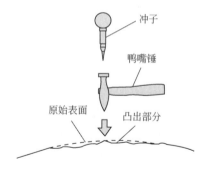

图1-48 敲平损坏钣金件的凸出部分

3. 待修区域底材的处理

底材处理

在进行汽车涂装作业之前,需要对原车钣金件进行必要的处理,即底材处理。底材处理质量的好坏将直接影响涂层质量的好坏。经过处理,使底材无油、无锈、无其他污物,并具有一定的粗糙度,能增强附着力,减少涂装缺陷,提高修补质量。底材处理的目的主要有以下几方面。

① 能够保证涂层质量。根据被涂钣金件的用途、材质、要求和表面状况,采取与之相适应的处理方法,如经脱脂、除蜡、除锈的黑色金属,可首先在其清洁的表面进行磷化处理,这样既可防止金属腐蚀,又能增强对漆膜的附着力;铝、镁等轻金属,可进行阳极氧化处理;汽车车身上使用较多的铝及镀锌板,也同样可做磷化处理。表面处理完善、合理选择涂料、正确的施工工艺、适合的使用环境,能在很大程度上延长漆膜的使用寿命,发挥涂料的保护作用。

② 能够增强漆膜在底材上的附着力。如果底材表面不清洁,存在水、油、粉尘、氧化皮、锈、蜡及其他污物或不牢固的旧漆膜,就会使新漆膜附着不牢、起泡、开裂、脱落,使金属与空气中的有害气体、水分接触,发生腐蚀造成损坏。底材处理能够清除这些有害物质,并使其表面具备涂装作业所允许的粗糙度,增强漆膜与底材之间的附着力,使漆膜牢固地附着在底材上,从而提高漆膜的使用寿命。

③ 能够提高漆膜的耐腐蚀能力。金属表面的水、油、锈及其他污物会降低涂料的耐腐蚀性能,它们存在于漆膜与被涂物表面之间,起到腐蚀金属表面和破坏漆膜的作用。如铁锈不清除干净,就会在漆膜下使钢铁与空气、水分、有害气体接触,促使钢铁进一步腐蚀并逐渐膨胀,最后导致漆膜开裂或剥落,金属表面被腐蚀。若表面处理干净,达到涂装前的技术要求,表面耐腐蚀能力大大增强,漆膜寿命也大大提高,底材得到有效保护。

④能够改进涂层的外观。车体表面未处理或处理不彻底,涂装后会产生缺陷,如被涂面油污会使喷涂上去的新漆膜产生缩孔(鱼眼)、脱皮;蜡质会使新漆膜不干、回黏、产生针孔;铁锈、氧化皮会使漆膜起泡,影响车辆外表美观,失去涂料的装饰作用和保护作用。

底材处理前,需要视情况对车辆进行必要的遮护作业,包括车身内装防护以及车身外部遮护,以防止施工作业中对车辆造成污染,具体的遮护作业见学习任务2。另外,根据需要可将修补区域的附件拆下,拆下的零件须妥善存放。

(1)除旧漆、除锈。汽车清洗后,要仔细检查车身漆面,寻找漆膜破损处,如气泡、龟裂、脱落、锈蚀以及修理过程中引起的损坏等。对于漆膜破损处,必须将旧漆膜除掉,清除程度可根据旧漆膜的损坏程度和重新涂装后的质量要求,进行全部或部分清除。

 技术提示

对于浅层漆膜破损,只要将面层表面进行适当地打磨,磨掉有缺陷的漆层,直至没有受到损伤的漆层或未裸露金属即可。

对于钣金件出现锈蚀或穿孔现象,必须进行打磨、除锈或补焊,将锈蚀清除干净,防止继续产生锈蚀或结合力变差,然后,对金属底材进行磷化或钝化处理。

对于大面积的缺损,用喷沙机进行喷沙除漆除锈,或用化学法及打磨的方法将旧涂层除去,然后进行清洁处理,再对裸金属表面进行除锈、磷化或钝化处理。

当前,除旧漆、除锈主要是采用专用电动或气动除漆除锈机或打磨机(干磨机)进行除漆、除锈。

 技术提示

用打磨机进行除漆除锈作业时,如果使用硬性打磨头时,要保持打磨头与漆膜表面相平行,否则会在金属表面留下划痕;如果是柔性打磨头,应使打磨头与漆膜部分接触,如图1-49所示。

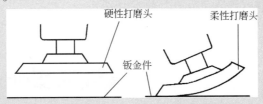

图1-49 硬性打磨头与柔性打磨头的正确使用

同时,注意以下几点:

①操作时要做好个人防护:戴防尘口罩、防护眼镜、棉纱手套,穿工作服及防护鞋等。

②检查打磨机托盘的品种及规格与当前操作所要求的规格是否一致。
③检查气源或电源是否在规定范围。
④电插头插入电源插座前,仔细检查打磨机的电源开关是否处于关闭状态。
⑤认真按照说明书的要求进行托盘更换。

机械法除旧漆、除锈的施工方法:

①穿戴好个人防护用品(表1-2)。用手触摸并观察待打磨表面,确定需要打磨的区域。

②紧握打磨机(干磨机),采用P60~P80砂纸,接通开关,以5°~10°的角度靠向待加工表面。

③打磨机向右移动时,托盘左上方的1/4对准待加工表面,如图1-50所示。

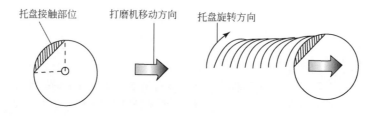

图1-50　打磨机向右移动的操作

④打磨机向左移动时,托盘右上方的1/4对准待加工表面,如图1-51所示。

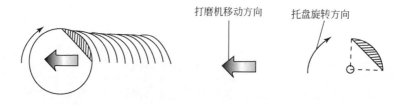

图1-51　打磨机向左移动的操作

⑤打磨平整表面时的移动方式如图1-52所示。

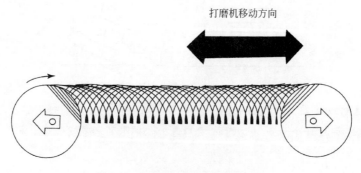

图1-52　打磨平整表面时的移动操作

⑥对于较小凹穴处的打磨，可适当增加打磨角度，如图1-53所示。

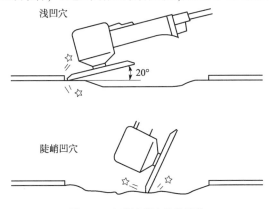

图1-53 打磨小凹穴处的操作

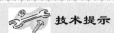技术提示

①一定要在接触到钣金件表面后，才能开动打磨机，否则，运转的打磨头会使初始接触的区域受到过大的压力而产生很深的划痕。

②为了防止钣金件过热和变形，不要将打磨机长时间停在一个位置。

③打磨过程中应经常检查磨料是否清洁。如果磨料出现结块、胶粘，应及时用毛刷、钢丝刷或吹尘枪进行清理。

(2)羽状边打磨。羽状边打磨也称为磨缘，为使清除了涂膜的边缘产生一个足够宽的、平滑的边缘，使施涂的各涂层平和过渡，将涂膜的边缘进行打磨的工序。

正确的施工操作如图1-54所示。将打磨机磨头压在车身板上，向边界线处施压，然后沿边界线移动打磨机。边界线和打磨机之间保持恒定。羽状边打磨得尽可能光洁、平滑，羽状边宽度大约30mm。

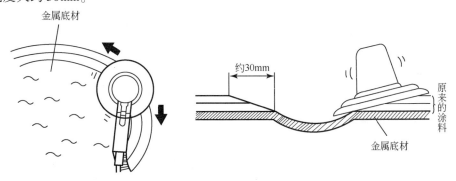

图1-54 羽状边打磨的正确施工

不正确的施工操作如图1-55所示。提起打磨机，使其离开裸金属凹穴，移向涂膜区域，只会刨出涂料。这样做只会扩大裸金属底材区域，而不会产生足够宽的羽状边。

(3)清洁、除油。穿戴好个人防护用品(表1-2)。

①清洁。如图1-56所示，使用吹尘枪接压缩空气，吹去钣金件表面上的灰尘及打磨下来的

微粒。

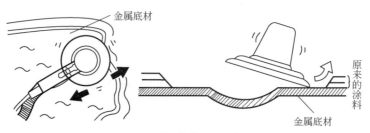

图1-55 羽状边打磨的不正确施工

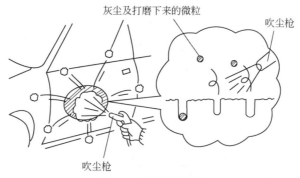

图1-56 清除表面灰尘

②除油。如图1-57所示,用两块清洁的擦拭布,一块蘸除油溶剂用于涂抹,一块用于擦干。

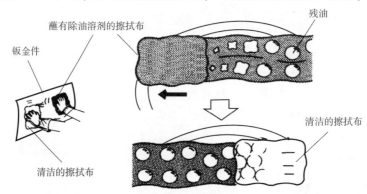

图1-57 除油

a. 用蘸有除油溶剂的擦拭布,先擦拭需要修护的区域表面以润湿该表面,在除油溶剂未干时,用另一块清洁的干擦拭布将其擦干。

b. 剩余未擦拭区域沿单一方向擦拭,在溶剂未干时,用另一块干净的擦拭布再擦一遍,可避免二次污染。

 注意

①不可等除油溶剂完全挥发后再用干的擦拭布擦拭,那样会影响清洁效果。
②干、湿擦拭布要分开,使用中要定期更换(当擦拭布脏污时)。
③使用后的擦拭布需要集中回收,妥善处理,以免造成环境污染。

三、评价反馈

1. 自我评价

(1) 通过本学习任务的学习,你是否已经清楚以下问题:

① 喷涂前的准备工作有哪些内容?_____
_____。

② 清洗作业的步骤是什么?_____
_____。

③ 损坏程度的评估方法和注意事项有哪些?_____
_____。

④ 底材处理的步骤是什么?_____
_____。

⑤ 汽车涂装的功能是什么?其基本要素有哪些?_____
_____。

⑥ 原厂涂装的工艺过程是什么?_____
_____。

⑦ 汽车涂装作业的安全与防护有哪些内容?_____
_____。

⑧ 汽车涂装施工中的压缩空气供给系统由哪些部分组成?各部分的作用是什么?
_____。

⑨ 汽车车身涂层的鉴别方法是什么?汽车车身底材有哪些?如何鉴别?
_____。

(2) 在喷涂前的准备过程中用到了哪些设备?你已经能够正确操作这些设备了吗?
评价:_____
_____。

(3) 实训操作中,你能对一块钢铁板件的表面进行正确的底材处理吗?

评价:_____

_____。

(4) 工作着装规范吗?

评价:_____

_____。

(5) 在实训中,你意识到安全防护的问题并提醒其他同学注意了吗?出现了不规范的情况吗?是如何处理的?

评价:_____

_____。

(6) 你能积极主动参与工作现场的清洁和整理工作吗?

评价:_____

_____。

(7) 在完成本学习任务的过程中,你主动帮助过其他同学吗?与其他同学探讨喷涂前准备的有关问题了吗?具体问题是什么?讨论结果是什么?

评价:_____

_____。

(8) 通过本学习任务的学习,你还有哪些方面需要进一步改善?

评价:_____

_____。

(9) 在进行本学习任务的过程中,你主动学习"相关知识"的有关内容了吗?掌握情况如何?

评价:_____

_____。

(10) 在本学习任务的实施中,你主动查阅了其他的与汽车涂装相关的技术资料了吗?有何收获?

评价:_____

_____。

(11) 在本学习任务中你遇到的困难是什么？如何解决的？

评价：_____

_____。

(12) 观察实训中所用到的压缩空气供给系统，你能绘制出该系统的管路图吗？知道系统的维护项目吗？

评价：_____

_____。

你的签名：_____　　　____年____月____日

2. 小组评价

小组评价见表1-7。

小组评价　　　　　　　　　　　　　　　　表1-7

序号	评价项目	评价情况
1	学习态度是否积极主动	
2	是否服从教学安排	
3	是否达到全勤	
4	着装是否符合要求	
5	是否合理规范地使用仪器和设备	
6	是否按照安全和规范的规程操作	
7	是否遵守学习、实训场地的规章制度	
8	是否积极主动地和他人合作、探讨问题	
9	是否能保持学习、实训场地整洁	
10	团结协作情况	

参与评价的同学签名：_____　　　____年____月____日

3. 教师评价

_____

_____。

教师签名：_____　　　____年____月____日

学习任务 2　底漆的施工

学习目标

1. 能够正确叙述底漆的作用、类型；
2. 知道底漆喷涂的安全注意事项；
3. 知道底漆施工中常用的工具设备，并能正确描述其工作原理；
4. 能够正确描述涂料的选配与调制要求；
5. 能够正确进行遮护作业；
6. 正确完成一个典型车身部件的底漆施工过程。

任务描述

对一经过正确底材处理的汽车车身(门板或翼子板等)，进行正确的底漆喷涂作业。

学习引导

本学习任务沿着以下流程进行：

底漆是直接涂覆在经过表面处理过的施工物体表面的涂层。底漆施工可以刷涂，也可以喷涂。底漆的作用一是防止金属表面的氧化腐蚀；二是增强金属表面与原子灰(或面漆)、原子灰与面漆之间的附着力。

合适的底漆是面漆耐久、美观的前提。如果底漆不好，面漆的外观就会受到影响，甚至出现裂纹或剥落。

底漆种类繁多，针对不同的底材要选用适当的底漆，或刷或喷。本学习任务主要介绍汽车钢铁底材(车身门板或翼子板)喷涂双组分环氧底漆的施工过程。

一、相关知识

1. 底漆的特性与类型

底漆是直接涂覆在经过表面处理的工件表面上的第一道涂层，它是整个涂层的基础。

(1)底漆的特性。

①对经过表面预处理的车身金属表面有良好的附着力,形成的涂膜具有良好的机械强度。

②具有极好的耐腐蚀性、耐水性及耐化学品性能。

③具有钝化金属表面的性能及对外界有优良的封闭性,防止渗水、渗氧、渗离子。

④具有对原子灰、中涂漆层及面漆层良好的配套性。

⑤有良好的施工性能。

(2)汽车用底漆的类型。汽车用底漆的品种很多,根据不同的质量要求、表面材质及配套的面漆进行选择。国产常用汽车底漆的性能及用途见表2-1。

国产常用汽车底漆的性能及用途　　　　表2-1

涂料名称	用途	配套面漆及稀释剂	特性
C06—1 铁红醇酸底漆	汽车涂装常用底漆	多用于涂装要求高的汽车上,能与硝基、过氯乙烯、醇酸等面漆及氨基烘烤漆配套。使用稀释剂为200号溶剂汽油、二甲苯或松节油	附着力强、防锈、力学性能好,能自干也能烘干。耐硝基、过氯乙烯漆咬。缺点是耐潮性差
C06—17 锌黄醇酸烘干底漆	铝镁合金等有色金属表面打底
C06—17 铁红醇酸底漆	汽车涂装常用底漆
Q06—4 各色硝基底漆	用作硝基面漆打底,使用于汽车上耐油部件表面	与硝基磁漆配套使用。使用X—1或X—2硝基漆稀释剂	涂层干燥快,易打磨
B06—1 锶黄、锌黄丙烯酸树脂底漆	对高温使用的金属设备及轻金属,如铝、镁合金等有良好的附着力和高温防腐性能	与硝基、过氯乙烯、热塑性丙烯酸树脂等磁漆配套。稀释剂为X—5丙烯酸稀释剂	附着力强、耐候、耐热、防潮、防锈、防腐和防霉性好
B06—2 锶黄丙烯酸树脂底漆
H06—2 铁红、铁黑、锌黄环氧树脂漆	适用于沿海或潮湿地区的金属件表面打底。其中铁红、铁黑适用于钢铁件表面打底	与面漆的结合力差,常在两者之间加喷一层硝基或氨基底漆作结合层。稀释剂为二甲苯、丁醇混合液	涂层坚硬、耐磨,机械强度高,若烘烤干燥,可提高涂层的防潮、防锈、防腐及耐化学药品性能。常与X06—1磷化底漆配合使用
H06—4 环氧高锌底漆	具有阴极保护作用,能渗入焊缝处,常用防腐构件的电弧焊打底
H06—10 环氧高锌底漆	具有阳极保护作用,用于汽车底盘部分金属表面打底

汽车涂装中常用的底漆主要有磷化底漆和环氧底漆。

①磷化底漆。一般也称之为侵蚀底漆,是以聚乙烯醇缩丁醛树脂为主要成膜物质并添加防锈颜料四盐锌铬黄制成,与分开包装的磷化液调配使用。

磷化底漆施涂于金属表面后,通过化学反应生成一层非金属、不导电、多孔的磷化膜,磷化膜具有多孔性和不良导电性,多孔性使上层涂料能渗入到这些孔隙中,而不良导电性也预防了电化学腐蚀的发生。

磷化底漆能提高底漆对金属表面的附着力、耐腐蚀能力及热老化性能，可代替磷化处理，适用于各种金属(如钢、铁、铝、铜及铝镁合金等)，并能耐一定的温度，可做烘烤面漆的底漆，但由于成膜很薄，一般不能单独作为底漆使用，必须与其他底漆配套使用。

> **技术提示**
>
> ①磷化底漆可喷可刷，喷涂工作黏度为16~18s(涂4杯，20℃)，漆膜以薄为宜，厚了效果不佳。
> ②磷化底漆是双组分涂料，一般分为漆料和活化剂，有时还配备高黏度的活化剂。使用时，应将两个组分混合后才可使用，活化剂是专做磷化底漆配套使用，不是溶剂，用量不能任意增减，要严格参照生产厂商要求的混合比例调配。
> ③使用前，应将磷化底漆搅拌均匀，然后放入非金属的容器内，边搅拌边慢慢地加入活化剂，调配后要放置20min(20℃)再使用(请参照生产厂商的要求)。调配后的磷化底漆必须在混合寿命内用完。
> ④施工环境要求比较干燥，以防止漆膜发白，影响漆膜附着力和使用效能。
> ⑤磷化底漆喷涂的底材应经过表面预处理，达到无锈、无水、无油、无旧漆膜。
> ⑥磷化底漆涂膜较薄(一般8~15μm)，一般不单独作为底漆使用，干燥一定的时间(20℃，2h，具体请参照生产厂商的要求)后即可喷涂其他底漆。
> ⑦喷涂磷化底漆的喷枪应使用塑料罐，喷涂完毕后应尽快清洗喷枪。

②环氧底漆。环氧底漆是指以环氧树脂为主要成膜物质制成的底漆，品种较多，有高温烘烤底漆、双组分底漆、单组分常温自干底漆。环氧底漆附着力强，漆膜坚韧耐久，对许多物体表面有较强的黏合力，但涂料耐光性差，易粉化，因此，只适合用作底漆。

在要求较高或湿热环境下使用的车辆，一般应使用环氧底漆。由于汽车经常伴随有强烈的冲击、振动及磨损，还要受到各种多变的气候条件及酸、碱、盐的侵蚀，需要有一种很好的保护层。其附着力、耐腐蚀性能、封闭性、耐化学品性能及耐碱性能非常突出，而且漆膜柔韧性好、硬度高，对铝镁合金及轻金属、钢铁、玻璃钢等有极好的附着力。

> **技术提示**
>
> 双组分环氧底漆在使用中应注意：
> ①双组分环氧底漆适用于无尘、无油、无蜡、无锈、无水，并具有涂装允许粗糙度的裸露金属(钢板、铝材、不锈钢、镀锌钢板)表面及玻璃钢表面的涂装。
> ②严格参照生产厂商的要求调配漆料与固化剂，并在混合寿命内用完；当喷涂黏度需要调节时，最好使用生产厂商提供的溶剂。
> ③底漆中涂合一的环氧底漆，喷涂一道，涂层厚度达30~40μm可做防锈底漆，喷涂二道，涂层厚度可达50~60μm。干燥后可研磨，具体请参照生产厂商的要求。
> ④胺固化剂对人体和皮肤有刺激性，使用时要注意安全。

2.遮护

遮护也称为遮蔽或贴护,即使用遮护材料(遮蔽纸和遮蔽胶带)遮盖不需要修饰或防止损伤的表面,是一种保护方法。例如,保护车窗边框、玻璃、轮胎和其他板件防止过喷污染;在清除旧漆层时,对无须打磨的区域进行遮护,可以防止对良好部位的损伤等。

遮护作业之前,将一些妨碍遮护而又不需喷涂的部件拆下,如刮水器、收音机天线等。粘贴遮蔽胶带时,一手拿住胶带,另一只手进行导向和压紧;撕断胶带时,可用大拇指夹住防护带,另一只手压住防护带,迅速地向上撕,这样可以整齐地撕断防护带,而不会对已经遮蔽好的防护带造成拉伸;遮护时,首先用遮蔽胶带沿遮蔽区域的边缘进行轮廓勾勒,然后将遮蔽纸粘贴在勾勒轮廓的胶带上,这样有利于保证遮蔽区域的整齐。

遮护作业通常用于打磨、喷涂或抛光时防止车身污染,以及保护相邻的表面。

(1)遮护材料。常用的遮护材料主要有缝隙胶条、遮蔽胶带和遮蔽纸。

①缝隙胶条,如图2-1所示。缝隙胶条用于发动机罩以及车门边缝隙的遮护,能够防止涂料通过缝隙污染车体内部。使用缝隙胶条简化了有缝隙区域的遮护,可节省大量车身内部贴纸时间。

图2-1 缝隙胶条

②遮蔽胶带,如图2-2所示。遮蔽胶带要求耐热性好,能经受高温烘烤;要求抗溶剂性能好,不受涂料中的溶剂影响;遮蔽胶带的黏合胶在胶带剥落后不会粘在车身表面。

图2-2 遮蔽胶带

遮蔽胶带大体上有下列几种:

a.纸胶带,用于遮蔽纸和车身的连接固定;

b.布胶带,用于零件及配线的固定;

c.双面胶带,用于狭小部位的遮护;

d.大型塑料胶带,用于车身内部及车门内部遮护。

根据施工工作的类型,选择合适的遮蔽胶带。

③遮蔽纸。遮蔽纸表面光滑,不易沾染涂料雾化粒子、灰尘及毛絮,防渗透、成本低,被广泛使用。遮蔽纸及遮蔽纸架如图2-3所示。

进行大面积或整车防漆防尘遮护中,常采用塑料(乙烯)薄膜。塑料薄膜通常也放置于遮蔽纸架上(图2-3)。使用塑料薄膜对整车进行遮蔽防护,如图2-4所示。喷涂施工中的遮蔽防护如图2-5所示。

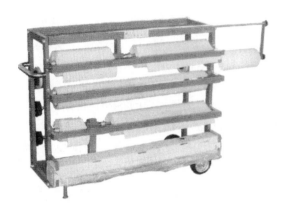 

图2-3 遮蔽纸及遮蔽纸架

图2-4 整车防漆防尘遮护　　　　　图2-5 喷涂施工中的遮护

技术提示

旧报纸因其易于取得且成本低，曾在早期的遮护工作中被广泛采用。但在施工作业中，旧报纸具有太多的缺点，逐渐被遮蔽纸取代。旧报纸的缺点主要有：报纸上含有油墨，会溶于涂料的溶剂中而进入涂料，改变涂料颜色；报纸容易渗透、易粘尘，毛絮容易脱落，给喷涂作业造成污染。

（2）遮护方法。

①胶带的基本粘贴方法。胶带应具有足够好的质量，若质量差，使用后会出现粘贴剂残留或其他问题，造成不必要的麻烦。胶带的基本贴法如图2-6所示，在粘贴遮蔽纸的胶带1的边缘再贴上一层胶带2，将其周围完全遮盖住。在揭下遮蔽纸时胶带也能一起揭下。

②装饰条和嵌条的遮护。当用胶带粘贴装饰条、嵌条等表面时，用一只手的手指塞入胶带卷中间的孔中，把大拇指放在胶带的外面，控制胶带的方向。拉伸胶带时，胶带的粘贴面背向操作者，不要把胶带拉得过紧，然后把胶带的起始端粘到嵌条或车轮罩的边缘上，如图2-7所示。

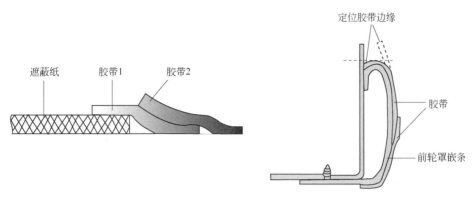

图 2-6 胶带的基本粘贴方法　　图 2-7 轮罩嵌条的遮护

粘贴时,拉伸的胶带面与油漆面的间距至少应有 0.7mm,这样可以方便粘贴并可以很好地控制胶带的方向。嵌条或需粘贴面的宽度决定所需胶带的条数,但一定要记住,在所需喷漆的表面与嵌条间应留有一个小间隙,油漆特别是清漆会填补这个间隙。用足够的压力把胶带压牢,在曲面上粘贴胶带时,还必须拉伸胶带,以适应曲面的要求。如果胶带太宽,应用剪刀把胶带多余的宽度剪去。

③风窗玻璃的遮护。如图 2-8 所示,覆盖风窗玻璃时,主要使用 50cm 宽的遮蔽纸,不够的部分再用 10～20cm 宽的遮蔽纸粘贴上。先用胶带将遮蔽纸粘贴在风窗玻璃上,四周再用 12～15mm 宽的胶带粘住。

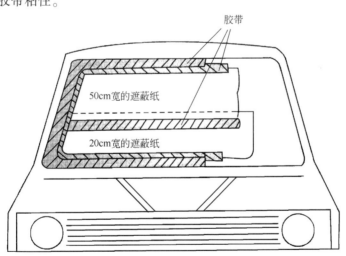

图 2-8 风窗玻璃的遮护

④喷涂两种颜色时的遮护。当汽车被喷涂成两种不同的颜色时,应首先喷涂一种颜色。油漆干燥后,用胶带把这种颜色的周边遮蔽。最好使用边缘切得非常整齐而且很薄的胶带纸,可以精确地把两种颜色的漆面分开且留下的条纹少。然后,把该颜色的漆层用合适尺寸的遮蔽纸遮护好。遮蔽纸上的胶带粘到已粘好的周边胶带上,多余的边折叠,粘贴牢固。根据需要,可以再用遮蔽胶带沿遮蔽纸的底部和边缘粘贴,清晰地标出另外一种颜色油漆的喷漆面。

⑤反向遮护。反向遮护和流线边缘遮蔽法常用在局部板件需要喷漆的情况下。首先,

在曲面弯曲前的平面上轻轻地粘贴一条胶带。然后,再用另外一条胶带粘贴弯曲的表面。这样,可以对喷漆产生足够的扰动,从而当胶条揭除后,不会留下明显的痕迹。

如图 2-9 所示,为局部小区域喷涂点的反向遮护方法。首先,把遮蔽纸放置好,用胶带固定,使遮蔽纸自然下垂。然后,反向折叠,使反向折叠的弧线超过流线型边缘 12~20mm。最后,把遮蔽纸的另一边固定到板件合适的位置上。

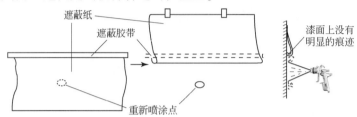

图 2-9　用遮蔽纸和遮蔽胶带进行反向遮护

如果必须沿一个曲面流线型边缘进行遮护时,一般使用遮蔽胶带。首先,把胶带以正确的角度贴到流线型边缘上。每条胶带应有适当的长度,胶带与胶带之间应有足够的重叠量,整个胶带边缘应形成一个与流线型边缘平行的曲线。然后,从最后一条胶带开始,把胶带反折,并使反折后的胶带有一个正确的弧度,如图 2-10 所示。最后,用一条胶带把所有反折过来的胶带端粘贴固定。

图 2-10　反向遮护

(3)遮护时的注意事项。

①清洁和除油。在将车辆开上工作车位以前,先要清洗车辆。特别脏的部位要彻底清洗。用除油剂清洁要贴遮蔽胶带的区域,以防止在吹风或涂装时遮蔽胶带剥落。遮蔽胶带需和遮蔽纸及车身紧密黏合。

②遮护的范围。所用的喷涂方法及喷枪的操作方法不同,遮护的范围就有所不同。必须恰当地遮蔽每种情况下的最小面积。

③不可拆卸部件的遮护。将遮蔽胶带贴在不可拆卸的部件上,并留一个小小的间隙(等于涂层的厚度)。如果不留间隙,涂料形成的涂层将会连接新涂层表面和遮蔽胶带,从而使遮蔽胶带难以剥落。如果间隙太宽,那么遮蔽胶带便不能很好地遮蔽部件。

④圆弧形区域的遮护。在接近圆弧转角的地方将胶带贴得稍稍松一点,防止胶带过紧引起圆弧转角处的胶带收缩而引起遮护区域变化。

⑤双重遮护。在涂料易于聚积的地方(如板边、沿特征线或要涂厚涂料的区域),采用双层遮蔽胶带和遮蔽纸,可以防止涂料渗入遮蔽材料。

⑥清除遮护材料。沿边界的遮蔽胶带应在涂装后,趁涂层还是软的时候小心地取下。

这是因为一旦涂料变干、变脆,它便不会均匀的分离,从而达不到理想的效果。

⑦阻止汽车运动的区域先不要遮护,待汽车移动到涂装室内再进行遮护。如果车门及轮胎完全遮护,那么汽车便无法移动。运动件周围的遮护材料不能太长,以保证移动汽车时,不会被运动件(如轮胎)压到。

⑧局部区域的遮护采用反向遮护。反向遮护的区域难于充分清洁和除油,因此,只有在有关区域清洁和除油以后才能进行反向遮蔽。

(4)打磨前的遮护。打磨前的遮护主要是为了避免打磨过程中产生的灰尘对车身内部装饰物的污染,及对其他非维修表面的防护。

①车身内装防护。首先将车辆内部清理干净,然后用车辆防护套保护车辆内部前后座椅、仪表板等。

技术提示

①车辆防护套必须定期清洗,以避免二次污染。
②拆下的车身附件必须集中妥善保管,不得摆放在行李舱及车室内。

②车身遮护。避免车身内装被污染和非维修区域受到损伤,如图2-11所示。
a.确定必须遮护的区域,裁剪适当的遮蔽纸及遮蔽胶带。
b.遮护门窗(如果拆卸了门窗玻璃,则必须用遮蔽纸将门窗封闭,以防内装被污染)。
c.遮护非维修区域,以及易损伤的区域。

图2-11 车身遮护

(5)喷涂前的遮护。保护不需要喷涂的区域不受喷涂时涂料污染。
①确定必须遮护的区域,裁剪适当的遮蔽纸及遮蔽胶带。
②将全车用乙烯薄膜遮盖,留出需要进行遮护的区域。
③将不需要喷涂的区域进行遮护,如加油口盖、车门把手、轮胎、翼子板等。

3.喷枪

喷枪是汽车涂装作业中的关键设备。喷枪的功能是利用压缩空气对进入喷枪的涂料进行雾化,形成雾状射流,雾状化的涂料在喷流中被分裂成微小且均匀的液滴喷覆在车身表面,形成厚度均匀、有光泽的薄膜。

(1)喷枪的类型。按涂料供给方式,喷枪可分为重力式、吸力式和压力式3种,如图2-12所示。

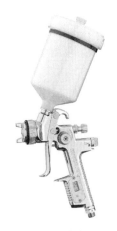  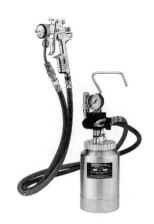

a)重力式喷枪　　　　　　b)吸力式喷枪　　　　　　c)压力式喷枪

图 2-12　喷枪类型

3 种喷枪的比较,见表 2-2。

3 种喷枪的比较　　　　　　　　　　　　　表 2-2

喷枪类型	涂料供给方式	优　点	缺　点
重力式	涂料罐位于喷嘴上方,依靠涂料重力及喷嘴尖的吸力供给涂料	涂料黏度不变,喷漆量不变;涂料罐的位置可使喷涂操作自由度大,施工容易	涂料罐在喷嘴上方,影响喷枪的稳定性;涂料罐容量小(一般在 500mL 左右),不适合喷涂较大面积
吸力式	涂料罐位于喷嘴下方,仅靠吸力供给涂料	喷涂稳定性好,便于向涂料罐中添加涂料或变换颜色	喷涂水平表面困难;涂料黏度变化对喷漆量影响较大,涂料罐容量比重力式大(一般在 1200mL 左右),因而操作人员易疲劳
压力式	依靠压缩空气罐或泵加压供给涂料	涂料罐容积大,喷涂大型表面时不必停下来向涂料罐中添加油漆;也可使用高黏度涂料	不适合小面积喷涂,变换颜色及清洗喷枪需要较多时间

a.重力式喷枪。重力式喷枪又称为上壶式喷枪,其结构如图 2-13 所示,主要由空气帽、喷嘴、喷嘴针阀、空气通道扳机、压缩空气接头、压缩空气阀、气压调整旋钮、喷幅调整旋钮、流量调整旋钮、涂料罐等组成。涂料罐位于喷枪的上方,涂料由于重力流向喷嘴,空气帽气孔的大小及数量影响涂料的雾化,涂料靠喷嘴的负压及重力喷出,喷出量较大,因而喷出的涂层更湿润。

喷嘴针阀和压缩空气阀分别控制着涂料和压缩空气的通道。扳机为两段式控制,当扣压扳机半开,仅打开了压缩空气阀,压缩空气进入喷枪内的空气通道,到达空气帽各气孔喷出,其中央气孔(呈环形)喷出的气流,在涂料喷嘴出口处形成局部真空,但此时喷嘴针阀没有打开,只喷出压缩空气,如图 2-14a)所示。扣动扳机全开时,喷嘴针阀后移打开涂料出口,由于在涂料喷嘴出口处已形成真空,而涂料罐内的涂料在重力作用下被推向已打开的涂料喷嘴并喷出,与压缩空气流接触,在高速气流的分散、冲击、破碎作用下形成扇形漆雾,如图 2-14b)所示。

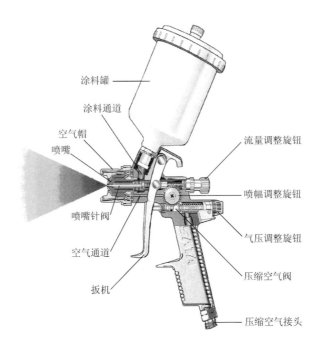

图 2-13 重力式喷枪的结构

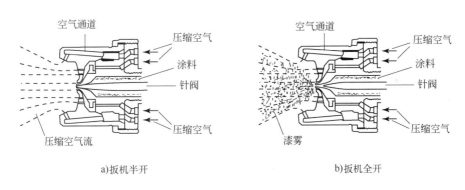

a)扳机半开　　　　　　　　　　b)扳机全开

图 2-14 空气喷枪工作原理

喷嘴和喷嘴针阀的作用是控制喷漆量,并把漆流从喷枪中导向气流。喷嘴内设有针阀座,针阀顶到针阀座时切断漆流。从喷枪喷出的实际漆流量由顶针离开针阀座时喷嘴开口的大小决定。流量调节旋钮可以改变扳动扳机时针阀离针阀座的距离,从而控制了喷嘴开口大小。

空气帽的结构如图 2-15 所示,其上设有中央

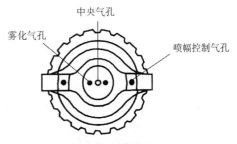

图 2-15 空气帽

气孔、雾化气孔和喷幅控制气孔。中央气孔位于喷嘴中央,用来产生真空便于涂料喷出;雾化气孔促使涂料雾化,其喷出空气量与涂料雾化程度有很大关系,雾化气孔数目越多,喷枪的雾化性能越好;喷幅控制气孔控制喷射形状,能使圆形的漆雾流形成椭圆形。

b. 吸力式喷枪。吸力式喷枪又称为下壶式喷枪,其组成结构与重力式喷枪基本相同,如图 2-16 所示。涂料存放于喷嘴下方的涂料罐内,扣动扳机,压缩空气冲进喷枪,气流经过空气帽时形成局部真空,罐中的涂料被真空吸往已开启的针阀,形成雾状喷射流。

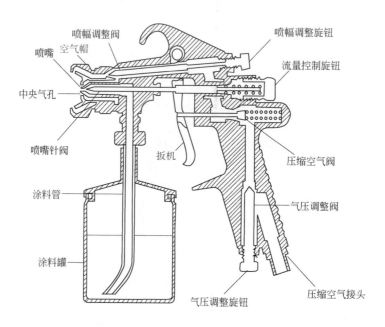

图 2-16 吸力式喷枪

c. 压力式喷枪。压力式喷枪如图 2-17 所示,其涂料供给依靠独立的压力系统,在喷枪上不设置涂料罐,依靠输送软管与一个压力储料罐连接,压缩空气作用于储液罐中,推动储液罐中的涂料进入喷嘴。喷枪的内部结构与前两者基本相同。压力式喷枪主要用于大面积及整车喷涂,或喷涂某些黏度大的涂料。喷涂施工中,由于喷枪上无涂料罐,操作人员的持枪力小,操作平稳,喷涂稳定性好。使用压力式喷枪的喷涂操作,如图 2-18 所示。

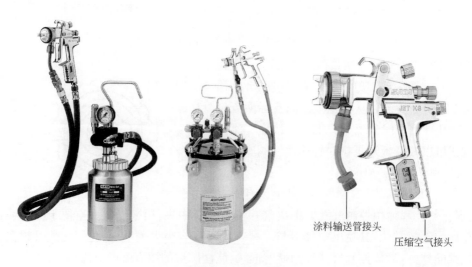

图 2-17 压力式喷枪

图2-18 使用压力式喷枪的喷涂操作

 技术提示

喷枪口径的选择：
①重力式喷枪，一般底漆选用1.9mm，面漆选用1.3mm，清漆选用1.4mm。
②吸力式喷枪，一般底漆选用2.5mm，面漆选用1.8mm，清漆选用2.0mm。
③压力式喷枪因涂料喷出压力高，一般选用0.5mm。

（2）喷枪的维护。
①喷枪的正确使用。喷枪在使用中应注意以下事项：
a. 使用前，应检查涂料罐盖上的空气孔是否堵塞，涂料罐盖上的密封圈有无渗漏。
b. 按照施工参数要求调整好气压、漆流量和喷幅，若有故障，应及时排除。
c. 施工作业中，若需暂停工作，应将喷枪头浸入溶剂中，以防涂料干燥、结皮、堵塞喷嘴。
d. 不能使喷枪平放于工作台面，必须有专门的喷枪架来放置喷枪，避免喷枪碰撞台面或落地造成损伤。
e. 喷枪一般不要大拆大卸，以防损坏零件。若必须拆检时，应注意各通道、阀、气孔等部位不能有异物，密封垫、喷嘴、空气帽等不能损坏。安装后，应正确调整和试验，使拆检后的喷枪达到技术要求。
②重力式喷枪的清洗。喷枪使用后应及时清洗，否则容易出现喷枪堵塞现象，影响下次使用。清洗重力式喷枪的一般步骤为：
a. 倒出涂料罐中剩余的涂料，并注意剩余涂料的回收处理，防止造成环境污染。
b. 接上压缩空气，在试喷台上扣动扳机，清除喷枪中遗留的涂料，如图2-19所示。
c. 将适量稀释剂倒入涂料罐中，试喷数次。
d. 在空气帽前罩一块擦拭布，并用手压紧，扣动扳机，用压缩空气逆向冲洗喷枪，如图2-20所示。
e. 用毛刷清洗干净涂料罐，如图2-21所示，并用干净的擦拭布将涂料罐擦拭干净。
f. 空气帽、喷嘴及喷枪体用软毛刷和清洗剂清洗，如图2-22所示。注意不能用硬的物品去通喷孔或抠零件表面，不要损伤喷嘴。

g. 用干净的擦拭布擦拭喷枪外表面,并仔细装复喷枪。

h. 清洗结束后,对喷枪中有相对运动的部位进行必要的润滑,一般滴少许轻质机油。通常润滑部位有扳机支承销、压缩空气阀、各调整旋钮等。

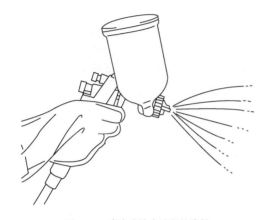

图 2-19　清除喷枪中遗留的涂料

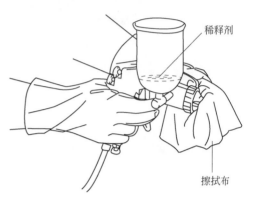

图 2-20　逆向冲洗喷枪

图 2-21　清洗涂料罐

图 2-22　清洗喷嘴

③ 吸力式喷枪的清洗。

a. 卸下涂料罐,吸料管仍留在涂料罐内不要撤出,把空气帽松开 2~3 圈,在空气帽前罩一块折叠多层的擦拭布并用手压紧,然后扣动扳机,用压缩空气逆向冲洗喷枪,使喷枪内的涂料回流到涂料罐中,如图 2-23 所示。

b. 重新拧紧空气帽,倒出涂料罐中剩余的涂料,用毛刷和溶剂清洁涂料罐及盖子,如图 2-24 所示。并用浸过溶剂的擦拭布擦掉残余物。

c. 向涂料罐内倒入少许干净的稀释剂,接上压缩空气,在试喷台上扣动扳机,将稀释剂喷出,清洗喷枪内的通道。

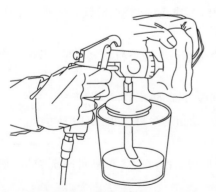

图 2-23　逆向冲洗喷枪

d. 卸下空气帽,泡在溶剂中,用软毛刷清洗空气帽及喷嘴,阻塞的小孔应予以疏通,如图 2-25 所示。切勿使用金属丝疏通小孔,以免出现损伤。

e. 用浸过溶剂的擦拭布擦拭喷枪体,擦掉所有涂料痕迹,再用干净的擦拭布擦拭喷枪外表面,并仔细装复喷枪。

f. 清洗结束后,对喷枪中有相对运动的部位进行必要的润滑。

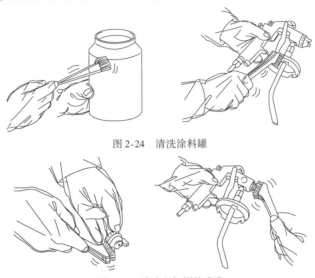

图 2-24　清洗涂料罐

图 2-25　清洗空气帽及喷嘴

技术提示

喷枪清洗设备

喷涂工具的清洗可以通过喷枪自动清洗设备,结合人工清洗来进行,清洗效果非常好。该设备可以清洗喷枪、过滤器、容器和比例尺。

喷枪清洗设备由一个气密舱组成,如图 2-26 所示。要清洁的工具和设备放置在该舱内。当关上盖子时,一个气动泵将清洁溶剂喷到各部件的内部和外部。当一个清洗周期完成或盖子打开时,喷射泵自动关闭。

图 2-26　喷枪清洗设备

(3)喷枪常见故障及处理,见表2-3。

喷枪的故障诊断　　　　　　　表2-3

序号	现　象	原　因	对　策
1	偏左或偏右	(1)空气帽气孔堵塞 (2)空气帽受损	(1)彻底清洁空气帽 (2)更换空气帽
2	中央过厚	(1)涂料黏度过高 (2)喷涂压力过低 (3)由于磨损使喷嘴的喷孔过大或针阀过小	(1)调低涂料黏度 (2)调高喷涂压力 (3)更换喷嘴组件
3	喷幅分裂	(1)涂料黏度过低 (2)喷涂压力过高 (3)喷幅控制气孔过大 (4)涂料不足 (5)雾化空气通道堵塞	(1)调高涂料黏度 (2)调低喷涂压力 (3)更换空气帽 (4)补充涂料 (5)清洁喷枪空气通道
4	跳枪	(1)喷嘴松动,没拧紧或没装好 (2)喷嘴损坏 (3)涂料罐中涂料不足 (4)针阀密封件松动 (5)涂料罐通气孔堵塞	(1)旋紧喷嘴或清洁并重新安装喷嘴 (2)更换喷嘴 (3)补充涂料 (4)紧固针阀密封件 (5)疏通通气孔
5	喷幅形状重心偏向一侧	空气帽中央气孔或雾化气孔堵塞	清洁喷嘴、空气帽
6	喷幅向下或向上聚积	(1)空气帽或喷嘴受损 (2)喷嘴、针阀或空气帽的出口上有堵塞	(1)更换空气帽或喷嘴 (2)彻底清洗

续上表

序号	现象	原因	对策
7	喷不出涂料,或出漆量过少	(1)涂料罐上的通气孔堵塞,或空气帽及吸料管严重堵塞	(1)彻底清洁涂料罐通气孔、空气帽及吸料管
		(2)涂料罐内没涂料	(2)补充涂料
		(3)针阀行程过小	(3)调整流量控制旋钮增大针阀行程
8	喷嘴处漏涂料	(1)喷嘴与针阀不配套,或损坏	(1)更换喷嘴套装
		(2)喷嘴端口有异物	(2)彻底清洗喷嘴
		(3)针阀密封螺母过紧	(3)旋松针阀密封螺母
		(4)针阀复位弹簧折断或漏装	(4)更换或重新安装针阀复位弹簧
9	喷幅不能调整	(1)空气帽两侧喷幅控制气孔堵塞	(1)彻底清洁空气帽
		(2)喷枪内喷幅控制气孔的空气通道堵塞	(2)彻底清洁喷枪,疏通空气通道
		(3)喷幅控制装置损坏或安装错误	(3)更换或正确安装喷幅控制装置
10	不能正常调节气压	(1)气压调整装置损坏或气压调整阀损坏	(1)更换气压调整装置或气压调整阀
		(2)气压调整阀复位弹簧折断或漏装	(2)更换或正确安装气压调整阀复位弹簧

 小知识

环保型喷枪

环保型喷枪又称为高流低压喷枪(High Volume Low Pressure,HVLP),意为高流量低气压式喷枪,即使用大量空气,在低气压下将涂料雾化成低速的小液滴。它与传统喷枪的区别在于其材料传递效率非常高。

传统喷枪的喷涂压力一般为 $2.5×10^5 \sim 3.0×10^5$ Pa,主要利用高压气体将涂料"吹"成小液滴,在这一过程,将产生大量多余的喷雾,即过度雾化。高压系统的转化效率受多余喷雾的影响,小液滴被"吹"起来又被弹了回去,即回喷现象非常明显。相反,HVLP 喷枪将涂料分解成小液滴的气压不超过 $0.7×10^5$ Pa,通过减少过度雾化来降低溶剂的散失,从而保护环境。当涂料流进入气流后,由于没有反弹现象,减少了弥漫的喷雾,因此传递效率有了很大的提高。同时,HVLP 喷枪通过减少过度雾化来降低溶剂的散失,从而保护环境。HVLP喷枪适用于任何可用喷枪雾化的液体溶剂材料,包括双组分涂料、氨基甲酸乙酯、丙烯酸漆、环氧树脂、磁漆、清漆、着色涂料、底层防锈涂料等。

高传递效率可以很好地保护环境,还可以有效地提高车间的工作环境以及喷涂的质量。多余的喷雾不但使工作场合的环境危害健康,而且降低了能见度,从而导致容易操作出错和工作效率下降。多余的喷雾是喷涂操作维护的主要项目之一,因此减少了多余的喷雾就节省了大量的时间。HVLP喷枪的材料传递效率一般是传统喷枪的两倍左右,传统喷枪的材料传递效率大约在35%~40%,而HVLP喷枪的材料传递效率高达65%以上,可节省涂料10%~30%。

HVLP喷枪和传统喷枪的操作基本相同,但有一些细微的差别。例如,HVLP喷枪离喷涂表面应该近一些,因为漆流的速度较慢,喷涂距离13~17cm,距离过长会导致喷涂发干且漆膜厚度不够。喷涂气压$2.0×10^5$Pa,喷涂清漆及素色漆时可把气压调高至$2.5×10^5$Pa。

HVLP喷雾速度要比传统喷枪喷涂慢,但漆膜厚度通常比传统喷枪要厚一些。这是因为达到所需厚度的喷涂次数要少,可以提高工作效率。工作中需要较多及稳定的压缩空气来驱动,在喷涂气压$2×10^5$Pa时,耗气量为430L/min。

二、任务实施

1. 施工准备

喷涂底漆的施工准备工作首先是遮护。

不同的施工部位,不同的喷涂方法,需要遮护的范围及遮护方法有所不同。以左后车门的遮护为例,穿戴好个人防护用品(表1-2),拆下后门手柄及装饰条,然后按以下步骤操作。

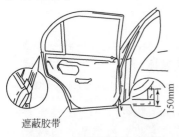

图2-27 遮护后车门内侧边缘

①车门手柄的遮护,采用反向遮护。先将遮蔽胶带折叠成能盖住车门手柄固定孔的形状,从车门里边贴遮蔽胶带,盖住用于固定车门手柄的孔。

②打开车门,在其内侧边缘贴上遮蔽胶带,使胶带适当伸出车门边缘,如图2-27所示。

③关上车门,在车门外侧边缘,用另一段遮蔽胶带压住上述车门内侧边缘粘贴的遮蔽胶带的伸出部分。并在车门上侧贴遮蔽胶带,且适当延伸出上边缘,用另一段遮蔽胶带压住其延伸部分,如图2-28所示。

④打开前车门,以后车门的前凸缘沟槽为边界贴遮蔽胶带,顶侧使用遮蔽纸盖住门框,如图2-29所示。

⑤对前车门内缘用遮蔽胶带及遮蔽纸进行遮护,如图2-30所示。前门底侧内缘遮护向前延伸约300mm,前门后侧内缘应遮护住门框,并将遮蔽纸外翻后,关上前车门。

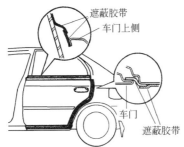
图2-28 遮护后车门外侧、上侧边缘

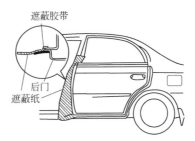
图2-29 遮护后车门前侧边缘

⑥用塑料(乙烯)薄膜,遮盖汽车前半部、车顶行李舱等部分,薄膜距左后门边缘约200mm,如图2-31所示。

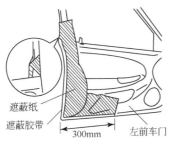
图2-30 遮护前车门内侧边缘

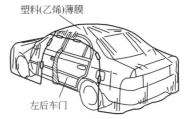
图2-31 用塑料(乙烯)薄膜遮护车身其余部分

⑦用遮蔽胶带及遮蔽纸遮护左前车门、左后车门玻璃及左后侧钣金件,如图2-32所示。
⑧用遮蔽胶带及遮蔽纸遮护左后车轮及左后车门槛板。遮护工作完成,如图2-33所示。

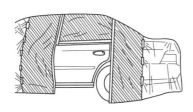
图2-32 遮护左前车门、左后车门玻璃及左后侧钣金件

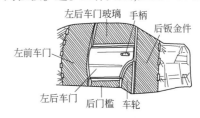
图2-33 遮护左后车轮及左后车门槛板

技术提示

在涂装施工中,事先预防工作所花费的时间,要比后面清洁所花费的时间少很多。为了避免汽车内部装饰和其他非维修区域受到污染或损伤,遮护作业十分重要。

遮护时要注意:
①不要将遮蔽胶带粘贴在需要喷涂的区域。
②不能将遮蔽胶带粘贴在未经清洁的或潮湿的表面上。
③遮蔽胶带不能粘贴在密封橡胶上。
④将遮蔽胶带与遮蔽纸以及遮蔽胶带与工件表面尽量压紧。
⑤遇到曲面的遮护时,可将遮蔽胶带的内侧弯曲或重叠。

2. 底漆的调配及施工

底漆的调配及施工过程中,必须穿戴工作服、工作帽、安全鞋、护目镜、活性炭面罩、防护手套等(表1-2)。

(1)底漆的调配。双组分涂料在使用时,需要按照涂料生产厂商提供的说明,按照正确的比例加入配套的固化剂,再根据环境温度的不同加入稀释剂,以达到要求的施工黏度。

①调配用工具。涂料调配常用的工具有:黏度计、比例尺、调漆桶(或调漆杯)、过滤器等。

> 技术提示
>
> 涂料黏度的大小直接影响施工质量,黏度过高将会使表面粗糙不均、产生针孔等缺陷;黏度过低则会造成流挂、失光。不同的涂层对涂料的黏度要求有所不同,因此在施工作业中应根据技术要求调整黏度。

a. 黏度计。常用黏度计有:涂1、涂4、落球黏度计,计量单位"s"。在实际生产中,涂4黏度计使用较为广泛,它能用于测定黏度在 8~30s 的各种涂料产品。国外一般常用的是美国福特4号杯测试黏度。测试原理和方法与涂4黏度计相似。

常用的国产涂4黏度计有金属和塑料两种。其形状如图2-34所示,黏度计的上部呈圆筒形,下部为圆锥形,底部有用不锈钢制成的可以更换的漏嘴,圆筒的顶面加工有环形凹槽,以备多余的涂料试样溢出。黏度计的容量为100mL。美国福特4号杯如图2-35所示。

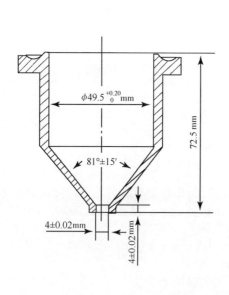

图2-34 涂4黏度计

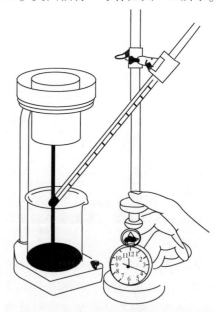

图2-35 美国福特4号杯

b. 涂料调配比例尺。为了简化涂料与稀释剂的调配,各涂料生产厂商均提供有涂料调配比例尺。如图2-36所示。

c. 调漆桶(或调漆杯)。调漆桶要求干净、无异物,并且必须是圆柱形。

d. 过滤器。过滤掉容易堵塞喷枪或影响涂层表面质量的颗粒物。一般用120~180目的筛网过滤,装置性要求高的涂料品种应使用180目以上的筛网过滤,也可经先粗后细两次过滤,以提高过滤速度。过滤时,不能使用硬质工具在筛网内搅拌,以免损坏筛网。

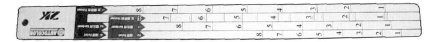

图2-36 涂料调配比例尺

 技术提示

市场上提供的过滤器多为纸质过滤漏斗,在漏斗的锥尖处有筛网,为一次性用品。

②调配步骤。

a. 核对涂料的类型、名称、型号及品种应与所选的涂料完全相符。开盖前摇晃,使涂料均匀。

b. 开盖后检查涂料是否变质,若变质,应进行更换处理。

c. 按涂料生产厂商要求的比例,根据涂料使用量先添加涂料,然后是固化剂,最后添加稀释剂。用比例尺搅拌均匀。

d. 过滤。使用120~180目的筛网或使用过滤漏斗进行过滤。

e. 测试黏度。先堵住黏度计的杯底小孔,将过滤后的涂料倒入杯内至规定的刻线;然后放松小孔,同时用秒表记录时间,直至从小孔流出的涂料出现断续为止,所测得的时间即为所调涂料的黏度。

 技术提示

用不同的黏度计测同一涂料,所测得的黏度值可能是不同的。涂料生产厂商提供黏度标准值的同时,也提供所用的黏度计,否则应提示其所规定的黏度是用什么类型的黏度计测得的。

(2)施工。

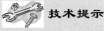 技术提示

对于大面积修补区域的底漆多采用喷涂施工,小面积及点修补底漆可采用刷涂施工。刷涂施工过程:施工人员正确穿戴防护用品,并按要求调配出符合要求的底漆,然后用干净的小毛刷将底漆直接均匀地刷在维修区域暴露钢板的部分,最后进行干燥。

喷涂施工方法：

①喷枪的检查调整。这种检查调整，在喷涂底漆、中涂漆和面漆之前都要进行。

a. 检查。检查涂料罐上的气孔无污垢堵塞；涂料罐上的密封圈无渗漏。

b. 调整。喷枪的调整主要包括压力调整、喷幅调整和漆流量调整。

（a）压力调整。严格按照涂料厂商提供的产品说明书中相应的施工参数调整喷枪的压力。

由于有管道阻力的存在，空气从干燥器调压阀流到喷枪时压力有所损失，其差别取决于输气管的长度和直径。解决措施之一是在软管接头和喷枪之间接一个带压力表的调压阀，用来检查和控制喷枪压力，如图2-37所示。也可以使用带内置数字显示式压力表的喷枪，如图2-38所示。

图2-37 带压力表的调压阀

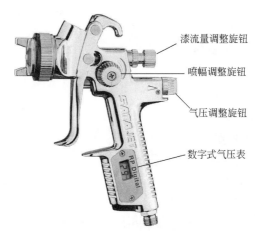
图2-38 带内置数字显示式压力表的喷枪

最佳压力是指获得适当雾化、挥发率和喷雾扇形宽度所需的最低压力。压力过高会因飞漆而浪费大量涂料，抵达涂装表面前溶剂挥发过快，导致涂料流平性差，容易产生橘皮等缺陷；而压力过低会因涂料保留的过多而造成干燥性能差，漆膜容易起泡和流挂。

（b）喷幅调整。把喷幅调整旋钮拧到底可得到最小的圆形喷幅。逐渐拧出，则喷幅逐渐加大成椭圆形状，旋钮全拧出得到最大喷幅。如图2-39所示。

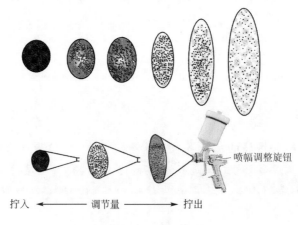
图2-39 喷幅调整

(c) 漆流量调整。通过漆流量调整旋钮选定雾形,调整漆流量。将调整旋钮拧出时漆流量增大,调整旋钮拧入时漆流量减小,如图 2-40 所示。

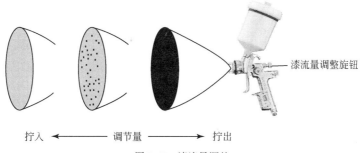

图 2-40　漆流量调整

(d) 涂料分布测试。通过雾形测试,看流挂情况,检查喷枪调整是否正确。

如图 2-41 所示,将空气帽的喇叭口转成竖直位置,使喷涂的椭圆形状呈水平方向。垂直对准试喷板保持大约 20cm 的喷射距离,按下扳机进行喷涂直到涂料出现流挂现象,结果如图 2-42 所示。

图 2-41　转动空气帽调整试喷图形

如果各项调整正确,各段流挂的长度应近似相等,如图 2-42a) 所示;如果流挂呈分离形状,如图 2-42b) 所示,则说明喷幅过宽、气压太低或涂料黏度过低。把喷幅调整旋钮拧入半圈,或把气压提高一些,交替进行此两项调整,直到流挂均匀;如果流挂中间长两边短,如图 2-42c) 所示,则说明漆流量过大或涂料黏度过高,调节漆流量调整旋钮,直至流挂均匀。

图 2-42　雾形测试

② 喷涂操作。要想获得良好的涂装效果,正确的喷涂与调整是非常重要的。喷涂作业的操作要领如下:

a. 喷枪与喷涂表面的角度。喷枪无论是在竖直方向还是在水平方向移动时,其与喷涂表面必须始终垂直。施工人员双脚分开,比肩稍宽,一般右手持枪,左手抓住空气软管,并使软管从右肩上部通过,持枪手臂应处于待喷区域(或一次喷涂区域)水平方向的中间位置,喷涂过程中必须左右移动整个身体,但不能跨步,也不允许由手腕或肘部作弧形的摆动。水平方向的持枪操作如图 2-43 所示,竖直方向的持枪操作如图 2-44 所示。

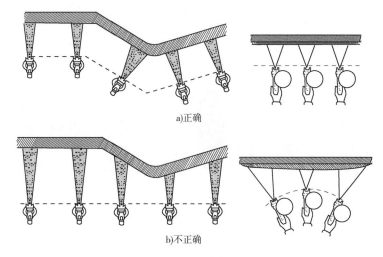

a)正确

b)不正确

图 2-43　喷枪与喷涂表面的角度(水平方向)

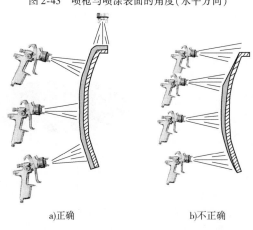

a)正确　　　　　　　　b)不正确

图 2-44　喷枪与喷涂表面的角度(竖直方向)

b.喷枪与喷涂表面的距离。正常的喷涂距离应与喷枪的气压、喷幅大小以及涂料种类相配合。一般的喷涂距离为 20cm 左右(按涂料生产厂商提供的工艺条件操作)。实际距离可通过试喷确定,如图 2-45 所示。如果喷涂距离过短,喷涂气流速度就较高,会使涂层出现波纹;如果距离过长,就会有过多的溶剂在到达涂装表面前被蒸发了,导致涂层出现橘皮或发干,并影响颜色效果。

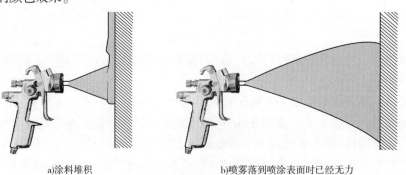

a)涂料堆积　　　　　　　　b)喷雾落到喷涂表面时已经无力

图 2-45　喷枪与喷涂表面的距离

c. 喷枪的移动速度。移动速度与涂料的干燥速度、涂料黏度以及环境温度有关,一般以 30~60cm/s 的速度匀速移动。速度过快,会导致涂层过薄;速度过慢,会导致涂层过厚,易出现流挂。而如果速度不均匀,忽快忽慢,会导致涂层厚薄不均。

d. 喷涂压力。正确的喷涂压力与涂料的种类、稀释剂的种类、稀释后的黏度和喷枪的类型等有关,一般调节至 $2.0 \times 10^5 \sim 2.5 \times 10^5$ Pa(具体压力应参照涂料生产厂商提供的说明而定),或进行试喷确定。压力过低将造成雾化不好,会使稀释剂挥发过慢,涂层易出现"流泪""针孔""气泡"等缺陷;压力过高会使稀释剂过分蒸发,严重时形成干喷现象。

e. 喷枪扳机的控制。扳机扣得越紧,液体流速越大。为避免每次走枪行将结束时所喷出的涂料堆积,一般要放松扳机,以减小供漆量,如图 2-46 所示。

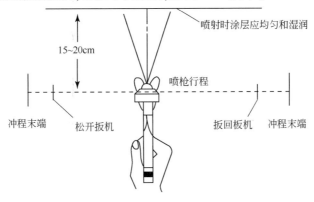

图 2-46　喷枪扳机的控制

扣扳机的正确操作一般分四步:先从遮蔽纸上开始走枪,扣下扳机一半,仅放出空气;当走枪到喷涂表面边缘时,完全扣下扳机,喷出涂料;当走至另一边缘时,松开扳机一半,涂料停止流出;反向喷涂前再向前移动几厘米,然后重复上述操作。

在"点修补"或新喷涂层与旧涂层的边缘润色加工时,需要进行"收边"操作。走枪开始时不扣死扳机,供漆量很小,随喷枪的移动,逐渐加大供漆量,直到走枪行将结束时,再将扳机逐渐松开,使供漆量减少,从而获得一种特殊的过渡效果。

技术提示

收边喷涂

通过手腕部甩动,喷枪按月牙形轨迹离开修补表面,利用这种喷枪移动方法,涂层厚度会随喷枪的移开而逐渐变薄,起到过渡的效果,如图 2-47 所示。

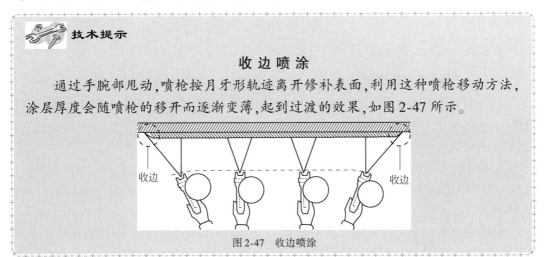

图 2-47　收边喷涂

f.喷涂方法、路线。喷涂方法有纵行重叠法、横行重叠法、纵横交替重叠法。喷涂线路应从高到低、从左到右、从上到下、先里后外的顺序进行。在行程终点关闭喷枪,喷枪下一次单向移动的行程与上一次相反,喷嘴与上一次行程的边缘平齐,本次雾形的上半部与上一次雾形的下半部重叠,重叠幅度为喷雾图形的1/3或1/2,如图2-48所示。

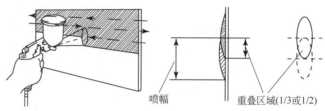

图2-48 喷涂图形重叠

g.走枪的基本动作。喷涂施工中走枪的手法因被喷涂表面情况的不同而不同,常见的喷涂走枪手法为:

(a)构件边缘的走枪手法。喷涂构件边缘一般采用从右到左的方向走枪,并采用纵喷(喷出的涂料呈竖直方向),如图2-49所示。

(b)构件内角的走枪手法。喷涂构件内角一般采用先从下到上,再从上到下的方向走枪,并采用横喷(喷出涂料成水平方向),如图2-50所示。

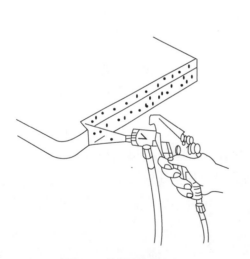

图2-49 构件边缘的喷涂

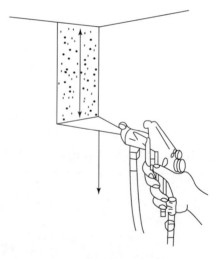

图2-50 构件内角的喷涂

(c)小而直立的构件平面的走枪手法。喷涂小而直立的构件平面时如图2-51所示。先是按从上到下的行程进行(1→2),然后左至右(2→3),再从下到上进行(3→4),再次从右到左(4→1),最后依次完成(5→6→7→8→9)。

(d)长而直立的构件平面的走枪手法。如图2-52所示,喷涂长而直立的构件平面时也是先从上到下进行,再从左到右,依次沿横向行程,每行程45~90cm,次序9以后行程重叠10cm。

(e)小圆柱构件的走枪手法。如图2-53所示,喷涂小圆柱构件时,由圆顶从上往下,再从下往上,分3~6道竖直行程喷完。

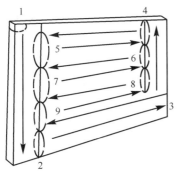
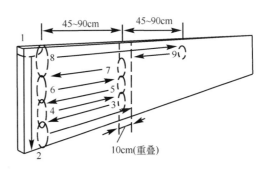

图 2-51　小而直立构件平面的喷涂　　　　图 2-52　长而直立构件平面的喷涂

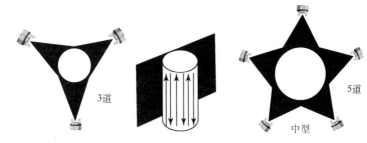

图 2-53　小圆柱体的喷涂

（f）大圆柱构件的走枪手法。如图 2-54 所示，喷涂大圆柱体时，先从左到右，再从右到左，水平行程依次喷完。

（g）棒状构件的走枪手法。喷涂较长的、直径不大的棒状构件时，最好将雾束调窄一些与之配合。也可以将喷枪雾束的方位与棒状构件相适应，如图 2-55 所示。这样既可达到完全覆盖又不过喷的目的。

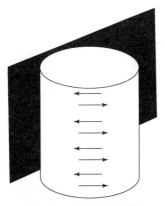
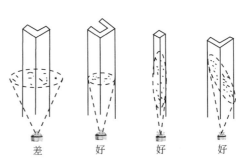

图 2-54　大圆柱体的喷涂　　　　图 2-55　棒状构件狭长面的喷涂

（h）大型水平表面的走枪手法。喷涂大型表面如发动机罩、车顶、后盖等，可以采用长而直立构件平面的走枪手法。即由左至右移动喷枪至临近基材表面时扣扳机，继续移动喷枪至离开基材表面时放开喷枪。这样可以获得充分润湿的涂层，而不过喷或干喷最少。

h. 不同板件的走枪顺序。无论是什么形状的板件，安装于什么位置，走枪时，基本均按照从上到下、从左到右、从内到外的原则。

（a）车门。如图2-56所示,首先喷涂车门框的顶部,然后下移直到车门的底部。如果只喷涂一个车门,首先应喷涂车门边缘;喷涂门把手时应该特别小心,因为某点的油漆太多将会导致下垂。

（b）前翼子板。如图2-57所示,发动机罩的边缘和前翼子板的翻边应该首先喷涂,然后是前大灯周围部分、面板的穹起部分,最后是面板的底部。

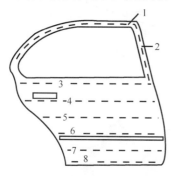

图2-56 车门的喷涂顺序

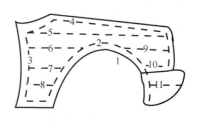

图2-57 前翼子板的喷涂顺序

（c）后翼子板。如图2-58所示,首先喷涂边缘,然后,施工人员站在面板的中间,以一个长的连续的行程喷涂面板。如果无法一次完成,就把这个区域分成两个部分。使用这种方法时,一定要特别注意中间的重叠。如果重叠的油漆太多,将会发生流挂。

（d）发动机罩。如图2-59所示,首先喷涂发动机罩的边缘,然后是发动机罩的前部,下一步是在前翼子板的侧面,从中心开始向边缘进行喷涂;另一侧也使用相同的方法喷涂。

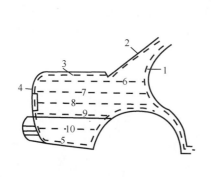

图2-58 后翼子板的喷涂顺序

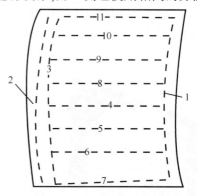

图2-59 发动机罩的喷涂顺序

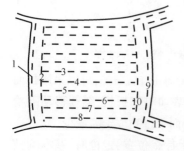

图2-60 车顶盖的喷涂顺序

（e）车顶盖。为了方便对车顶盖进行喷涂,施工人员应站在长凳上,以便能够到车顶的中心。如图2-60所示,首先喷涂一侧的风窗玻璃边缘,然后从中心到外边;一侧完成后,再用相同的方法完成后部和侧面。

（f）整车喷涂。当喷涂整个汽车时,对汽车不同部位喷漆顺序可能不同。整车喷涂的路线并没有一个统一的规定,有许多不同的喷涂顺序,不同的施工人员也有自己的操作思路,但总的原则是一致的,即尽可能防止喷涂时产生的漆雾粒子落到已喷涂的涂面上,以及保证喷涂时底材的湿润度。通常,在横向通风式喷漆房里,离风源最近的地方首先喷涂,从而能保证附在喷漆表面的漆雾最少,使漆面更光滑。首先对车顶盖喷涂,然后是左侧或右侧车门,下一步是同侧的后翼子板,接着是行李舱盖和后围板。对汽车另一侧的喷涂是从后翼子板开始,然后是车门和前翼子板、发动机罩、前裙板、门窗框,最后对另一侧的前翼子板喷涂。

在下向通风式喷涂房里,因为空气是从天花板顶向汽车底部的检修坑流动,所以施工人员必须改变喷漆方法。在实际施工中有多种顺序,通常多用首先喷涂车顶,然后喷涂车后部,围绕车身一圈后在车后部完成接缝的方法喷涂。如果由两名喷涂施工人员共同操作,完成整车喷涂,效果会更好。但在喷涂金属面漆或珍珠面漆时最好由一个人来操作,因为不同的操作手法可能会引起颜色的差异。如图 2-61 所示为整车喷涂的顺序示意图。

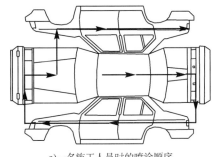

a)一名施工人员时的喷涂顺序　　　　b)两名施工人员时的喷涂顺序

图 2-61　整车的喷涂顺序(一)

应用较多的另外一种喷涂顺序如图 2-62 所示。首先从车顶开始,依次是右前门、右前翼子板、发动机罩、左前翼子板、左前门、左后门、左后翼子板、行李舱盖、右后翼子板、右后门。在喷涂右后门时可将右前门打开,能够防止漆雾粒子飞扬到已经略干的右前门涂面,避免产生粗粒现象。但要提前做好车室内的防护工作。

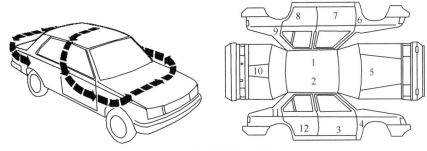

图 2-62　整车的喷涂顺序(二)

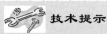

为了防止油漆泄漏、滴落,在喷杯中油漆不要装得太满,整个喷涂操作过程要平稳、协调,随时用抹布或纸巾擦净泄漏出来的油漆。需要倾斜喷枪时,千万小心,不要让油漆滴落到构件表面上。

3. 干燥

赤裸的钢铁底材施涂无铬环氧底漆后,一般需要自然干燥(20℃左右)约30min,或使用短波红外烤灯,保持0.7~0.8m的距离,烘烤约10min(具体的干燥时间请参照生产厂商的要求),可进行下一步工序,如施涂原子灰、施涂面漆等。

> **技术提示**
>
> ①具体底漆的干燥时间,请参阅涂料生产厂商的说明。
> ②底漆施工后一般不需要打磨,但如有需要,可使底漆彻底干燥后,用P600~P800的砂纸人工打磨。

三、评价反馈

1. 自我评价

(1)通过本学习任务的学习,你是否已经清楚以下问题:

①底漆的作用是什么?_____

②底漆的特性是什么?有哪些种类?_____

③钢铁底材底漆的施工流程如何?_____

④如何进行底漆的调配?_____

⑤喷涂施工中,喷枪如何调整?_____

⑥喷涂施工作业中的操作要领如何?_____

⑦不同构件喷涂中的基本动作如何?喷涂顺序怎样?_____

⑧遮护材料有哪些?如何进行正确的遮护?_____

⑨喷枪的类型有哪些？各有何特点？

(2) 在底漆的施工中用到了哪些设备？你已经能够正确操作这些设备了吗？
   评价：

(3) 实训操作中，你能够正确叙述底漆施工的具体环节吗？能正确完成吗？
   评价：

(4) 工作着装规范吗？
   评价：

(5) 在实训中，你意识到安全防护的问题并提醒其他同学注意了吗？出现了不规范的情况吗？是如何处理的？
   评价：

(6) 能积极主动参与工作现场的清洁和整理工作吗？你知道喷枪的正确清洗方法吗？能正确操作吗？
   评价：

(7) 在完成本学习任务的过程中，你主动帮助过其他同学吗？与其他同学探讨底漆施工的有关问题了吗？具体问题是什么？讨论结果是什么？
   评价：

(8) 通过本学习任务的学习，你还有哪些方面需要进一步改善？
   评价：

(9) 在进行本学习任务的过程中,你主动学习"相关知识"的有关内容了吗?掌握情况如何?

评价:_____

_____。

(10) 在本学习任务的实施中,你主动查阅了其他的相关资料了吗(包括生产厂商的说明)?有何收获?

评价:_____

_____。

(11) 在本学习任务中你遇到的困难是什么?如何解决的?

评价:_____

_____。

你的签名:_____   ____年____月____日

2. 小组评价

小组评价见表 2-4。

小组评价   表 2-4

序 号	评 价 项 目	评 价 情 况
1	学习态度是否积极主动	
2	是否服从教学安排	
3	是否达到全勤	
4	着装是否符合要求	
5	是否合理规范地使用仪器和设备	
6	是否按照安全和规范的规程操作	
7	是否遵守学习、实训场地的规章制度	
8	是否积极主动地和他人合作、探讨问题	
9	是否能保持学习、实训场地整洁	
10	团结协作情况	

参与评价的同学签名:_____   ____年____月____日

3. 教师评价

_____

_____。

教师签名:_____   ____年____月____日

学习任务3　原子灰的施工

学习目标

1. 能够正确叙述原子灰的作用、类型；
2. 知道原子灰施工的安全注意事项；
3. 知道原子灰施工中常用的工具设备，并能正确使用；
4. 正确完成一个典型车身部件的原子灰施工过程。

任务描述

对一局部漆面破损的金属板件(如前车门)，在经过正确的底材处理和底漆施工之后，进行正确的原子灰的施工作业。

学习引导

本学习任务沿着以下流程进行：

一、相关知识

1. 原子灰类型及特性

原子灰俗称"腻子"，是一种以树脂、颜料、溶剂和填充材料等组成的呈浆状或膏状的涂料。

(1) 原子灰的特性。

①与底漆、中涂漆层及面漆有良好配套性，不发生咬底、起皱、开裂、脱落等现象，有较强的层间黏合力。

②具有良好的刮涂性能，垂直面厚涂规程性能良好，无流淌现象，有一定韧性，附着力好，刮涂时原子灰不反转，薄涂时原子灰层均匀光滑。

③打磨性良好，原子灰层干燥后软硬适中，易打磨，不粘砂，能适应干磨或湿磨。打磨后原子灰层边缘平整光滑且无接口痕迹。

④干燥性能良好,能在规定时间内干燥、打磨。

⑤形成的原子灰层要有一定韧性和硬度,以防汽车行驶中的振动引起原子灰层开裂,轻微碰撞引起低凹或划痕。

⑥具有较好的耐溶剂和耐潮湿性,否则会引起涂层起泡。

(2)原子灰的类型。

腻 子

原子灰虽然俗称为"腻子",但与传统的腻子是有区别的。传统的腻子一般是用油基漆作为黏结剂,以熟石膏粉等作为填充料,并加入少量的颜料和稀释剂调和后形成的。这种腻子干燥时间长,干燥后质地较软,且会出现不同程度的凹陷,对涂在腻子上面的涂膜具有一定的吸收作用,不利于漆膜的外表美观,现在已经不用。

①普通原子灰。普通原子灰由不饱和聚酯树脂、填料、少量颜料及苯乙烯配制而成,使用时要和固化剂调配后才能使用。由于聚酯原子灰干燥速度快,受气候影响小,原子灰层牢固,附着力强,不易开裂,刮涂、堆积、填充性能好,硬度高,打磨性好,表面细滑光洁,固化后收缩性小,能与多种面漆配套使用,可以大大提高施工速度和产品质量,因此被广泛使用。

普通原子灰适用于钢铁底材。不适用于镀锌板、不锈钢板、铝合金板和经过磷化处理的裸金属表面,但在这些金属表面首先喷涂一层隔绝底漆(通常为环氧底漆)后可以正常施涂。

②合金原子灰。合金原子灰也称金属原子灰,除了可用于普通原子灰所用的所有表面外,还可以直接用于镀锌板、不锈钢板和铝合金板等表面而不必首先施涂隔绝底漆。但不适用于经过磷化处理的裸金属表面。合金原子灰性能卓越,使用方便,但价格高于普通原子灰。

③纤维原子灰。纤维原子灰的填充材料中含有纤维物质(一般为玻璃纤维),干燥后质轻、附着力强、硬度高,可以直接填充直径小于50mm的孔洞或锈蚀而无须钣金修复,对孔洞的隔绝防腐能力很强。用于有比较深的金属凹陷部位,填补效果良好。但表面呈现多孔状,需要用普通原子灰做填平工作。适用于钢铁板、镀锌板、铝合金板及塑料纤维板等表面。

④塑料原子灰。塑料原子灰专用于塑料件的修复填补作业中。调和后呈膏状,可刮涂也可揩涂。它能与塑料底材良好附着,干燥后质地柔软,但打磨性很好,可以干磨也可以水磨。

⑤幼滑原子灰。幼滑原子灰也称快干填眼灰或特幼填眼灰,一般为单组分。其膏体极其细腻,主要用于填补细小的砂纸痕、针孔及微小的凹陷等。幼滑原子灰干燥时间短,即用即取,不加固化剂,干燥后易于打磨,是修补施工中产生细小缺陷的理想填料。但其填补能力较差,且不耐溶剂,易被面漆中的溶剂"咬起",所以不能大面积刮涂。

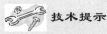**技术提示**

①不同生产厂商所生产的原子灰,产品特性有所不同,使用时参照生产厂商提供的说明进行操作。

②原子灰打磨施工后产生的砂痕、针孔及微小的凹陷可用快干原子灰进行填补。刮涂操作中要快而灵活,原子灰要薄而匀。

③一般快干原子灰刮涂在中间涂层上,打磨后直接喷涂面漆,因此砂纸应视底材精度要求及喷涂面漆的种类而定。一般选用 P400～P500 号砂纸。

2. 原子灰施工中的安全防护

参照汽车修补涂装个人防护用品推荐表(表1-2)所示。

(1)原子灰调配及施涂作业中的防护用品。在原子灰调配及施涂作业中存在有机气体,应注意保护呼吸系统、眼睛及皮肤。应穿戴的防护用品主要有:工作服、工作帽、安全鞋、护目镜、活性炭面罩、乳胶手套等,如图3-1 所示。

施工作业中注意确保施工场所通风良好。

(2)原子灰干磨施工作业中的防护用品。在原子灰干磨施工作业中,主要防止原子灰打磨粉尘的吸入,以及干磨机的噪声等。应穿戴的防护用品主要有:工作服、工作帽、安全鞋、护目镜、防尘口罩、耳塞耳罩、劳保手套等,如图3-2 所示。

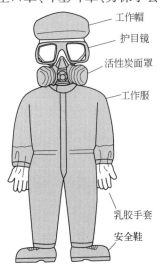
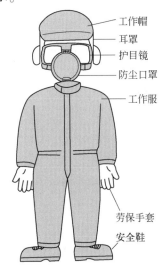

图 3-1　原子灰调配及施涂作业中的防护用品　　图 3-2　原子灰干磨作业中的防护用品

施工作业中尽可能使用吸尘式打磨机,并在通风条件良好的场所施工。

3. 原子灰施涂工具

一般原子灰的调配及施涂作业中需要的工具有:清洁的调和板(金属、木头或玻璃材质)、干净的刮刀及刮板(金属或塑料材质),如图3-3 所示。

刮刀是原子灰施涂作业中的主要工具。按其软硬程度的不同,可分为硬质刮刀和软质刮刀。刮板结构简单,可以根据需要自制。

（1）硬质刮刀。硬质刮刀适用于大面积的刮涂作业,如大的凹坑、大的平面缺陷部位等,由于其刮口硬度较高,易于刮涂平整,工效高、材料省。硬质刮板主要有金属刮刀和塑料刮刀。

①金属刮刀。金属刮刀主要有钢片刮刀、轻质合金刮刀等,是目前使用最多的一种。金属刮刀具有一定的弹性,可根据个人使用习惯进行选择。一般钢片刮刀厚度为0.3~0.4mm,刮口宽度120~150mm（刮口宽度可根据施工要求灵活制作）。

②塑料刮刀。塑料刮刀常用硬质聚氯乙烯及环氧树脂板制成,也可根据需要选择稍软一点的材料制成半硬刮刀。其耐磨性差,温度对其柔软性影响较大。

（2）软质刮刀。软质刮刀主要适用于刮涂圆弧形、曲面形状的部位。主要有橡胶刮刀和软质塑料刮刀。

①橡胶刮刀。橡胶刮刀采用耐油橡胶板制成,刮口面磨成斜口,又称橡皮刮板,如图3-4所示。

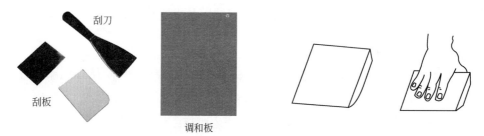

图3-3　原子灰调配、施涂常用工具　　　　图3-4　橡胶刮刀及刮涂手势

大的橡胶刮刀厚度6~8mm,刮口宽度100mm左右;小的橡胶刮刀厚度3~4mm,刮口根据施工需要选择。

②软质塑料刮刀。用软质塑料制成,刮口面磨成斜口,形状大小根据需要制作,基本要求与橡胶刮刀相同。

技术提示

①刮刀的刮口要平直,不能有齿形、缺口、弧形等缺陷。

②刮刀使用完毕后,要即刻清洗干净,以免原子灰聚积于刮刀上,固化后不易清洗,影响下次使用效果。

③对于平面缺陷或凹坑较大的部位应使用硬质刮刀。

4. 辐射式干燥和红外线烤灯

（1）辐射式干燥原理。辐射是热传导的一种方式,是将热量转变为不同波长的电磁波（或称热射线）直接投射到物体上后,能够被物体吸收,再变成热量。热射线的传播过程称为热辐射。利用热辐射干燥物体的方法,称为辐射式干燥。以红外线为热射线的干燥设备称为红外线干燥设备。

辐射加热会使涂层加速干燥,通常使用红外线干燥设备。

（2）红外线。红外线波长范围在0.76~100μm之间,一般将波长为0.76~5.6μm这一段称为近红外线,而将波长为 5.6~100μm 这一段称为远红外线。当红外线辐射到达物体时,一部分被物体表面反射,一部分被物体所吸收,其余部分透过物体。被吸收的红外线辐射能量就转变成热能,使物体温度升高,被吸收的能量愈大,物体的温度就升得愈高。红外线波长不同,其穿透漆膜的能力也不同,波长愈短,穿透能力愈强,如图 3-5 所示。

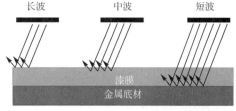

图 3-5 红外线波长愈短,穿透漆膜能力愈强

不同的物质对红外线的反射、吸收和透射是不同的,即使是同种物质,也可能因其结构和表面状况的不同而不同。同一物体对不同波长的红外线,其反射、吸收和透射也是不相同的。

到达被加热物体上的红外线辐射能量与红外线传播的距离有着密切的关系。红外辐射源至被加热物体之间的距离每增加一倍,达到物体的红外辐射能量便减少到原来的 1/4。所以应用红外线加热时,辐射源与被加热物体之间的距离应小一些,一般为 150~350cm(具体参照生产厂商建议)。

红外线加热的效果,主要决定于被加热物体吸收红外辐射能量的多少,这就需采用辐射率大的材料做辐射和缩短辐射的距离,使到达被加热物体的红外辐射能量尽可能得大;同时,被加热物体的红外吸收率也要大,以吸收尽可能多的辐射能量。

(3)红外线干燥的特点。

①干燥由内层向外,溶剂容易挥发,干燥彻底、迅速,一般可提高效率 2~5 倍。如图 3-6 所示。

②涂层干燥均匀,可大大减少由于溶剂蒸发而产生的针孔、气泡现象,干燥质量好。

③升温迅速,缩短了干燥时间。

④红外线干燥设备结构简单,投资费用低、效率高、节能、无污染、占地面积小。

⑤红外线辐射具有方向性,可用于局部加热。

⑥使用时,尽量使工件表面受到红外线的直接照射,才能取得良好效果。

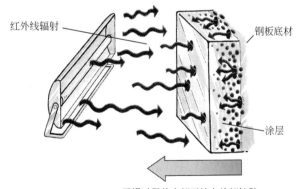

图 3-6 红外线干燥

(4)常见的红外线干燥设备。

①红外线辐射加热器。红外线辐射加热器虽有各种型号,但一般都由金属板、管,碳化

硅板、陶瓷三部分组成。热源可用电力、煤气、液化气。红外线辐射加热器形状一般分为管状、平板状及灯泡状3种。

辐射器一般包含两个基本部分——热源和远红外辐射层。

热源的作用是给辐射层提供热能，使之辐射远红外线。辐射层的作用是在受到加热后，从其表面辐射出与其温度相对应的红外辐射能量。

由于汽车修理行业的特殊性，要求干燥加热装置具有移动性、可变性，因此常使用可移动的红外线加热装置用于原子灰、底漆、面漆各个部位的局部强制干燥，提高工作效率，如图3-7所示。这种红外线加热装置的性能特点主要有如下几个方面：独立开关控制；整个发射管可作360°旋转；发射管支架由气压撑杆支撑，上下自如；电子计时器可分别控制预热、全热过程，自动转换；可烘烤汽车车身任何部位，如车顶、前后盖。

红外灯也可设计成方阵，用于局部修补加热用。由红外灯射出的放射红外线能展开呈扇形，离灯20~30cm的距离内，中心与外部的温度分布基本均匀，用多个组合可互补热量，以获得均匀的温度。

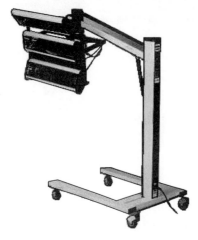

图3-7 红外线加热装置

②连续式通道烘干室。连续式通道烘干室是广泛应用于大批量生产的一种烘干设备。目前，连续式通道烘干室大多采用红外线干燥。根据输送带运行的路线和方向，可分为单程和双程、水平单程和双程、垂直单程和双程的通道烘干室。在每个阶段的若干节烘干室内，配制数量不等的红外线辐射装置。烘干室内设有排风装置，以排除烘干时蒸发的溶剂蒸汽。由于在通道烘干室内，涂有涂层的工件是连续或间歇地移动的，移动装置可采用架空式单线和双线输送带、板式小车输送带、杆式输送带等各种不同的传送形式。

③短波红外线烤漆房。短波红外线烤漆房，使用红外线的辐射原理加热，具有环保、高效、节能的特点。烤漆房内短波红外线装置每边上下各一排，每排4个红外线装置，每个装置有2根红外线灯管的管状热源向涂层辐射热量。每个红外线灯管功率1.2kW，室内装有16个红外线装置，共32根红外线灯管，总功率38.4kW，辐射距离≥500mm，可用于对整车涂层烘烤，独立式开关系统也可对汽车涂层的原子灰、底漆、面漆进行局部烘烤。

该烤漆房升温快，在同样温度下比对流烘干效率提高70%，极大提高涂膜的干燥速度，并具有涂膜干燥彻底、内外一致的优点，提高涂膜质量。由于室内没有空气流动，干净无尘，减少涂膜粘尘的概率。

5. 无尘干磨设备

(1)无尘干磨设备的类型。无尘干磨设备有移动式、固定式和简易袋式3种。

移动式干磨系统如图3-8所示。该系统使用方便、移动灵活，吸尘效果好，覆盖面积大，设备成本低。但在施工中供气吸尘管道及电缆需要拖在地面上。

固定式干磨设备，又称悬臂式干磨设备，如图3-9所示。该设备的气路、电路布置方便，施工中没有拖在地上的气管、电缆，施工工位整洁。吸尘效果好，设备使用寿命长，维修方便。但其成本较高,因其固定,施工时覆盖面积受影响。

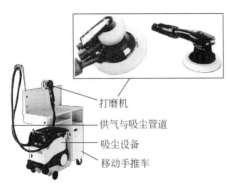

图 3-8　移动式无尘干磨设备

图 3-9　固定式无尘干磨设备

简易袋式吸尘属于被动式吸尘,如图 3-10 所示。该系统成本低,打磨机直接连接压缩空气管道,便于连接使用。吸尘所需的真空环境由转轴上附加的叶片轮旋转产生,将打磨灰尘吸附到集尘袋中,其吸尘功率受打磨机转速的影响,吸尘效果相对差些。

图 3-10　简易袋式无尘干磨设备

(2)无尘干磨系统的组成。移动式和固定式无尘干磨设备主要由打磨工具、供气与吸尘管道、吸尘设备、磨垫、打磨材料和辅助设备等组成。

①气动打磨工具。即气动打磨机见学习任务 1。

②供气、回气与吸尘管道。移动式无尘干磨设备的气动工具的连接需要 3 个管道:压缩空气的输入、输出以及吸尘管,如图 3-11 所示。

现代先进的干磨系统采用综合套管,将压缩空气的输入、输出与吸尘 3 种功能组合为一体,套管采用快速连接方式,具有 360°的扭转补偿,如图 3-12 所示。

图 3-11　供气与吸尘管道

图 3-12　综合套管

③吸尘设备。吸尘桶,依靠真空吸尘作用,吸收打磨作业中产生的固体微粒,改善作业

环境,如图3-13所示。

④磨垫。磨垫安装于打磨机托盘上,保护托盘。磨垫上依靠尼龙搭扣安装干磨砂纸,如图3-14所示。

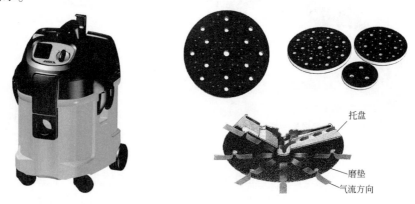

图3-13 吸尘桶　　　　　图3-14 磨垫

打磨不同材料时,应使用不同的磨垫。打磨原子灰时,应采用硬磨垫;打磨中间漆层时,应采用软磨垫;打磨具有较大弧度表面时,应采用超软磨垫。

6. 打磨材料

砂纸是汽车维修中经常使用的打磨材料,用于除锈、砂磨旧涂层、原子灰及漆面处理。砂纸是用各种不同细密的磨料黏结在纸上,制成各种规格的砂纸。磨料黏结牢固程度是砂纸质量的一个重要标志。操作人员选择合适的砂纸规格并正确使用才能产生最佳效果。

(1) 磨料的种类。制造砂纸的磨料根据原料可分为氧化铝、金刚砂(碳化硅)和锆铝3种。根据磨料在底板上的疏密分布情况可分为密砂纸和疏砂纸两种,密砂纸上的磨料几乎完全粘满磨料面,用于湿磨;疏砂纸的磨料只占磨料面积的50%~70%。

①氧化铝磨料。氧化铝磨料是一种非常坚韧的磨料,能很好地防止破裂和钝化。根据粗细不同的选择可制成用于除锈、清除旧涂层、打磨原子灰层、打磨新旧涂层的砂纸。氧化铝磨料硬度高、耐久性好、使用寿命长且不易在底层材料上产生较深的划痕,目前使用较广泛。

刚玉石是一种主要由氧化铝构成的很硬的矿石。非常纯正的刚玉石为白色,当它含有添加剂后,颜色可能带粉红色或棕色。它被作为打磨材料使用时,刚玉石会变钝,直至最后完全消耗掉,如图3-15所示。

②金刚砂(碳化硅)。金刚砂是一种非常锐利、穿透力极高的磨料,呈黑色,通常用于汽车旧漆面的砂磨,以及抛光前对涂面的砂磨。

金刚砂比刚玉石硬,但是更容易断裂。它是黑色的并有蓝色闪光。当金刚砂用于打磨时,矿物质的颗粒会脱落,从而形成新的长方形和点的形状,如图3-16所示。

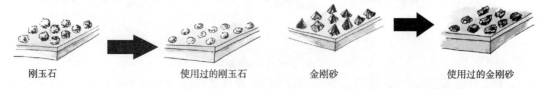

图3-15 刚玉石磨料的使用　　　　　图3-16 金刚砂磨料的使用

③锆铝磨料。锆铝磨料具有独特的自磨刃性,在打磨操作过程中,其自身不断地提供新的磨刃以提高工作效率和降低劳动强度。一般磨料在较硬的原厂清漆层上打磨,会使涂层产生热量,被打磨的材料也会迅速变软并堆积在砂纸面的磨料上而降低打磨效率,而锆铝的自磨刃特性和工作时产生热量少的特性大大减小了打磨阻力,减少了材料消耗,提高了工作效率和涂层质量。

（2）打磨介质。

①打磨介质的结构。打磨介质由黏合在平面的软性载体上的打磨矿物质组成。载体包括:纸、织物、用高温和硫磺处理过的纤维、塑料薄膜。各种较粗和较硬的微粒状矿物质被黏合在载体上,如图3-17所示。

②载体材料。柔性载体材料是打磨介质不可分割的部分,如图3-18所示。打磨介质的弹性取决于载体材料的强度。纸或织物载体越薄,打磨介质的弹性就越好。选择载体类型和质量的主要因素取决于被处理表面的材料和被打磨材料的硬度。

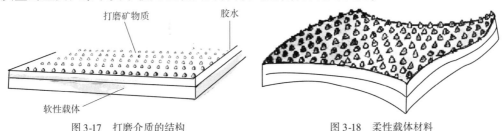

图3-17　打磨介质的结构　　　　图3-18　柔性载体材料

③胶粘剂。把打磨矿物质黏合在载体上通常使用两种不同的胶粘剂:有机胶粘剂和合成树脂。

有机胶粘剂,如:兔皮,由来自动物或植物的天然产品组成。它们对水过敏,这意味着如果打磨介质与水接触就会损坏。

合成树脂,如:石碳酸树脂、环氧树脂和聚脲树脂。它们都是可热处理和耐热的,可用来制造防水的打磨介质。

砂粒被分为两个阶段胶在载体上:首先,第一层胶水把打磨颗粒胶到载体材料的表面;然后,第二层胶水把完整的打磨矿物质黏合到载体上,如图3-19所示。每一个阶段可以使用相同的或不同的胶粘剂,合成方式由相应的打磨程序决定。

④打磨矿物质的使用法。使用打磨矿物质的方式是选择载体材料的决定性因素。有两种使用法:重力法和静电法。重力法把打磨矿物质随机排列在载体上;静电法把打磨矿物质按定义的图案排列在载体上,如图3-20所示。排列方法决定打磨介质的特性。磨粒的结构应当根据被处理表面确定。每单位表面积上的颗粒数量是确定打磨介质性能的另一个重要因素。

细晶颗粒结构:打磨矿物质紧密地排列在一

图3-19　载体与砂粒的胶粘

起。粗晶颗粒结构:磨粒之间有间距,砂粒的灰尘更容易被带走并且打磨介质不容易被阻塞。添加剂,如:硬脂酸锌,能润滑和去除打磨剂残余物。

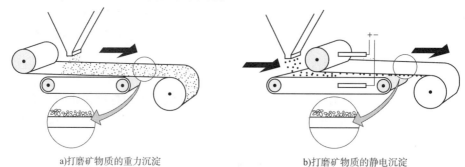

a)打磨矿物质的重力沉淀　　　　b)打磨矿物质的静电沉淀

图3-20　打磨矿物质的使用法

⑤打磨介质的形状。现在很少直接使用大型打磨盘。打磨介质通过冲压工艺形成它们的使用形状。根据不同的应用场合,有各种形状的打磨介质:薄片状、圆盘状和卷筒状等。

在某些使用场合,还可以对各种尺寸和形状的打磨介质进行打孔,这些孔有助于排出砂粒灰尘(当它们与合适的打磨工具配套使用时)。

为了使得后续的油漆涂层具有最佳的黏着效果,需要表面具有一定的粗糙度,粗糙度取决于油漆的种类和被涂装的材料。必须对无黏着力的表面(例如:干燥油漆面或光滑涂层)加以打磨,直至它们具有适当的粗糙度为止。打磨填料和色漆有助于产生光滑和平整的操作面。

(3)砂纸的规格。砂纸上磨粒的大小用阿拉伯数字表示。粗细不同的磨粒黏结在平面的柔性载体上,构成适应各种施工需要的粗细不同的砂纸。打磨介质的粗糙度是根据单一颗粒的平均大小进行分类的。粒子大小是按照欧洲打磨介质制造者协会(FEPA)等级进行标准化的,也是国际通用的分级法。粒子大小用字母P加数字表示,数字越大粒子越细。整个FEPA砂纸等级规格如图3-21所示,P12的粒子最粗,P1200的粒子最细。

汽车涂装施工中不同的砂纸等级,其用途不同,如图3-22所示。

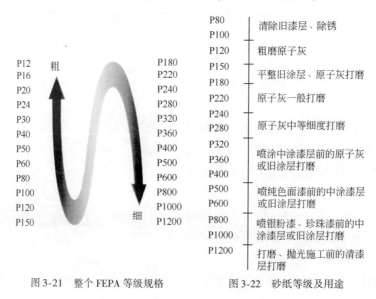

图3-21　整个FEPA等级规格　　　　图3-22　砂纸等级及用途

根据不同的应用场合,有各种形状的砂纸,如图 3-23 所示。有卷筒状砂纸、片状砂纸以及砂带等。砂纸上还可以进行打孔,配合打磨工具有助于排出砂粒、灰尘。

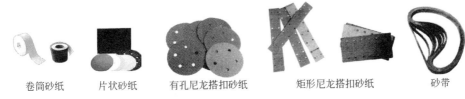

卷筒砂纸　　片状砂纸　　有孔尼龙搭扣砂纸　　矩形尼龙搭扣砂纸　　砂带

图 3-23　砂纸形状

根据背衬材料分为:纸、织物、用高温和硫黄处理过的纤维、塑料薄膜等。

(4) 水砂纸。水砂纸是汽车修理厂最常用的砂纸之一,其大小规格约 23cm × 28cm。根据修理作业的不同,打磨部位的形状、大小的不同,可以将砂纸裁成适合打磨需要的尺寸。水砂纸湿磨使用时应先浸水,使砂纸完全浸湿,这样可防止因为手工打磨折叠而引起的脆裂,特别是冬天气温低时,应用温水浸泡,以防止砂纸脆裂。

> **技术提示**
>
> 水砂纸在使用中一般不用整个砂纸面积同时打磨,而将其折叠或裁剪使用。裁剪方式有如下 3 种情况:
>
> ① 常规打磨时。将水砂纸裁剪成 1/4 大小,如图 3-24a)所示,约 11.5cm × 14cm,这种尺寸大小适中,打磨时包在垫块上,大约 1/2 为打磨面。
>
> ② 小面积打磨时。将水砂纸裁剪成 1/8 大小,如图 3-24b)所示,约 11.5cm × 7cm,以这种尺寸配合小垫板适合小面积打磨及处理涂面局部流痕、颗粒的磨平。
>
> ③ 大面积打磨时。将水砂纸裁剪成横向 1/4 大小,如图 3-24c)所示,约 7cm × 23cm,根据打磨板的规格裁剪。打磨前将裁好的砂纸固定在标准打磨板上,对于较大平面的缺陷有较好的平整作用。
>
>
>
> a)常规打磨　　b)小面积打磨　　c)大面积打磨
>
> 图 3-24　水砂纸裁剪法

(5) 搭扣式砂纸。搭扣式砂纸使用时需与电动机或气动研磨机配套使用。根据作用分为干磨砂纸和漆面干研磨砂纸。形状有圆形和方形,如图 3-23 所示。圆形直径尺寸以 12.7cm(5 英寸)和 15.24cm(6 英寸)使用较多。

搭扣式干磨砂纸能紧扣打磨机的托盘,可重复使用,装卸方便灵活,省时省力。砂纸由特殊底材和磨料制成,研磨速度快而平整,用特殊树脂黏结,耐磨性、耐潮性良好。规格一般为 P80 ~ P500。

搭扣式漆面干研磨砂纸由高性能氧化铝磨料制成。使用时,一般汽车修理厂的圆形研

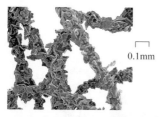

图3-25 三维打磨材料(局部放大)

磨机应配合12.7cm和15.24cm软托盘使用,具有易装卸、不易脱落、研磨速度快、耐磨性好的优点,用于清除漆面的粗粒、橘皮等。规格一般为P600~P1500。

(6)三维打磨材料。三维打磨材料是研磨颗粒附着在三维纤维上形成的打磨材料,如图3-25所示。这类材料有非常好的柔韧性,适合打磨外形复杂或特殊材料的表面,可用于各种条件下的打磨。如菜瓜布就是三维打磨材料中的一种,主要用于塑料喷涂前的研磨、驳口前对涂膜的研磨,以及修补前去除涂膜表面的细小缺陷和中涂漆的边角打磨等。

7. 打磨垫

打磨垫是使用砂纸打磨工件操作的工具,有手工打磨垫和打磨机专用托盘。

(1)手工打磨垫。手工打磨垫有硬橡胶制、中等弹性橡胶制及木板制。目前由于汽车维修行业发展迅速,打磨垫由过去操作人员自己制作,发展到市场上开发出了适应各种需求的专用打磨垫。

①硬橡胶打磨垫。硬橡胶打磨垫在使用时要外垫水砂纸,一般用于湿磨原子灰层,把物面高凸的原子灰部分打磨掉,使物面达到平整的要求。其长短大小对磨平原子灰层有一定的影响,自制的打磨垫一般取厚2~3cm橡胶块裁剪成11.5cm×5.5cm的长方形,此打磨块适用于一张水砂纸竖横裁剪成4份,即每份尺寸为11.5cm×14cm,既有利于水砂的充分利用,又灵活方便,是汽车维修施工人员较普遍使用的操作工具。对于大面积波浪形物面的原子灰层可适当使用加长的打磨垫(也可用平整的木板代替),如图3-26所示。

②中等弹性橡胶垫。该打磨垫是一种辅助打磨工具,利用它的柔软性,外包水砂纸打磨棱角和形状多变部位。

③海绵垫。海绵垫适用于漆面处理,如抛光前漆面处理磨平颗粒、橘皮等,不易对漆面造成大的伤害。

④长条形快速打磨板。该打磨板主要用于打磨原子灰表面,打磨运动方向应与板的长度方向一致,不可横向操作,砂纸不能松动,如图3-27所示。

图3-26 硬橡胶打磨垫

图3-27 长条形快速打磨板

技术提示

手工打磨工具的正确使用:

①根据打磨区的形状、所处的位置及打磨的质量要求,选择合适的打磨垫块。

②打磨时,砂纸应按打磨块的尺寸裁剪或折叠,采取一定方式固定。
③打磨时,打磨块应沿短轴方向移动,打磨的幅度宽且均匀。
④打磨块的底面必须完全与打磨区接触,且用力不要过大。
⑤打磨时,时刻观察砂纸的磨损程度和沙砾间潜入打磨灰的多少,根据需要及时清洁或更换砂纸。

(2)打磨机的打磨垫。打磨机的打磨垫称为托盘。有以下两种托盘:

①快速搭扣式干磨托盘。如图3-28所示,此托盘由母粘扣带制成,配合干磨砂纸,特殊蘑菇头设计能紧扣砂纸,装卸快速、方便、牢固,打磨时省时省力。

②软托盘。如图3-29所示,软托盘同样与搭扣式漆面干研磨砂纸配合使用,主要用于中途底漆打磨等后续较细研磨。

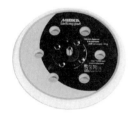

图3-28　快速搭扣式干磨托盘　　　　　　　图3-29　软托盘

二、任务实施

原子灰施涂作业中,一般使用刮具施涂于底材表面,用来填平补齐底材上的凹坑、缝隙、孔眼、焊疤、刮痕以及加工过程中所造成的物面缺陷,使底材表面平整、匀顺,让面漆的丰满度和光泽度等能够充分显现。原子灰施涂的层数主要取决于底材的表面状况、施工质量要求、操作人员技术水平等,一般施涂1～4层。

> **技术提示**
>
> 在施涂原子灰之前,底材要达到一定要求,如合理的钣金件安装,表面不平整度不得超过2mm,底材不得有裂口或未焊接的焊缝等。否则过厚的原子灰层会降低涂层性能,裂口和缝隙会导致底材生锈,破坏原子灰和底材的结合。
> 经过打磨处理的钢铁板件(表层镀锌层已被破坏),施涂原子灰前必须施涂防锈底漆。

1. 施工程序

对于普通钢铁钣件(如轿车前门板),经过正确的底材处理以及底漆施工之后,施涂普通聚酯原子灰的施工程序一般如图3-30所示。

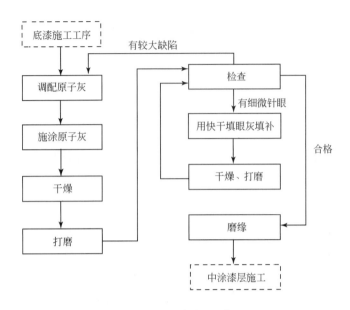

图 3-30 原子灰施工程序

2. 调配原子灰

(1) 准备。穿戴好合适的个人防护用品(表 1-2 及图 3-1)。准备原子灰的调配及施工中需要的工具:调和板、刮刀及刮板。

(2) 检查原子灰的施涂面积。为了确定需要准备原子灰的用量,需要检查原子灰的施涂面积。

 技术提示

原子灰调配之后会很快固化而失去施涂性能(20℃的条件下,使用寿命约 5min 左右),如果在被施涂规定部位之前固化,则调配的原子灰便不能再用,造成浪费。因此需要根据施涂面积的大小确定一次施涂原子灰的用量。

原子灰的施涂范围在羽状边(图 1-54)的范围内。

(3) 取原子灰及固化剂。

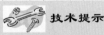 技术提示

① 原子灰取出之前必须彻底搅拌、调和均匀,上下黏度一致,以防止各种成分分离。固化剂也是如此,在取出之前先打开盖子,将空气挤出;再拧上盖子,用手充分揉搓、挤压固化剂包装袋,使其均匀,如图 3-31 所示。

② 原子灰罐每次使用后必须及时盖好,以防止溶剂蒸发。如果溶剂蒸发了,需要向罐中加入专用的溶剂。

③ 在取出原子灰以后,不要在罐口刮除粘在搅拌杆上的原子灰,如图 3-32 所示。所有粘在罐口的原子灰最后都会固化,并跌入罐内。

④取固化剂时,不要将固化剂直接挤到原子灰基料上。如果有原子灰粘在固化剂管口上,就会发生化学反应,引起固化剂固化。

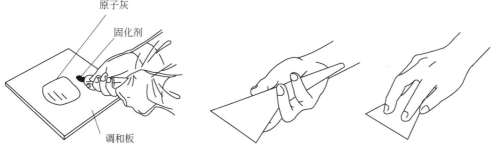

图 3-31　充分搅拌原子灰和固化剂　　　　图 3-32　不要在罐口刮原子灰

将适量的原子灰基料放在调和板上。然后按规定的混合比例添加一定量的固化剂(一般的比例为 2%～3%,应参照生产厂商的要求),如图 3-33 所示。

(4)拌和原子灰。

①正确执刀。正确使用原子灰刮刀既能保证刮涂质量,又省力,减轻劳动强度。执拿刮刀的方法有直握法、横握法和其他握法。

a.直握法。直握时食指和中指压紧刮刀的刀板,另外 3 指及手掌紧握刮刀柄,如图 3-34 所示。这种执刀方法适用于小型钢片刮刀刮涂小面积时使用。

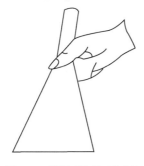

图 3-33　取原子灰及固化剂　　　　图 3-34　直握时执刮刀的方法

b.横握法。横握时拇指和食指夹持刮刀靠近刀柄的部位或中部,另外 3 指压紧刮刀的刀板,如图 3-35 所示。

c.其他握法。根据刮刀的大小及形状的不同,还可采用其他适当的握法,以适于方便施工、保证质量,如图 3-36 所示。

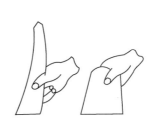

图 3-35　横握时执刮刀的方法　　　图 3-36　其他执刮刀的方法

②拌和原子灰。用刮刀先将固化剂混入原子灰中,然后将两者混合,再来回刮抹,使之混合均匀(可从颜色的混合均匀度观察)。拌和过程如图 3-37 所示,拌和原子灰时刮刀的操作如图 3-38 所示。

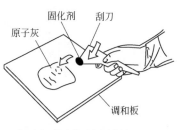

a)使用刮刀的尖端舀起固化剂并将它放在原子灰上

b)搅拌,使用刮刀的尖端,将固化剂均匀地散布在原子灰的整个表面上

c)用刮刀刮起1/3的原子灰,以刮刀右边为支点,翻转至其余原子灰上

d)回抹,将刮刀基本上与混合板持平,并将其向下压。一定要将刮刀在混合板上刮削,不要让原子灰留在刮刀上

e)抓住刮刀,轻轻提起其端头,再将它插入原子灰下面,然后将它向混合板的左侧刮起

f)将原子灰翻转

g)回抹,将刮刀基本上与混合板持平,并将它向下压,操作同d)步骤

h)重复c)→g)步骤直至将原子灰拌和均匀

图 3-37 拌和原子灰的操作过程

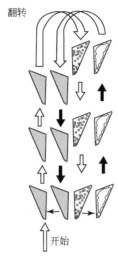

图 3-38 刮刀的操作

 技术提示

原子灰拌和要迅速,如果拌和过慢,时间过长,留给施涂的时间就会过短,使其固化而不能使用。初学者可以在不添加固化剂的情况下反复练习,直到动作熟练后,再添加固化剂拌和。

3. 施涂原子灰

 技术提示

①施涂原子灰前,底材应干净,无油、无脏污。
②使用硬刮具,对低凹较大的部位,不要一次施涂太厚,分 2～3 次进行挤压式施涂(先挤压 1 层,待其凝固但未干透,即可在上面复涂 1～2 层),这样容易填满凹部,也不易产生细洞穴及边缘口子,打磨时省时省力。施涂面积应每层逐步扩大。
③施涂层数根据底材情况而定。施涂时,主要以高处为准,再找水平,对特别高的部位,应先敲平,以减少原子灰层的厚度,方便施工。
④用刮刀施涂原子灰时,把握好刮刀与底材的倾斜角以及力度,如图 3-39 所示。
⑤用刮刀施涂原子灰时,只能用刮刀的中间部分,如图 3-40 所示。否则,用整个宽度施涂时,原子灰会在施涂过程中从刮刀的边缘漏出,形成刮刀痕。

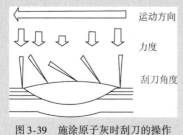

图 3-39 施涂原子灰时刮刀的操作

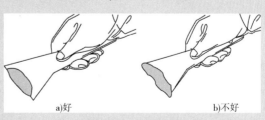

图 3-40 用刮刀的中间部分施涂原子灰

(1)施涂原子灰的基本操作。原子灰施涂时,应根据施涂部位及形状采用不同的操作方法。

①局部填补凹坑区域的施工,采用放射式施涂方法,如图3-41所示。先将原子灰放在凹坑中部,再用刮刀把原子灰从中部向四周刮涂。

②大面积区域采用直刮式或横刮式施涂方法,如图3-42所示。

③对弧形表面区域施涂原子灰时,应根据施涂面的形状,使用有弹性的橡胶刮刀,如图3-43所示。

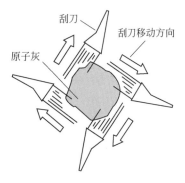

图3-41 局部填补凹坑的操作方法

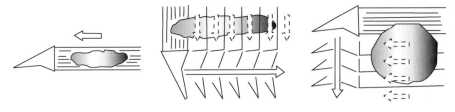

图3-42 大面积区域的操作方法

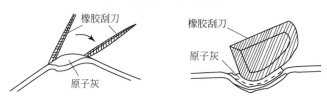

图3-43 弧形表面施涂原子灰的操作方法

④对具有棱角线的区域施涂原子灰时,其操作方法如图3-44所示。

a. 沿棱角线贴上遮蔽胶带,盖住一侧。对另一侧施涂原子灰,如图3-44a)所示。

b. 待施涂的原子灰半干燥时,揭去遮蔽胶带,如图3-44b)所示。

c. 沿施涂过原子灰的棱角线贴上遮蔽胶带。对剩下的一侧施涂原子灰,如图3-44c)所示。

d. 待施涂的原子灰半干燥时,揭去遮蔽胶带。

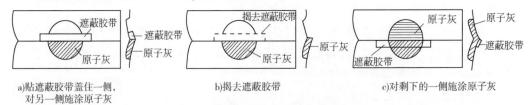

a)贴遮蔽胶带盖住一侧,对另一侧施涂原子灰　　b)揭去遮蔽胶带　　c)对剩下的一侧施涂原子灰

图3-44 具有棱角线区域施涂原子灰的操作方法

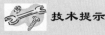 技术提示

要掌握好揭去遮蔽胶带的时机,如果过早,则容易带下大量原子灰;如果过晚,原子灰干透,胶带难以揭下,强行揭下,则可能破坏已施涂好的原子灰。

（2）原子灰施涂过程。以车门中部区域施涂原子灰为例，其施涂过程如下：

①施涂第一层原子灰。要用硬刮具施涂，对较大凹坑可选用较宽的硬刮具。将刮刀竖起沿底材薄薄地压挤施涂，确保原子灰透入细小的划痕和针孔，如图3-45所示。此层原子灰只求平整，不求光滑。对汽车车身表面较大的凹坑施涂只要初步平整，不要为了一次刮平而使原子灰层厚度超过5mm。施涂方向横、竖均可，以有利于填平凹坑为准则。对汽车车身表面折口及轮廓线处，施涂时要注意造型及平直性，为以后施涂各层原子灰操作打下良好的基础。

图3-45 施涂原子灰（一）

②施涂第二层原子灰。汽车车身平面处仍用硬刮具施涂，但对圆弧较大部位也可适当使用橡皮刮具或塑料刮具，刮刀倾斜35°～45°，如图3-46所示。此层原子灰仍以填平为主，不求光滑。施涂时的面积应略大于第一层原子灰的面积，注意边缘原子灰的平直性。较大底材施涂时，与上一层原子灰的接口应错开，即不要使各层原子灰的接口在同一部位，以免产生缺陷。施涂的方向应顺着流线型（按汽车造型水平方向）方向，并遵循从上到下、从右到左的原则，施涂时尽可能拉长一些，以减少施涂接口。注意原子灰层的厚度与原涂面基准点平齐。由于补刮原子灰层范围逐渐扩大，对邻近的补刮原子灰层，视具体情况可在第二层或第三层施涂原子灰层时连成一片，以减少原子灰层边缘，有利于打磨。

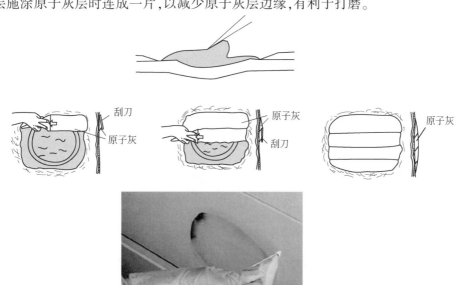

图3-46 施涂原子灰（二）

③施涂第三层原子灰。应使用弹性较好的橡皮刮具或塑料刮具,平面处也可用硬刮具。这一层原子灰主要填充前两层原子灰留下的砂孔以及遗漏的轻微凹陷。此层原子灰以光滑为主,兼顾平整性。施涂时以手的压力与刮具弹性相结合,使施涂的原子灰层平整光滑,在表面刮平的同时,将原子灰边缘刮薄。此层原子灰层方向与上一层原子灰操作相同。局部施涂时的原子灰层面积稍大于上一层原子灰的面积,同时注意原子灰层边缘与旧涂层过渡平和。对于汽车车身表面若隐若现的轮廓外形线,施涂时要注意其平直性。

④施涂第四层原子灰。使用硬一些的刮具,施涂第三层可能遗留下来的微小砂孔痕迹。利用硬刮具的刮口薄薄均匀地施涂一层光滑原子灰,刮刀成倒平状,如图3-47所示。局部施涂的原子灰层面积可扩大一些,以消除旧涂面上打磨时可能遗留下来的砂纸痕迹,确保喷涂工作顺利进行。

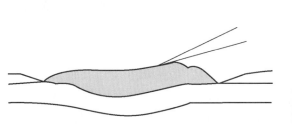 

图3-47 施涂原子灰(三)

 技术提示

①刮刀在最后一道施涂中需要反向移动,以防止原子灰高点的中心向一个方向偏移,而增加打磨难度,如图3-48所示。

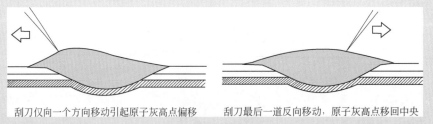

刮刀仅向一个方向移动引起原子灰高点偏移　　刮刀最后一道反向移动,原子灰高点移回中央

图3-48 刮刀最后一道施涂反向移动

②施涂后的原子灰必须比原来的表面略高,过高将造成打磨困难。

③原子灰施涂范围必须以打磨羽状边过程中所留下的打磨划痕为限,如果没有打磨划痕,原子灰就难以粘牢而引起脱落。

④刮刀使用后需要尽快清洗,以防止原子灰固结在刮刀上而使刮刀无法再使用。

⑤原子灰固化的过程中会产生热量,施涂之后剩余的原子灰需要冷却之后才能丢弃,以防止点燃易燃物品。

4. 干燥

施涂后的原子灰由于其双组分材料混合后产生化学反应而变热,从而加快固化反应。

原子灰施涂后在20℃的环境,自然干燥时间一般为20~30min。

为了加快固化,可采用红外线烤灯加热干燥。

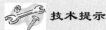技术提示

①在使用红外线烤灯加热和干燥原子灰时,一定要使原子灰的表面温度控制在50℃以下,以防止原子灰龟裂。

②原子灰边缘区域较薄,其温度会比中央原子灰较厚区域的温度低,固化反应速度较慢。因此一定要检查原子灰涂层薄的边缘区域,以确保原子灰的固化状况,如图3-49所示。

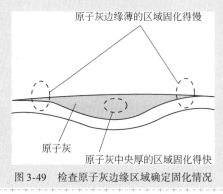

图3-49　检查原子灰边缘区域确定固化情况

5. 施涂打磨指导层

原子灰干燥后要经过适当的打磨,为下一步喷涂工作做好准备。打磨时,为更好地判断打磨的程度,应使用"打磨指导层"。打磨指导层即在需要打磨的涂层上薄薄喷涂或擦涂一层其他颜色的颜色层,意在使打磨时打磨到的区域与未打磨的区域在颜色上有一定的差异,以有利于观察打磨的程度——指导层被磨掉的地方即为高点,而未被磨掉的部位即为低点,指导层全部被磨掉后,需要打磨的区域就比较平滑了。可用于指导层的材料有很多,通常需要打磨的区域是漆膜,则用雾喷极薄的一层单组分硝基漆当作指导层,原子灰的打磨一般用擦涂炭粉来进行打磨指导。使用炭粉涂抹于原子灰的表面,检测原子灰层打磨时的均匀度和平整度。先用炭粉均匀涂抹于需要研磨的原子灰层上,对原子灰层研磨后,留下的黑点即为小凹坑,如此时原子灰基准面已低于工件表面,则需要再刮一次原子灰,重新研磨,如原子灰基准面还高于工件表面,则可继续打磨直至高点消失表面平整。指导层的颜色以反差大一些为好,但尽量使用黑、灰、白等容易遮盖的颜色。

6. 打磨

为了取得平整光滑的表面,在原子灰层彻底干燥后需要进行打磨。现代维修中打磨原子灰时,一般采用干磨,不采用水磨,因为原子灰的吸水性很强,当水磨残留水分不能很好的挥发时,会导致漆膜出现起泡、"痱子""剥落"、金属底材锈蚀等现象。

打磨原子灰层可采用手工或机械干磨。机械打磨适用于修补面积较大以及平整的底材,可降低劳动强度,提高工作效率。手工打磨适用于一些形状复杂的底材,如转角、折口、外形线、弧形、凹形部位等。打磨时两种方法可结合进行。

> **小知识**
>
> **汽车维修涂装中打磨的主要作用**
>
> ①清除工件表面已经老化或过厚的旧漆膜,确保涂装质量。
> ②对原子灰进行打磨,达到整形修饰的效果。
> ③对平滑表面进行适当的打粗处理,以增加涂层间的附着力。
>
> **手工水磨**
>
> 手工打磨有手工干磨和手工湿磨两种方式。手工干磨时,砂纸很容易被堵塞,需要不断进行清理,同时手工干磨时会产生大量的粉尘,影响施工人员的身体健康以及涂装质量。
>
> 对原子灰采取手工水磨的打磨方式在过去极为普遍,至今在修理作业中也仍有使用。但是,现在使用的原子灰一般为双组分聚酯原子灰,不同于以往的"腻子"(虽然,一般也把原子灰称为"腻子"),干燥后坚硬耐磨,用手工水磨时,工作效率低、劳动强度大、费时费力。同时不断用水,易造成水的浪费和工作环境的污染,而且涂膜容易产生橘皮、气泡、砂痕等质量缺陷。现今大多维修企业都引进了无尘干磨设备,传统的手工水磨逐渐处于次要地位。两种打磨方式的对比见表3-1。
>
> 手工水磨与无尘干磨的对比　　　　　　　　　　　表3-1
>
> | 对比项目 | 手工水磨 | 无尘干磨 |
> | --- | --- | --- |
> | 打磨速度 | 慢 | 比手工水磨快2~4倍 |
> | 打磨质量 | 不确定,人为因素很大 | 好,质量可靠 |
> | 对施工人员的经验和技术要求 | 高 | 一般 |
> | 劳动强度 | 大 | 小 |
> | 砂纸消耗 | 较大 | 较小 |
> | 粉尘 | 无 | 微量 |
> | 污水 | 多 | 无 |
> | 打磨后干燥 | 需要 | 不需要 |
> | 工序 | 多 | 简单 |

(1)穿戴好合适的个人防护用品,如图3-2所示。

(2)粗打磨。要求原子灰表面初步平整,不求光滑。

①机械干磨。视打磨原子灰的情况,采用双作用打磨机或轨道式打磨机。在打磨机上安装固定好P80号干磨砂纸。把干磨机贴住原子灰表面后再开动,在原子灰施涂的范围内以连续直线移动,不能施力过大,将原子灰表面打磨出大致形状。先按原子灰最长方向来回打磨,然后再按垂直、斜向方式进行打磨。如图3-50所示。

②手工干磨。采用手工打磨时,可使用手工打磨板或手刨,如图3-51所示,配合P60~P80号砂纸打磨,直至底材最高点露底后,即以该最高点为基准,再修整平整度。打磨时注意沿手刨长度方向,顺车身流线型水平方向作来回往复运动。打磨来回幅度要适当长一些,以利于打磨平整。打磨动作要平稳,用力要均匀,当底材最高点露底后,注意与表面的平整

性,防止过度打磨再次形成凹坑。打磨呈波浪形的大平面,应选用长一些的手刨。打磨局部刮涂的原子灰层,要注意原子灰层与旧涂面的羽状边的平整度及原子灰边缘的平整性,以防产生原子灰层边缘痕迹。打磨折口、外形线、圆弧形时要注意图形及线条的平直性。

图 3-50　原子灰打磨　　　　　　　　　　图 3-51　手动打磨工具

（3）细打磨。更换干磨砂纸,按 P120→P180→P240→P320 号砂纸逐级渐进,不能跳号,细磨原子灰表面。

打磨满刮原子灰层时,以车身流线型水平方向为主,垂直方向、斜交叉方向为辅,注意水平方向与垂直方向、斜交叉方向的平整性,动作平稳。在打磨中要经常用手抚摸打磨后的表面,以测定打磨程度,以防将原子灰层磨穿。底材边口残余原子灰要用砂纸磨平,以防产生边口呈齿形现象。

打磨局部刮涂的原子灰层时,要注意打磨面的厚度与旧涂面的平整度,原子灰层的边缘要既平整又平和。

随着打磨层数的增加,使底材上微弱的凹坑、砂孔全部消除,达到既平整又光滑,无缺陷、无砂孔、局部刮涂原子灰边缘无接口,外表图形恢复原样。细打磨以车身流线型水平方向为主,要注意凸出底材的折线、外形线的平直性,一般不要垂直方向或斜方向打磨。若底材因具体情况需垂直方向打磨,最后也要以车身流线型水平方向打磨修整,以防产生垂直方向的打磨痕迹。

（4）手工修整。使用打磨机大致形成平整表面后,需要进行手工打磨修整。手工打磨板或手刨的大小应与打磨作业面积相适宜。而对于一些圆弧、凹弧或有形线的部位,则需选用或仿制与其形状相似的打磨板。

对底材的圆弧、折口、凹角等不宜用手刨砂磨的地方,可用拇指夹住砂纸,四指平压于底材上,然后均匀地来回摩擦底材做修理打磨。

 小知识

手工水磨的操作过程

手工水磨比机器打磨要平整、细腻,但因其耗时费力,一般只用来做最后的打磨修饰。

①将水砂纸浸在水中,并将待打磨表面用水打湿。并且在打磨过程中始终保持被打磨表面湿润,可用蘸水的海绵或毛巾始终处于打磨区域的上部不断给打磨部位供水,保持其湿润。

②将砂纸对半剪开,折成三叠式,用掌心将砂纸平压在打磨面上,用手掌对砂纸沿长度方向施加均匀压力作往复打磨。

③打磨时应该始终沿着车身轮廓长度方向打磨,如图3-52所示。

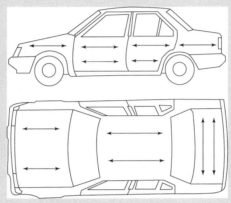

图3-52　沿车身轮廓长度方向打磨

④使用打磨垫或打磨块可获得良好的打磨效果。打磨凸面或凹面时,采用柔性海绵状橡胶垫;打磨平整表面时,采用打磨块。

⑤被粗砂纸打磨过的部位应仔细打磨。对于难以打磨到的紧凑部位,可使用小型的打磨垫。

⑥手工打磨时,要将表面磨得光滑均匀。可用手触摸表面,感觉是否有粗糙的地方,并将其磨光。

⑦打磨时,遇到较大阻力,说明砂纸磨削能力强;阻力变小,砂纸在打磨表面滑动很快,有"飘"的感觉,说明砂纸磨削能力下降,已经被残渣碎屑堵塞,应将砂纸放到水中漂洗,清除污物。

⑧打磨中检查打磨效果可将打磨表面润湿,然后用橡胶刮板将水刮去,即可发现表面是否光滑均匀。

⑨湿磨操作结束后,一定将打磨表面擦干,并用空气枪吹干缝隙部位,最后用黏性抹布擦干整个表面。

7. 快干原子灰(幼滑原子灰)的施工

快干原子灰俗称填眼灰、红灰等,有硝基型及双组分型,既可用于施涂操作,也可用于喷涂操作,颜色有白色、红色、黄色等,可根据需要选用。快干原子灰主要适用于填平原子灰施工后产生的砂痕、砂孔以及物体表面上的微弱凹陷。此类原子灰颗粒细腻、快干、易打磨、原子灰边缘平滑。硝基型快干原子灰在汽车修补涂装中使用普遍,下面以硝基型快干原子灰为例来说明快干原子灰的施工及注意事项。

(1)快干原子灰适宜施涂砂孔、砂痕及微弱凹陷的小面积作业。

(2)快干原子灰在托板上调匀后,应迅速施涂。在施涂操作中要快而且灵活,原子灰层以薄而均为宜。若需适当厚度,以薄层多刮操作来实现,即刮一层薄的,待干后再复刮一层的操作方法。若施涂面积过大,则施涂操作有一定的难度。

(3)快干原子灰在薄涂时干燥很快,但在厚涂时表面易封闭,溶剂挥发受到影响,干燥很慢,且堆积性差,因此快干原子灰不能替代填充原子灰。

(4)一般快干原子灰施涂在中涂底漆上,打磨后直接喷涂面漆,因此,砂纸的选用应视底材精度要求及喷涂面漆的种类而定。一般选用 P400～P500 号干磨砂纸为宜,如面漆是银底色漆或珍珠漆,则选用 P500 号干磨砂纸较为适宜。

8. 检查

(1)初步检查施工质量。如图 3-53 所示,检查原子灰施工质量。如果打磨过度,必须重新施涂原子灰,再进行干燥、打磨。

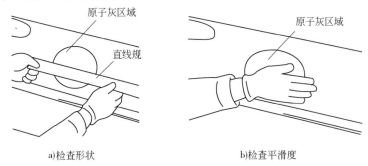

a)检查形状　　　　b)检查平滑度

图 3-53　检查原子灰

(2)检查针眼。使用擦拭布以及除尘枪,彻底清洁,吹掉修补区域的灰尘,如图3-54所示,检查是否存在针眼。

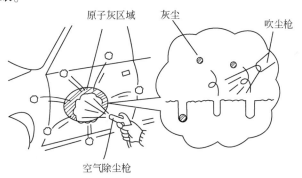

图 3-54　清洁原子灰区域

如果有轻微针眼,可用快干填眼灰进行填补。如果有较大的针眼,则使用普通原子灰进行填充,然后再进行干燥,打磨。

 技术提示

① 为了便于打磨施工,可在原子灰每道打磨之前涂抹炭粉。
② 不可在一个位置打磨过久,以防过热引起钢板变形。
③ 打磨时不可施加过大的压力,以防钢板变形。
④ 砂纸的型号升高,每次不得超过 100 号。
⑤ 打磨过程中时时检查打磨情况。打磨微粒粘到砂纸上时,要及时清除,保持最

佳打磨状态。

⑥正确打磨后的原子灰边缘需采用 5~7mm 偏心距的双作用打磨机配合 P240 或 P320 号干磨砂纸向外扩充打磨 10~15cm，进行无光泽处理，又称磨缘，如图 3-55 所示。

图 3-55　向原子灰外围扩充磨缘

⑦打磨后的原子灰不能使用除油剂或清洁剂清洁表面。

三、评价反馈

1. 自我评价

(1) 通过本学习任务的学习，你是否已经清楚以下问题：

①原子灰的作用。_____
_____
_____。

②原子灰的施工程序。_____
_____
_____。

③调配原子灰中的注意事项及操作要领。_____
_____
_____。

④施涂原子灰的注意事项及操作要领。_____
_____
_____。

⑤打磨原子灰的注意事项及操作要领。_____
_____
_____

⑥原子灰的特性。_____

_____

⑦原子灰的类型。_____

_____

⑧不同的底材如何与原子灰配套？_____

_____

⑨干磨系统的组成是什么？各组成部分有什么作用？_____

_____

(2)在原子灰的施工过程中用到了哪些设备？你已经掌握了这些设备的正确操作技能了吗？

　　评价：_____

_____

(3)实训操作中，你能够完成原子灰的正确调配吗？

　　评价：_____

_____

(4)工作着装规范吗？

　　评价：_____

_____

(5)在原子灰的施工实训中你意识到安全防护的问题并提醒其他同学注意了吗？出现了不规范的情况吗？是如何处理的？

　　评价：_____

_____

(6)你能积极主动参与工作现场的清洁和整理工作了吗？

　　评价：_____

_____

(7)在完成本学习任务的过程中，你主动帮助过其他同学吗？与其他同学探讨原子灰施工的有关问题了吗？具体问题是什么？讨论结果是什么？

评价：_____

(8) 通过本学习任务的学习，你还有哪些方面需要进一步改善？
评价：_____

(9) 在进行本学习任务的过程中，你主动学习"相关知识"的有关内容了吗？掌握情况如何？
评价：_____

(10) 在本学习任务的实施中，你主动查阅了其他的相关资料了吗（包括生产厂商的说明）？有何收获？
评价：_____

(11) 在本学习任务中你遇到的困难是什么？如何解决的？
评价：_____

你的签名：_____　　　____年____月____日

2. 小组评价

小组评价见表3-2。

小组评价　　　　　　　　　　　　　　　　表3-2

序 号	评 价 项 目	评 价 情 况
1	学习态度是否积极主动	
2	是否服从教学安排	
3	是否达到全勤	
4	着装是否符合要求	
5	是否合理规范地使用仪器和设备	
6	是否按照安全和规范的规程操作	
7	是否遵守学习、实训场地的规章制度	
8	是否积极主动地和他人合作、探讨问题	
9	是否能保持学习、实训场地整洁	
10	团结协作情况	

参与评价的同学签名：_____　　　____年____月____日

3. 教师评价

_____

_____。

教师签名:_____   ____年____月____日

学习任务4 中涂漆层的施工

学习目标

1. 能够正确叙述中涂漆层的作用、类型；
2. 知道中涂漆层施工的安全注意事项；
3. 知道中涂漆层施工中常用的工具设备，并能正确描述其工作原理；
4. 正确描述中涂漆层的选配与调制要求；
5. 正确完成一个典型车身部件的中涂漆层施工过程。

任务描述

对一经过正确底漆施工、原子灰施工的汽车车身(或车门)，进行正确的中涂漆层的施工作业。

学习引导

本学习任务沿着以下流程进行：

清洁 → 遮护 → 中涂施工 → 修整与干燥 → 标志涂料喷涂 → 打磨

一、相关知识

原子灰施工表面出现的针眼，虽然经过填眼灰进行填补，但由于填眼灰干燥后的收缩(如图4-1所示)，会在表面留下凹凸不平点。尽管经过手工精打磨操作，也难以满足喷涂面漆的需要。另外，原子灰表面打磨后，会留下细小的砂纸痕，对于面漆要求高的轿车来说，也不适合直接喷涂面漆。此时一般需要施涂中涂漆层。

1. 中涂漆层的作用

如果通过刮涂原子灰还不足以弥补表面缺陷，就可以通过喷涂中涂漆层来进一步弥补。如此，可以为喷涂面漆提供良好的基础，提高面漆的装饰性(丰满度和鲜映性)以及整个涂层的抗石击性。

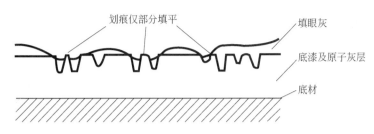

图 4-1 填眼灰干燥收缩后的情形

对于表面平整度好、装饰性能要求不高的车辆上,为了降低成本可不施涂中涂漆层。而对于装饰性能要求高的轿车,则必须采用中涂漆层。中涂漆层是在底漆和面漆之间的涂层,也称作"中涂底漆"。其主要作用有:

(1)增强涂层间的附着力。

(2)填补微小划痕、凹凸不平,平整表面。

(3)隔离封闭作用,防止面漆涂料溶剂浸透产生渗色。

(4)保证面漆涂层具有一定的弹性、韧性,以提高面漆的丰满程度。

中涂漆层作为面漆层与底漆层、原子灰层、旧涂层之间的媒介层,必须具有对以上各涂层的良好配套性。目前汽车上使用的面漆、底漆、原子灰品种繁多,性能各异,正确选择中涂漆层不仅关系到合理使用涂料、发挥中涂漆层的品质,还关系到节约面漆、降低成本、方便施工以及提高面漆质量等一系列问题。另外,中涂漆层的施工方法和施工条件也影响到中涂漆层的涂装质量,进而影响面漆的涂装质量。

2.中涂漆层的类型、特性

(1)中涂漆层的类型。

①根据用途分类。

a.通用底漆。通用底漆又称底漆二道浆,可以直接涂布在金属表面(一般为两道涂布),既有底漆的功能,又具有一定的填平能力,从而减少了涂装工序,降低成本。

b.油灰。油灰又称为二道浆或喷涂腻子,能够填平被涂表面的微小刮痕,并具有良好的流平性和湿打磨性。一般施涂在面漆前的封底涂层上,可以提高涂层的光泽度和丰满度。

c.封底漆。封底漆具有封闭和封固底涂层的作用,是涂面漆前的最后一道涂料。

d.隔绝底漆。隔绝底漆的作用是防止下层漆膜受上层涂料中的溶剂影响,以防涂层出现"咬起"和起皱。

②根据组分分类。它分为单组分和双组分。

③根据树脂种类分类。它分为环氧、硝基、双组分聚氨酯丙烯酸等。

a.环氧中涂漆层。氨基固化的双组分环氧中涂漆层一般是底涂、中涂层二合一的漆层。该涂料用于涂有底漆或原子灰层的涂面上,对底层附着力好并有填平原子灰层砂孔、砂痕的能力,有防止面漆的光泽被底涂层吸附的作用。

b.硝基中涂漆层。该涂料为单组分,干燥迅速、易于打磨,经打磨后表面平整光滑。

硝基中涂漆层的使用方法及注意事项如下:

(a)该涂料含颜料较多,易沉淀,使用时应彻底搅拌均匀。

(b)工作黏度一般为 15~20s(涂-4 黏度计,20℃),其黏度可以用硝基稀释剂调整,喷涂压力 3×10^5~4×10^5Pa,一般需要喷 3 道以上,每层间隔 10min 左右。

(c)在常温下表干 10min,实干 1h,具体产品请参照供应商提供的参数。

(d)可与各种硝基面漆以及双组分聚氨酯丙烯酸面漆配套使用。

c. 双组分聚氨酯丙烯酸中涂底漆。该涂料的固化剂为异氰酸酯,一般小面积修补可直接用于金属底材或磷化底漆、环氧底漆等表面。其附着力、耐水性、耐热性、耐化学性很好,而且干燥快,打磨性及对面漆的保光性都非常好,因此,在汽车修补涂装行业应用广泛。

双组分聚氨酯丙烯酸中涂漆层的使用方法注意事项如下:

(a)一般以喷涂为主,也可刷涂或滚涂。

(b)直接用于金属底材表面时,材质必须经过处理,保证无水、无油、无酸碱、无灰尘、无机械杂质。

(c)严格按照生产厂商的要求配比,搅拌均匀后方可使用,并在使用时效内用完。干燥温度一般为 60℃(指金属表面温度),时间 30~35min,具体情况参照生产厂商的要求。

④可调色中涂漆层。如果要喷涂的面漆遮盖能力比较差,而底材颜色比较深,此时需要喷涂可调色中涂漆层。比如有些塑料保险杠本身为黑色,在修补喷涂颜色比较浅、遮盖力比较差的面漆时,如果按照通常的方法处理,喷涂上面漆后底材颜色有时会渗透出来,使面漆的颜色发生变化,与其他金属表面的面漆颜色产生色差。此时可以采用可调色中涂漆层对底材进行遮盖,然后再喷涂面漆。

在中涂漆中加入适量的已经调好色的面漆,或与面漆颜色相近的面漆色母来改变中涂的颜色,使中涂漆层的颜色与面漆基本相同,从而增加面漆的遮盖力。中涂漆中加入颜色的量要根据面漆的遮盖力和底材的颜色不同对待。面漆遮盖力差,底材颜色深的情况下,色母加入量要多,但不要超过产品说明中规定的添加量;面漆遮盖力比较好、底材颜色较浅的情况下色母加入量适当减少。调好色的中涂漆作为一整份,按规定比例统一添加固化剂和稀释剂。其喷涂的方法基本与普通中涂漆一样。

可调色中涂漆是一种单独产品,并不是所有的中涂漆都可以进行调色处理。可调色中涂漆基一般与配套使用的面漆漆基相同,只有如此,才能实现在中涂漆中加入面漆色母进行适当的调色操作。

(2)中涂漆层的特性。

①与底漆层、原子灰层、旧涂层、面漆层有良好的配套性,能够同时为底漆层和面漆层提供良好的附着力。

②干燥后的中涂漆层硬度适中,有良好的打磨性和耐水性,湿磨后表面平整光滑,无起皱、脱皮等,局部漆层边缘平滑性好,无接口痕迹。

③有良好的填充性能,经打磨后能消除底材上的轻微划痕、砂痕、砂孔等。

④有良好的隔离性能,防止底漆层、原子灰层、旧涂层中的不良物质向面漆层渗出而污染漆膜表面,破坏面漆层的装饰性。同时能阻止面漆层的溶剂渗透到底漆层、原子灰层、旧涂层中。

⑤能提供给面漆层一个吸附性一致的涂面,同时由于其本身具有良好的防渗透性,可以

提高面漆的光泽度,因此可以极大地提高面漆的装饰性。

⑥中涂漆层应具有良好的施工性能,如温度适应性、干燥迅速、施工容易等。

3. 安全防护

参照汽车修补涂装个人防护用品推荐表(表1-2)。

(1)遮护作业中的防护用品。主要有:工作服、工作帽、安全鞋等。

(2)调配及施涂中涂漆层涂料作业中的防护用品。在调配涂料中主要防止吸入有机气体,以及眼睛和皮肤接触到化学品。应穿戴的防护用品主要有:工作服、工作帽、安全鞋、护目镜、活性炭面具、乳胶手套等,如图3-1所示。

(3)干燥及打磨中涂漆层涂料作业中的防护用品。在干燥及打磨中涂漆层涂料的作业中主要防止吸入粉尘。应穿戴的防护用品主要有:工作服、工作帽、安全鞋、护目镜、耳塞耳罩、劳保手套等,如图3-2所示。

施工作业中尽量保持施工场所的通风良好。

4. 涂料

(1)涂料的含义及要求。涂料通常称作"油漆",是指涂布在物体表面上,能够形成具有保护、装饰或其他特殊性能的固态保护膜的一类液体或固体材料的总称。

根据汽车的使用条件和汽车修补涂装的特点,要求汽车用涂料具有下列性能。

①耐候性和耐腐蚀性。适用各种气候条件,涂膜的使用寿命接近汽车的使用寿命(5~10年)。要求在日晒、风雨侵蚀的情况下保光、保色性好,不开裂、不脱落、不粉化、不起泡、无锈蚀现象。

②易施工性和配套性。适应汽车修补涂装的施工特点。能适应用量小、需调色和调黏度等特点。干燥迅速,涂层的烘干时间以不超过30min为宜。涂层间结合良好,不"咬起"、渗色、开裂等。

③装饰性。涂层色泽鲜艳、多种多样、外观丰满。

④机械强度。抗振动和石击,涂膜坚韧、耐磨、耐崩裂性和抗划伤性好。

⑤货源广,价格低廉,并要求逐步实现低公害化和无公害化。

⑥耐汽油、机油和公路用沥青等浸泡。在上述介质中浸泡一定时间后不产生软化、变色、失光、溶解或产生斑印等现象。并能耐肥皂、清洗剂、鸟或昆虫的排泄物和酸雨等,与这些物质接触后不留痕迹。

(2)涂料的基本组成。涂料的基本组成有主要成膜物质、次要成膜物质和辅助成膜物质三部分,见表4-1。

①主要成膜物质。主要成膜物质指油料和树脂等,是涂料最基本的组成物质,能够单独成膜,也可以黏结颜料等共同成膜。其主要作用,是将涂料中的各种物质黏合在一起,并和其他物质共同构成涂料的性能,如对底材的附着力、耐候性及其他物理或化学性能。

现代汽车所用的涂料中已不使用油料,而完全采用树脂作为主要成膜物质。树脂是多种高分子化合物相互溶和而成的混合物。它是非结晶的固体或黏稠状液体,没有固定的熔点,不溶于水,但在受热时会软化或熔化,多数树脂可溶于有机溶剂。熔化或溶解了的树脂能与颜料均匀地相互混合,其黏着性很强。将其涂布于物体表面上,待溶剂挥发后能形成一层光亮、坚韧而耐久的薄膜。

涂料的基本组成 表 4-1

序号	基本组成			内容
1	主要成膜物质	油（汽车涂料中已基本不用）	动物油	鲨鱼肝油、带鱼油、牛油等
			植物油 干性油	桐油、亚麻油、梓油、苏子油等
			植物油 半干性油	豆油、向日葵油、棉籽油等
			植物油 不干性油	蓖麻油、椰子油、花生油等
		树脂	天然树脂	松香、虫胶、沥青等
			人工合成树脂	松香衍生物、纤维衍生物、酚醛、聚氨酯、三聚氰胺甲醛、聚丙烯酸酯、氯乙烯醋酸等
2	次要成膜物质	颜料	体制颜料	硫酸钡、碳酸钙、硫酸镁、石英粉、氧化镁等
			着色颜料 无机	钛白、炭黑、铅铬黄、铁红、铁蓝、铬绿等
			着色颜料 有机	苯胺黑、联苯胺黄、甲苯胺红、酞菁蓝、孔雀石绿等
			防腐颜料	锌粉、红丹、磷酸锌、氧化铁红、云母氧化铁、含铅氧化锌等
3	辅助成膜物质	溶剂		水、松节油、烃类溶剂、醇类溶剂、酯类溶剂、酮类溶剂、醚类溶剂、硝基化物等
		添加剂		固化剂、催干剂、增塑剂等

按照来源分类，树脂可以分为天然树脂和人工合成树脂。如虫胶、树胶、沥青等都是天然树脂；涂料中使用的大部分树脂，如硝基纤维素、醇酸树脂、丙烯酸树脂等都是合成树脂。

按照聚合物的化学种类分类，常用于汽车修补涂装的树脂有环氧树脂、丙烯酸聚氨酯树脂、醇酸树脂、硝基纤维素树脂等。

②次要成膜物质。次要成膜物质主要指颜料，是经研磨成颗粒的天然矿物质或合成的化合物，它一般不溶于水或其他介质（如油等），但其细微个体粉末能均匀地分散在介质中。它不能离开主要成膜物质而单独成膜，必须在油料或树脂的固着下形成涂膜。在涂料中，颜料的功能主要有提供颜色及特殊效果，提供涂料的遮盖力，提供填充性（即膜厚）、打磨性、耐候性及防腐蚀性等。

根据分子结构分类，颜料可分为无机物颜料和有机颜料，如钛白粉、炭黑、氧化铁红及氧化铁黄等都是无机颜料；而大部分颜色鲜艳的颜料如酞菁蓝、甲苯胺红、联苯胺黄、孔雀石绿等均为有机颜料。

根据功能分类，颜料可分为着色颜料、体质（填充）颜料、防腐颜料等。

涂料中常用的树脂

①沥青。沥青是一种由碳、氢、氧、硫、氮等组成的化合物。为黑色可塑性固体，或黑色黏稠状物质，易熔融，但无固定的熔点，可溶于烃类溶剂或松节油中。具有耐水、耐酸碱性能及绝缘性能，涂膜光滑，被广泛用来炼制防锈、防腐涂料用于车辆的底盘部分。

②硝基纤维素。硝基纤维素又称为硝酸纤维或硝化棉,是硝基漆的主要成分。

硝酸纤维素是植物纤维经过硝酸硝化后的生成物,具有良好的耐油性,在常温下能耐水、耐稀酸;且极不耐碱、不耐光、遇热易分解,且易燃、易爆。它能与多种树脂互溶,能溶于酯、酮类溶剂而不溶于醇类和苯类溶剂。

③醇酸树脂。醇酸树脂是由多元醇和多元酸缩合而成。分为纯醇酸树脂和改性醇酸树脂两类。改性醇酸树脂又称聚酯树脂,具有极好的附着力、光泽、耐久性、弹性、耐候性和绝缘性等,所以在涂料中应用广泛,不但可以用来制造清漆、底漆和原子灰等,还可以与其他树脂合用以相互提高性能。

④氨基树脂。氨基树脂是曲醛类与氨类缩聚而成的热固性树脂。常用的有两种:一种是尿素与甲醛缩聚,并以丁醇或甲醇改性而成的称为"丁醇(或甲醇)改性尿素甲醛树脂",简称"脲醛树脂";另一种是用三聚氰胺或取代三聚氰胺与甲醛缩聚并以丁醇或甲醇改性而成的称为"丁醇(或甲醇)改性三聚氰胺甲醛树脂",简称"三聚氰胺树脂"。

氨基树脂具有优越的保色、坚硬、光亮、耐溶剂及耐化学品的性能,但附着力差且过分坚脆,因此要与其他树脂如醇酸树脂等合用方可充分发挥各自的优点,既改善了氨基树脂的低附着力和硬脆性,又提高了醇酸树脂的硬度、耐碱性和耐油性。

⑤环氧树脂。凡分子结构中含有环氧基的聚合物即称为环氧树脂。它主要是由二酚基丙烷与环氧氯丙烷在碱性介质中缩聚而成的高分子聚合物。

环氧树脂具有黏合力强、收缩性小、稳定性高、韧性好、耐化学性和电绝缘性优良等优点。环氧树脂用来制造车用涂料,不但耐腐蚀方面优越,而且机械性能和弹性性能等都优于酚醛和醇酸树脂涂料,被广泛应用。

⑥聚氨酯树脂。聚氨酯树脂是聚氨甲基酸酯树脂的简称。聚氨酯树脂是由各种含异氰酸酯的单体与羟基或其他活性物质反应所得的聚合物,其结构中含氨基甲酸酯基团。除此之外,根据所用原料和制漆成膜方式的不同,聚合物结构中还可以含有脂肪烃、芳香烃、酯基、酰胺基、脲基、缩二脲基和脲基甲酸基等。

聚氨酯树脂性能优越,广泛用于制造防腐涂料和室内装饰涂料,并能与其他多种树脂合用制成多种性能优异的改性涂料。

⑦丙烯酸树脂。丙烯酸树脂是由各种丙烯酸单体聚合而成。丙烯酸树脂具有保光、保色、不泛黄、耐候、耐热、耐化学品等性能,故被用来制造各种用途的涂料。

另外,像汽车涂装中常用的铝粉、珠光粉、干涉珍珠(变色龙珍珠)等则属于特殊效果颜料。

 小知识

颜料类型

①着色颜料。着色颜料在涂料中的主要作用是赋予涂料各种不同的颜色,提高涂料的遮盖性能,满足涂料的装饰性和其他特殊的要求。

②体质颜料。体质颜料又称为填料或填充料。涂料中凡折光率较低的白色或无色的细微固体粒子,配合其他颜料分散在有色颜料当中,用以提高颜料的体积浓度,增加涂膜的厚度和耐磨能力,几乎无着色力和遮盖力的,统称为体质颜料。

③防腐颜料。防腐颜料是涂料中主要起防锈作用的底漆等的重要组成,多为具有化学活性的物质。

涂料用于防腐的方法:一是用物理隔绝的方法,即用与金属表面具有足够附着力的涂料将金属物体整体覆盖,使其不与外界介质直接发生接触,从而避免或减少金属化学腐蚀的发生;另一是用化学侵蚀的方法,即用具有一定化学侵蚀作用的涂料涂布在金属表面,使其表面发生侵蚀作用而钝化,这样在与电解质接触时由于金属的钝化表面很难再发生电化学反应,从而达到防腐的目的。

③辅助成膜物质。辅助成膜物质指涂料中的溶剂、添加剂等辅助材料,该成分也不能单独成膜,但有助于改善涂料的性能。

溶剂在涂料中溶解或分散树脂及颜料,形成便于施工的液态涂料,并在涂膜形成的过程中挥发掉。在溶剂型涂料中,溶剂指有机溶剂,如烃类、醇类、酮类及酯类等;在水性涂料或乳胶漆中,主要溶剂为水。

 小知识

溶剂的特性

①溶解力。溶解力即溶剂溶解油料或树脂的能力。溶剂的溶解力越强,被溶于其中的物质浓度就越大。

②沸点和挥发率。溶剂的挥发率即溶剂的挥发速度。溶剂挥发率的高低决定了涂膜处于流体状态时间的长短。其挥发率必须适应涂膜的形成,挥发率过高将影响流平性,造成橘皮或干喷;挥发率过低会造成针孔、气泡、流挂、干燥时间过长等。

低沸点溶剂在从喷枪口喷到物面的过程中就能大部分挥发掉,使到达物面上的涂料的固体含量和涂料黏度都得到了提高;高沸点溶剂可以用来提高涂膜的流动性,能使涂膜在较长的时间内保持流动性;中沸点溶剂在普通场合的涂料中使用,最初使涂膜保持一定的流动性,而当喷到物面一段时间后能够使涂膜较快地凝固。

根据这一特性,涂料生产厂商将稀释剂制成快干型、中型(或称标准型)和慢干型等几种。快干型稀释剂用于较低环境温度(一般15℃以下);慢干型稀释剂用于环境温度较高(一般35℃以上)或大面积喷涂时使用;标准型稀释剂用于普通温度(15~35℃),大部分施工条件下使用。

③闪点。闪点指混合气体遇到火花或火焰产生燃烧的最低温度。溶剂为易燃物质,在一定空间内,易燃的溶剂蒸汽与空气混合形成非常危险的混合气体,在一定温度条件下,混合气遇到明火会发生突然燃烧。

④毒性和气味。涂料中的多数溶剂对人体都是有害的,某些溶剂如苯类溶剂,对人体有积累毒性。溶剂都有一定的刺激性气味,可以刺激人的呼吸道黏膜。在溶剂存放和使用,以及喷涂施工中一定要注意安全和劳动保护。

溶剂的类型

溶剂在涂料中按作用划分为3类:真溶剂、助溶剂和稀释剂。

真溶剂是具有溶解涂料所用的有机高聚物能力的溶剂;助溶剂又称为潜溶剂,它本身不能溶解有机高聚物,但在一定的限量内与真溶剂混合使用,具有一定程度的溶解能力,并可影响涂料的其他性能;稀释剂本身不具备溶解有机高聚物的作用,也不具备助溶作用,但在一定量内与真溶剂和助溶剂混合使用则可以起到溶解和稀释的作用。

添加剂又称助剂,指少量用于涂料中却能影响涂料生产、储存、运输、施工及涂膜性能的物质,是涂料不可缺少的部分。常用的添加剂有催干剂、防潮剂、固化剂、分散剂、消泡剂、防沉淀剂、流平剂、光稳定剂等。

(3)涂料的干燥和成膜机理。

①涂料的干燥。涂料施工后,由液态或黏稠状涂膜经过一系列化学和物理的变化,转变为固态的过程,称为涂料的干燥。涂料干燥的方式主要有自然干燥、加速干燥和高温烘烤干燥3种。

a. 自然干燥。自然干燥也称空气干燥,指涂膜在室温条件下的干燥。自然干燥型涂料在自然环境下可以固化,对固化设备要求不高。

b. 加速干燥。为了缩短涂装的施工周期,加快生产速度和效率,常采用两种方式加速干燥。其一是在自然干燥型涂料中加入适量的催干剂,促进固化;另一种是将自然干燥型涂料在一定的温度下(通常50~80℃)低温烘烤。

c. 高温烘烤干燥。热聚合性涂料在常温下不能干燥成膜,必须在较高温度下(120~180℃),才能引起化学反应而干燥成膜。经过高温烘烤干燥成膜的涂层在硬度、附着力、耐久性、耐腐蚀、抗氧化、保光、保色以及鲜映性等方面都比自然干燥和加速干燥所形成的涂层要好。

自然干燥型和加速干燥型涂料由于干燥温度较低,称为低温涂料。在汽车修理涂装中由于车身上许多部件不耐高温烘烤,因此通常采用低温涂料。而在汽车生产制造厂商的涂装流水线上,通常使用高温烘烤型涂料。

②涂料的成膜机理。涂料干燥成膜的过程主要有溶剂挥发干燥成膜和化学反应干燥成膜两类。

a. 溶剂挥发干燥成膜。依靠涂料中的溶剂自然挥发而干燥成膜,如图4-2所示。其成膜过程是物理作用,无化学变化,加热可加速蒸发过程。干燥后的涂膜能够被溶剂再溶解,抗溶剂性能差。如硝基涂料的成膜过程即为溶剂挥发干燥成膜。

b. 化学反应干燥成膜。主要有氧化聚合型、双组分聚合型和热聚合型3种。

(a)氧化聚合型。氧化聚合型成膜过程依靠涂料中溶剂挥发的同时,涂料中的树脂能够与空气中的氧发生反应,来加快干燥过程,如图 4-3 所示。已干燥的涂层膜的化学性能与原来的树脂的化学性能不相同,因此,涂层的特性不会受油漆中的溶剂的影响。适当加热可以加速干燥成膜过程。

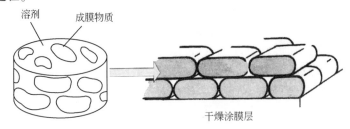

图 4-2　溶剂挥发干燥成膜

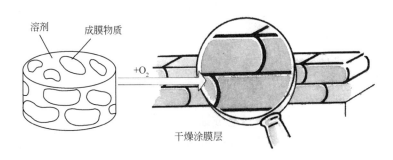

图 4-3　氧化聚合干燥成膜

(b)双组分聚合型。双组分聚合型干燥涂层膜的形成,是依靠涂料中树脂与固化剂的化学反应形成的化学键接合(聚合)的结果,如图 4-4 所示。使用时,涂料与固化剂必须先按照一定的比例混合之后,再进行施工作业,不加固化剂便不能干燥成膜。如果化学反应发生在环境温度中,各种成分混合之后必须尽快使用,以免固化而失效。双组分聚合型涂料广泛使用于汽车修理涂装,使用中适当加热(60~80℃)会促进反应的速度,缩短干燥时间。

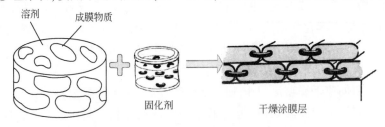

图 4-4　双组分聚合干燥成膜

(c)热聚合型。如果涂料在达到较高的温度(120~180℃)才发生反应,可以使用预混合料组分,这些涂料被称为热聚合型涂料。干燥成膜后,不能被溶剂溶解,涂膜性能好。这些涂料常温下不会干燥成膜,适宜大规模的涂装生产和具有高温烘烤设备的涂装流水线上使用,通常被称为原厂漆或高温漆。

(4)涂料的分类。

①按用途。可分为建筑用涂料、工业用涂料等。建筑用涂料又可分为室内用涂料、室外用涂料、木材用涂料、金属用涂料和混凝土用涂料等。工业用涂料分类更为复杂,如船舶用

涂料、火车用涂料、汽车用涂料、电气绝缘用涂料、轻工机械用涂料、金属家具用涂料、木质家具用涂料等。

②按施工方法。可分为刷漆、喷漆、烘漆、电泳漆、粉末涂装漆等。

③按作用。可分为底漆、面漆、罩光漆、腻子(原子灰)等。

④按使用效果。可分为绝缘漆、防腐漆、防锈漆、有色金属防锈漆等。

⑤按是否有颜料。不含颜料的,称为清漆(透明体);含有颜料的,称为色漆(不透明体);含有大量体质颜料的稠厚浆状体的,称为腻子(即原子灰)。

⑥按溶剂构成情况。以一般有机溶剂作为稀释剂的,称为溶剂型漆;以水作为稀释剂的,称为水性漆;涂料组成中没有挥发性稀释剂的,称为无溶剂漆;无溶剂而又呈粉末状的,称为粉末涂料。

⑦按成膜机理可分为以下5种。

a. 氧化聚合型漆。氧化聚合型漆是常温干燥成膜,干燥过程必须接触空气,氧化聚合成高分子膜。这类漆在不用时必须把漆桶容器盖严,以免长时间接触空气,氧化起皮而失去使用价值。

b. 固化剂固化型漆。固化剂固化型漆必须加固化剂才能固化成膜,它的成膜过程是在固化剂作用下进行的。固化剂是它的聚合条件,因此,这类漆一般是使用时现配现用,而平时分装保存,如环氧漆(双组分)、聚氨酯漆(双组分)、环氧沥青漆(双组分)等。可常温干燥,也可烘烤干燥。另有以烘烤干燥的环氧粉末漆等。

c. 热固型漆(或称为烘烤聚合型漆)。热固型漆须加热后才可聚合成高分子漆膜。但在平时及储存期间应注意不能受热,要远离热源。如氨基烘漆、环氧氨基漆、有机硅磁漆、丙烯酸烘漆、环氧酚醛漆、沥青烘漆等,一般要超过100℃使之烘干成膜。

d. 挥发型漆(即溶剂挥发型漆)。此类漆是高分子物,又称为高分子物溶液。它在常温下靠溶剂挥发即可干燥成膜,因此,它的干燥性比其他类型漆较好,而附着性则较差,储存期间应注意严防溶剂挥发。这类漆主要是硝基漆、过氯乙烯漆、丙烯酸漆、磷化底漆等。

e. 其他类型漆。如潮固化聚氨酯漆、不饱和聚酯漆,这类漆必须在潮湿环境下固化,并加入引发剂或促进剂等。

⑧按成膜物质分类。涂料最广泛的是根据成膜物质来分类,以主要成膜物质为基础。若主要成膜物质为两种以上的树脂混合组成,则按其中起决定作用的一种为主。按照此分类,国内涂料目前共分为17大类,见表4-2。

国内涂料分类　　　　　　　　　　　　　表4-2

序号	代号	类别	主要成膜物质
1	Y	油脂漆	天然动植物油、清油(熟油)、合成油
2	T	天然树脂漆	松香及其衍生物、虫胶、乳酪素、动物胶、大漆及其衍生物
3	F	酚醛树脂漆	酚醛树脂、改性酚醛树脂
4	L	沥青漆	天然沥青、石油沥青、煤焦沥青
5	C	醇酸树脂漆	甘油醇酸树脂、季戊四醇酸树脂、其他改性醇酸树脂
6	A	氨基树脂漆	脲醛树脂、三聚氰胺甲醛树脂、聚酰亚胺树脂

续上表

序号	代号	类别	主要成膜物质
7	Q	硝基漆	硝基纤维素酯
8	M	纤维素漆	乙基纤维、苄基纤维
9	G	过氯乙烯漆	过氯乙烯树脂
10	X	乙烯漆	聚二乙烯基乙炔树脂、氯乙烯共聚树脂等
11	B	丙烯酸漆	丙烯酸树脂、丙烯酸共聚树脂及改性树脂
12	Z	聚酯漆	饱和聚酯树脂、不饱和聚酯树脂
13	H	环氧漆	环氧树脂、改性环氧树脂
14	S	聚氨酯漆	聚氨甲酸酯树脂
15	W	有机硅漆	有机硅、有机钛等
16	J	橡胶漆	天然橡胶、合成橡胶等
17	E	其他漆	如有机高分子材料等

(5) 涂料的命名和编号。涂料命名的原则是：全名 = 颜色或颜料名称 + 成膜物质名称 + 基本名称，如大红醇酸磁漆、铁红酚醛防锈漆等。

对某些有专业用途及特性的涂料，还必须在成膜物质的后面加以说明，如：硝基外用磁漆、硝塞内用磁漆、氨基烘干漆等。

涂料的编号即涂料的型号。涂料的型号由三部分组成。第一部分是成膜物质，用汉语拼音字母表示；第二部分是基本名称，用两位数字表示；第三部分是序号，表示同类品种中的组成、配比或用途的不同。每个型号只表示1个涂料品种。如 C04—2 漆，C 表示主要成膜物质为醇酸树脂；04 表示磁漆（基本名称），—2 表示序号。基本名称的编号原则是：采用 00～99 两位数字表示。如 00～13 代表基础品种；14～19 代表美术漆；20～29 代表轻工用漆等。国内涂料基本名称及编号见表 4-3，涂料产品序号见表 4-4。

表 4-3 国内涂料基本名称及编号

编号	基本名称	编号	基本名称
00	清油	14	透明漆
01	清漆	15	斑纹漆
02	厚漆	16	锤纹漆
03	调和漆	17	皱纹漆
04	磁漆	18	裂纹漆
05	粉末涂料	19	晶纹漆
06	底漆	20	铅笔漆
07	腻子	22	木器漆
09	大漆	23	罐头漆
11	电泳漆	30	（浸渍）绝缘漆
12	乳胶漆	31	（覆盖）绝缘漆
13	其他水性漆	32	（绝缘）磁烘漆

编号	基本名称	编号	基本名称
33	（黏合）绝缘漆	60	耐火漆
34	漆包线漆	61	耐热漆
35	硅钢片漆	62	示温漆
36	电容器漆	63	涂布漆
37	电阻漆、电位器漆	64	可剥漆
38	半导体漆	66	感光涂料
40	防污漆、防蛆漆	67	隔热漆
41	水线漆	80	地板漆
42	甲板漆、甲板防滑漆	81	渔网漆
43	船壳漆	82	锅炉漆
44	船底漆	83	烟囱漆
50	耐酸漆	84	黑板漆
51	耐碱漆	85	调色漆
52	防腐漆	86	标志漆、马路画线漆
53	防锈漆	98	胶液
54	耐油漆	99	其他
55	耐水漆		

涂料产品序号　　　　　　　　　表4-4

涂料品种		产品序号	
		自干	烘干
清漆、底漆、原子灰		1~29	30以上
磁漆	有光	1~9	50~59
	半光	60~69	70~79
	无光	80~89	90~99
专业用漆	清漆	1~9	10~29
	有光磁漆	30~49	50~59
	半光磁漆	60~64	65~69
	无光磁漆	70~74	75~79
	底漆	80~89	90~99

（6）涂料的选配。汽车原厂涂装系统由当初最原始的2C2B发展到今天的最高达7C5B，即从二涂二烘发展到七涂五烘。涂层的总厚度也由原来的30~40μm增加到130~150μm，逐步实现了由低级到高级的过渡，能够初步满足汽车工业对不同档次车辆涂装的要求。汽车原厂涂装系统大体上可归纳为以下几类：

a. 底漆——原子灰——素色面漆。

b. 底漆——原子灰——中涂漆层——素色面漆。

c. 底漆——原子灰——中涂漆层——单层金属闪光漆。

d. 底漆——原子灰——中涂漆层——金属闪光底色漆——罩光清漆。

e. 底漆——原子灰——中涂漆层——纯底色漆——罩光清漆。

f. 底漆——原子灰——抗石击中间涂料——中涂漆层——金属闪光底色漆——罩光清漆。

g. 底漆——原子灰——中涂漆层——金属闪光底漆——底色漆——罩光清漆。

h. 底漆——原子灰——抗石击中间涂料——中涂漆层——金属闪光底漆——底色漆——罩光清漆。

上述涂装系统中，a类是汽车工业发展初期所采用的涂装系统，国外基本不采用了，但在我国的一些低档车辆，如载货汽车、农用车、公共汽车等仍然采用；b、c类在国外被用于大型车辆，如巴士、卡车等中档车上，国内则用于小型面包车、各种微型车等中、高档车上；d、e类则用于轿车的涂装中；f、g、h类是最近几年发展成功的新型涂装系统，其中的金属闪光底漆不同于以往的金属闪光底色漆。在这一道涂层中不含着色的透明颜料，只有铝粉、珠光粉之类的闪光颜料，在底色漆中则仅仅含有某些透明的着色颜料，不含闪光颜料。采用这类涂装系统，涂层装饰性更为优越，外观显得更加美观、豪华、别致；铝粉和珠光粉的排列更为规整，闪烁均匀，立体感强。观察这类涂层时，明显地感受到它不同寻常的丰满度、深度，其艺术感染力更为强烈。

在涂装施工中，应根据各类涂料不同的特性和匹配要求进行选配。一般应根据底材材料、使用环境、施工条件及经济效果等进行合理的选配。尤其注意底漆、原子灰、面漆三者的合理配套，一般来说，涂层之间采用同类涂料配套是最简单而切合实际的办法，但有时候不同品种之间的合理搭配，反而可以使整个涂装系统显示出更为优异的性能。但如果三者调配不当，会产生涂膜间附着力差、起层脱落、咬底泛色等现象，严重影响施工质量。

①底材材料。由于各种底材材质的极性和吸附能力不同，因而需合理选用与底材材料性质相适应的涂料，见表4-5。

常用汽车涂料与底材的适应性　　　　　　　　　　表4-5

涂料品种	底材						
	钢铁	轻金属	塑料	木材	皮革	玻璃	织纤维
油脂漆	5	4	3	4	4	2	3
醇酸树脂漆	5	4	4	5	5	4	5
氨基树脂漆	5	4	4	4	2	4	4
硝基漆	5	4	4	5	5	4	5
酚醛漆	5	5	4	4	2	4	4
环氧树脂漆	5	5	4	4	3	5	—
氯化橡胶漆	5	3	3	5	4	1	4
丙烯酸酯漆	4	5	4	4	4	1	4
有机硅漆	5	5	4	3	3	5	5
聚氨酯漆	5	5	5	5	5	5	5

注：5-表示最好；1-表示最差。

②使用的环境条件。不同的地区不同的气候,对汽车的适应性有不同的要求。如南方湿热地区使用的汽车,要求涂料对湿热、盐雾、霉菌有良好的三防性能;在北方干寒地区使用的汽车,要求其涂料有一定的耐寒性能。另外,在不同的环境下,对涂料的耐候、耐磨、耐冲击和耐汽油等性能都有不同的要求。涂料适应环境条件见表4-6。

各种涂料适应的环境条件　　　　　　　　　　　表4-6

环境条件	涂料品种									
	酚醛漆	沥青漆	醇酸漆	氨基漆	硝基漆	过氯乙烯漆	丙烯酸漆	环氧漆	聚氨酯漆	有机硅漆
一般条件下使用,但要求耐候性及装饰性好			√	√		√	√			
一般条件下使用,但要求防潮性及耐水性好	√	√					√	√	√	
化工大气条件下使用或要求耐化学腐蚀性较好	√	√				√	√	√		
在湿热条件下使用,要求三防(湿热、盐雾、霉菌)性能好	√			√		√	√	√	√	
在高温条件下使用										√

③涂料施工条件。不同涂料的性能差异,要求的施工方法就不同,因此,选用涂料要根据现有的涂装设备和涂料所适应的施工方法进行选择。施工方法和适用涂料见表4-7。

常用的施工方法和适用涂料　　　　　　　　　　　表4-7

施工方法	浸涂	刷涂	电泳	压缩空气喷涂	高压无气喷涂	静电喷涂	静电粉末喷涂
适用涂料	油性漆 酚醛漆 醇酸漆	各种合成树脂涂料	各种水溶性电沉积涂料	各种硝基漆氨基漆过氯乙烯漆等	各种类型涂料特别是厚浆料,高不挥发分涂料,但不宜于粒度大的颜料涂料	合成树脂涂料,高不挥发分涂料	粉末涂料

④涂料的配套性。在汽车涂装中,各种涂料的性能不相同,并不是都能搭配。如果配套不当,会产生涂膜间附着力差、起层脱落、咬底、泛色等现象,严重影响施工质量。涂料的合理配套见表4-8。

各种金属与常用底漆、面漆的合理配套　　　　　　　　　　　表4-8

面漆类型	黑色金属	铝、镁及铝镁合金	锌及锌合金	铜及铜合金
酚醛漆	酚醛底漆 醇酸底漆	锌黄纯酚醛底漆 磷化底漆	锌黄环氧底漆 锌黄环氧醇酸底漆	酚醛底漆 磷化底漆
沥青漆	沥青底漆 酚醛底漆	沥青底漆	沥青底漆	沥青底漆

续上表

面漆类型	黑色金属	铝、镁及铝镁合金	锌及锌合金	铜及铜合金
醇酸漆	醇酸底漆 环氧底漆	锌黄酚醛底漆 锌黄醇酸底漆	醇酸底漆 磷化底漆	酚醛底漆
氨基漆	醇酸底漆 氨基底漆 环氧底漆	锌黄环氧底漆	酚醛底漆 磷化底漆	环氧底漆
硝基漆	酚醛底漆 硝基底漆 环氧底漆 醇酸底漆	锌黄酚醛底漆 锌黄醇酸底漆 锌黄环氧底漆	酚醛底漆 醇酸底漆 环氧底漆	酚醛底漆 环氧底漆
过氯乙烯漆	酚醛底漆 醇酸底漆 过氯乙烯底漆 丙烯酸底漆 磷化底漆	锌黄酚醛底漆 锌黄醇酸底漆 锶黄、锌黄丙烯酸底漆 磷化底漆	酚醛底漆 醇酸底漆 环氧底漆 磷化底漆	酚醛底漆 过氯乙烯底漆 丙烯酸底漆 磷化底漆
丙烯酸漆	酚醛底漆 醇酸底漆 环氧底漆 丙烯酸底漆 磷化底漆	锌黄酚醛底漆 锶黄、锌黄丙烯酸底漆 磷化底漆	酚醛底漆 环氧底漆	酚醛底漆 环氧醇酸底漆
环氧漆	环氧底漆	锌黄环氧底漆	环氧底漆	环氧底漆
聚氨酯漆	聚氨酯底漆 硝基二道底漆	锌黄聚氨酯底漆	聚氨酯底漆	聚氨酯底漆

⑤涂层的厚度。涂膜的保护力一般是随涂膜厚度的增加而提高的,在不同使用条件下,涂层的厚度应控制在一定的范围内。若涂层低于厚度的下限,就不能有满意的保护作用,还会出现露底,或肉眼看不见的针孔,外界的水分、化学腐蚀介质等容易侵蚀到涂层内部,降低涂层的寿命。但涂层过厚就会增加成本,还会引起回黏、起泡、皱纹等质量问题。通常涂层控制厚度见表4-9。

通常涂层控制厚度表　　表4-9

环境条件	控制厚度范围(μm)	环境条件	控制厚度范围(μm)
一般性涂层	80~100	有侵蚀液体冲击的涂层	250~350
装饰性涂层	100~150	耐磨损涂层	250~350
保护性涂层	150~200	厚浆涂层	350~1000
有盐雾的海洋环境用涂层	200~250		

(7)涂料储运过程中产生的缺陷及防治。汽车修补用涂料往往由于储运期过长,运输距离过远,在储运过程中受热(高于30℃)和受冻后产生变质缺陷。如果未经补救就投入使

用,可能会影响涂装工效,产生涂膜缺陷,直接影响生产,造成经济损失。常见的涂料储运过程中产生的缺陷有增稠、沉淀、结皮和胀气。

①增稠。涂料在储运过程中变浓厚,黏度增高,超过技术条件规定的原漆许可黏度上限的现象称为增稠。增稠有时有触变性,一经强烈振动即能恢复原来的黏度。增稠严重时,涂料呈豆腐脑状或块状的现象称为干化、结块或干涸。含颜料量少的涂料,不是因溶剂挥发失去流动性,而是成为胶质状称为胶化。

a. 形成原因。

(a)涂料容器密闭不完全或其未装满桶,造成溶剂挥发,使涂料的黏度上升、增稠。

(b)空气中的氧气,促进漆基氧化和聚合,使涂料胶化。

(c)色漆黏稠化的主要原因是所用颜料与漆基产生反应,使色漆增稠和凝聚产生颗粒。如特黑汽车面漆在储运中易增稠,是由于带酸性的炭黑能促进酸固化的合成树脂涂料增稠,甚至硬化。

(d)在运输过程中遇到高温或储存场所的温度过高,热固性合成树脂涂料的漆基受热时会使分子聚合,黏度上升,甚至胶化。

(e)储存期过长,漆基的活性基团发生反应,引起黏度上升。

b. 防治方法。

(a)保持罐盖紧,确保密封,隔绝空气,容器中的涂料应装满。

(b)存放在阴凉的场所。存储场所的温度最好在25℃以下,切勿储存在日光下、暖气和炉旁。

(c)尽可能缩短储运期,尤其是活性基团多的高档合成树脂涂料,更不能长期储存,使用涂料时应遵守先进先用的原则。

(d)涂料厂需改进配方,克服在涂料储运过程中颜料和基料之间发生的化学反应。

 注意

变浓的喷漆(热塑性涂料)再加入良好的稀释剂后通常即可再度使用。而对胶化、干化或干涸的热固性涂料,因是不可逆的,只能报废。

②沉淀。涂料在储运过程中产生沉淀,在使用前能搅拌分散开,细度也合格,这属于正常现象。如果出现沉淀结块搅拌不起来,不能再分散的现象,就属于沉积或结块缺陷。

a. 形成原因。

(a)涂料中所含的颜料或体积颜料颗粒不细,分散不良,所占比重大等因素所导致。

(b)颜料与漆基发生相互吸附,生成固态沉淀物。

(c)储存时间过长,尤其是长期静放的场合。

(d)颜料粒子处于不稳定状态结块。

b. 防治方法。

(a)在设计选择配方时,就应注意颜料与漆基的适应性;注意和强化颜料的研磨分散工艺;提高黏度或制成触变型涂料,防止沉淀可加防沉淀剂或润湿悬浮剂。

(b)减少库存,缩短储存时间,存货先用。

(c)存放在阴凉场所。

(d)要定期倒转漆罐。

(e)不要储存稀释过的漆料。稀释过的漆料因黏度较低,故比原漆更易沉淀。

③结皮。自干转化型涂料在储运过程中与空气接触的涂料表面易氧化固化的现象称为结皮。自干型的沥青漆、油性漆、油性原子灰和干性油改性醇酸树脂涂料等,在储运中易产生结皮。

a.形成原因。

(a)表面干料添加过多或用桐油制的涂料易结皮。

(b)容器不密闭或桶内未装满,使涂料面与空气接触。

(c)储存场所温度过高或有阳光照射。

(d)储存期过长。

b.防治方法。

(a)涂料中不预先加入促进表面干燥的干燥剂,在使用时按比例加入。

(b)容器内应尽量装满涂料,并要密封好;如果能在装桶时通入二氧化碳或氮气,待置换出容器上层的空气后,再加盖封存,效果更好。

(c)加入抗结皮剂。常用的抗结皮剂有苯酚、邻苯二甲酚、松木油、丁醇等。

(d)缩短涂料的储存期。开桶后的涂料应尽可能地用掉,未用完的可在涂料上倒些溶剂,则可保持几天不结皮。

注意

若已经结了皮的涂料,则应先除掉结皮,再搅拌和过滤后方可使用。

④胀气。胀气是指由于产生气体而在漆罐内形成压力的现象。

a.形成原因。

(a)漆料过于陈旧,库存期太长。

(b)分子间的化学反应。

(c)储存场所温度过高。

b.防治方法。

(a)漆料存放在阴凉处。

(b)不要储存过多的漆料。

(c)以正确的轮换方式使用。

二、任务实施

在任务实施过程中,首先要正确掌握中涂漆层的施工程序,如图4-5所示。

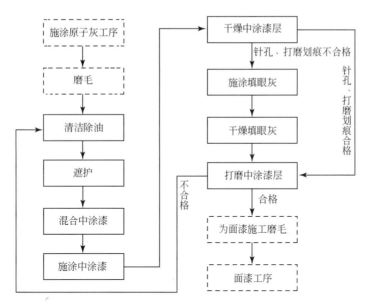

图 4-5　中涂漆层的施工程序

1. 清洁

用压缩空气清除表面粉尘。如果表面进行过湿打磨,应做去湿处理,使被喷涂表面干燥。如图 4-6 所示。

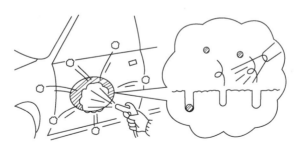

图 4-6　清除表面粉尘

2. 遮护

对不需要喷涂的表面及附件进行遮护,以防止漆面污染。小面积修补喷涂通常使用反向遮护,以避免喷涂后产生明显的喷涂边界或台阶。

(1)遮护用材料。遮蔽纸、遮蔽胶带等。

(2)遮护操作。穿戴合适的个人防护用品(表 1-2)后,进行如下作业:

①确定必须遮护的区域和遮护位置的大小。
②剪裁出适当大小的遮蔽纸及遮蔽胶带。
③对车辆先内后外进行遮护。
④对不需要喷涂的区域进行遮护。
⑤将全车用大张的遮蔽纸(或塑料薄膜)覆盖,只留下需要喷涂的区域。如图 4-7 所示。

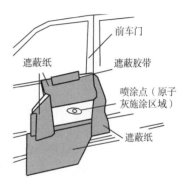

图 4-7　遮护

⑥检查是否有没有遮护好的区域。

具体的遮护操作,见学习任务2的相关内容。

 技术提示

较大面积喷涂时,如翼子板、车门等的板件必须单独遮护。如果板件有孔口,则必须对孔口进行遮护,以防止漆雾通过孔口污染车身内部区域。如果覆盖孔口有困难,可以从里面对孔口进行遮护。

3. 脱脂

用清洁的擦拭布蘸清洁剂擦拭被喷涂表面,同时用另一块清洁的擦拭布立即将表面擦干,如图4-8所示。

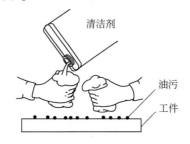

a)准备两块清洁的擦拭布,将其中的一块用除油清洁剂浸湿,另一块保持干燥

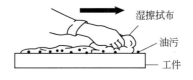

b)用浸过清洁剂的擦拭布将工件表面擦湿

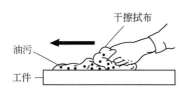

c)不等清洁剂蒸发,即刻用干的擦拭布擦干工件表面

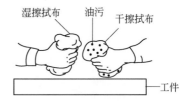

d)让工件表面残余的清洁剂自行蒸发,如此一湿一干,除去工件表面油污

图4-8 脱脂处理

 技术提示

①不得对原子灰表面用除油清洁剂进行脱脂处理。原子灰表面使用除尘枪及干的擦拭布进行表面清洁。

②未施涂原子灰的工件表面以及原子灰周围的磨缘区域须进行脱脂处理。

③两块擦拭布分开使用,及时更换,使用后,应及时回收。

4. 喷涂施工

(1)涂料调制。穿戴好合适的个人防护用品(表1-2)。参照涂料生产厂商的要求进行调制,如图4-9所示。

①将主剂加入调漆罐中。
②加入规定量的固化剂,充分搅拌均匀。
③加入专用稀释剂,调节黏度至合适。

技术提示

①根据环境温度和施工条件的不同,选择不同的固化剂和稀释剂,参考涂料生产厂商的说明。
②测量调制好的涂料黏度,测量方法参见学习任务2的相关内容。

(2)搅拌涂料,并过滤,倒入喷枪,如图4-10所示。一般喷枪喷孔直径:重力式喷枪选用 1.6~1.8mm,吸力式喷枪选用1.8~2.0mm;喷枪压力:$3 \times 10^5 \sim 4 \times 10^5$Pa。并参照涂料生产厂商的要求。

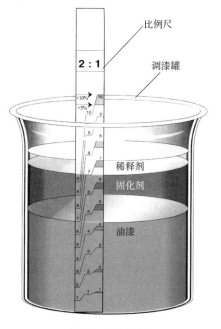

图4-9 涂料调制

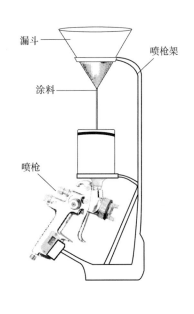

图4-10 将涂料加入喷枪

(3)喷涂距离,一般200~300mm。
(4)喷涂操作。
①先对修补边缘交界处进行薄薄地喷涂。
②稍干后对整个原子灰表面再薄薄地喷涂1层。
③分3~4次薄薄地喷涂,每道涂层间用中短波红外线烤灯闪干5~10min。
对于喷枪的调整及操作,见学习任务2的相关内容。
(5)喷涂面积应比修补的原子灰面积大许多,而且第二遍比第一遍大,第三遍比第二遍大,逐渐加大面积。相邻的几块小修补,先预喷小块原子灰修补处2遍,然后再整体喷涂2~3遍,连成一大块。

5. 修整与干燥

(1) 修整。如图 4-11 所示,中涂漆层喷涂后,应仔细检查涂装表面有无砂纸打磨痕迹、气孔及其他缺陷。若有缺陷,可用硝基类速干填眼灰修补,用木刮刀或塑料刮刀薄薄地刮涂。不要一次填得过厚,最多只能 0.2mm,若一次填不满,间隔 5min 再填。

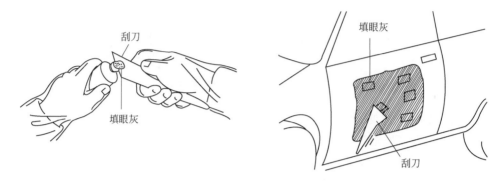

图 4-11　修整

(2) 干燥。中间涂层在打磨前必须充分干燥。如果干燥不充分,不仅打磨时涂料会粘砂纸,使打磨作业难以进行,而且喷涂面漆后,还会出现涂膜缺陷。小面积区域的干燥可采用短波红外线烤灯,大面积的干燥需使用烤漆房进行。

干燥时间。不同类型的涂料干燥时间有所不同,具体干燥时间请参照涂料生产厂商的说明。不同类型中涂层涂料的平均干燥时间见表 4-10。

中涂层涂料的平均干燥时间　　　　　　　　　　　表 4-10

涂料种类	自然干燥(20℃)	强制干燥(60℃)
硝基类	30min 以上	10～15min
聚氨酯	6h 以上	20～30min
合成树脂	3h 以上	20min 以上

6. 标志涂料喷涂

标志涂料或称指导层,在收边修补中起填充和打磨作用,可以使表面更加平整,大大减少了细微的缺陷。同时为打磨起指导性作用。

(1) 调制一种比中涂漆层颜色深一点(或浅一点)的涂料作为标志涂料。

①首先在收边区域内喷涂两次,厚度中等,在两道之间保持一定的干燥时间。

②然后在比前两次喷涂区域大一点的范围内再喷涂两次。在两道之间保持一定的干燥时间。

(2) 取深色(或浅色)的中涂漆,稀释 1 倍。

①在经过打磨加工过的区域喷涂 1 遍。

②超出前次喷涂的范围再喷 1 次,在两道之间保持一定的干燥时间。

③在室温下自然干燥约 30min。

(3) 炭粉指导层。使用炭粉涂抹于中涂漆的表面,检测中涂漆层打磨时的均匀度和平整度。

先用炭粉均匀涂抹于需要研磨的中涂漆层上,如图 4-12 所示。对中涂漆层研磨后,留下的黑点即为小凹坑,需要再一次刮原子灰、研磨。

7. 打磨

(1)干打磨。穿戴好合适的个人防护用品(表 1-2)。

①用偏心距 3～5mm 的干磨机对中涂漆层整平、修饰,安装打磨软垫,如果面漆为单工序面漆,使用 P400 干磨砂纸。

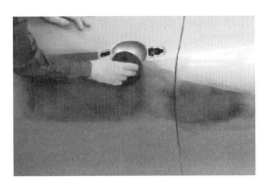

图 4-12 施涂炭粉指导层

②如果面漆为双工序面漆,使用 P500 砂纸;如果用驳口技术,用 P800 网纹砂纸或 P1000 精棉砂纸。

③注意对弯角、边缘、角度及不易打磨处的修饰。参照学习任务 3 的相关内容。

④使用三维打磨材料(研磨绒),手工对修补区域的边角、研磨机不易打磨的区域,做细研磨修饰。

(2)湿打磨。穿戴好合适的个人防护用品(表 1-2)。

①先用双作用干磨机配合 P320 或 P400 干磨砂纸,对中涂漆层做初步打磨。

②把砂纸浸入水中,并把打磨表面弄湿。打磨过程中及时给打磨表面加水,防止打磨表面变干。右手使用方形磨垫配合 P400 水砂纸,对中涂漆区域进行水磨施工,左手拿一条浸水的海绵或湿毛巾,双手配合防止打磨表面变干。

③使用 P600 水砂纸,用手打磨,并尽可能以旋转方式来减小砂纸痕。

④使用打磨绒(三维软质打磨材料)对边角不易打磨的区域做打磨修饰。

一般 P400～P1200 水砂纸,面漆为金属闪光涂料时,用 P800 水砂纸;面漆为硝基类则用 P1200 水砂纸,面漆为单色漆时用 P400 水砂纸。

打磨方向:行李舱盖以横向打磨为主,其他均以纵向打磨为主,对玻璃窗、门把手处用刷子蘸上打磨膏进行打磨,消除残余的污物。

(3)速干填眼灰修补部位打磨。先以修补部位为中心,用 P400～P800 水砂纸将凸出部位磨平,然后用 P800 或 P1200 将整个表面打磨平整。

技术提示

打磨时,不能只打磨喷涂了中间漆或补了灰的部位,还必须对其周围颜色逐渐变化的区域用研磨膏进行打磨或用 P2000 砂纸打磨。

(4)收尾。

①若采用干打磨,则用吸尘器将粉尘彻底清洗干净,最后仔细检查涂膜表面,不能遗漏未经打磨的部位。

②若采用湿磨,则用清水冲洗干净后,先用毛巾将打磨区域擦干;然后用压缩空气吹干易藏水的地方,如手柄、装饰条缝隙等;最后用红外线或热风加热器对表面进行除湿干燥。

三、评价反馈

1. 自我评价

(1) 通过本学习任务的学习,你是否已经掌握以下问题:

① 中涂漆层的施工程序。_____

_____。

② 中涂漆层的作用。_____

_____。

③ 中涂漆层的特性。_____

_____。

④ 湿打磨的操作要点。_____

_____。

⑤ 涂料的含义及要求。_____

_____。

⑥ 涂料的基本组成。_____

_____。

⑦ 涂料的分类。_____

_____。

⑧ 涂料的成膜机理。_____

_____。

⑨ 涂料的配套应注意哪些问题?_____

_____。

(2) 在中涂漆层的施工过程中用到了哪些设备?你已经能够正确地操作这些设备了吗?

评价:_____

_____。

(3)实训操作中,你能正确完成一块小面积区域的中涂施工作业吗?你认为在中涂漆层施工作业中的注意事项有哪些?

评价:_____

_____

(4)工作着装规范了吗?

评价:_____

_____

(5)在实训中你意识到安全防护的问题并提醒其他同学注意了吗?出现了不规范的情况吗?是如何处理的?

评价:_____

_____

(6)能积极主动参与工作现场的清洁和整理工作吗?你能正确清洗喷枪吗?

评价:_____

_____

(7)在完成本学习任务的过程中,你主动帮助过其他同学吗?与其他同学探讨中涂漆层的有关问题了吗?具体问题是什么?讨论结果是什么?

评价:_____

_____

(8)通过本学习任务的学习,你还有哪些方面需要进一步改善?

评价:_____

_____

(9)在进行本学习任务的过程中,你主动学习"相关知识"的有关内容了吗?掌握情况如何?

评价:_____

_____

(10)在本学习任务的实施中,你查阅了其他的相关资料了吗(包括生产厂商的说明)?有何收获?

评价:_____

_____

(11) 在本学习任务中你遇到的困难是什么？如何解决的？

评价：_____

_____

_____。

你的签名：_____　　　____年____月____日

2. 小组评价

小组评价见表4-11。

小组评价　　　　　　　　　　　　　　　表4-11

序号	评价项目	评价情况
1	学习态度是否积极主动	
2	是否服从教学安排	
3	是否达到全勤	
4	着装是否符合要求	
5	是否合理规范地使用仪器和设备	
6	是否按照安全和规范的规程操作	
7	是否遵守学习、实训场地的规章制度	
8	是否积极主动地和他人合作、探讨问题	
9	是否能保持学习、实训场地整洁	
10	团结协作情况	

参与评价的同学签名：_____　　　____年____月____日

3. 教师评价

_____

_____。

教师签名：_____　　　____年____月____日

学习任务 5　面漆的喷涂

学习目标

1. 能够正确叙述面漆的作用、类型；
2. 知道面漆施工的安全注意事项；
3. 知道面漆施工中常用的工具设备，并能正确描述其工作原理；
4. 能够正确进行面漆的喷涂施工；
5. 正确完成一个典型车身部件的面漆喷涂过程。

任务描述

对一经过正确中涂漆层涂料施工的某一个典型车身部件，进行正确的面漆施工作业。

学习引导

本学习任务沿着以下流程进行：

一、相关知识

汽车面漆是涂覆于车辆表面最外层的漆膜，起着装饰和保护底材的作用。面漆直接与各种气候条件（如雨、阳光、雪、寒冷、酷暑等）及有害物质（如酸、碱、盐、二氧化碳、硫化氢）接触，是阻挡这些侵蚀的第一层，配合底漆起到对底材的保护作用。不同的汽车，因为要求及使用环境的不同，对面漆装饰性和保护性也会各有侧重。如轿车对装饰性要求高；而装载油料、酸、碱化学物品的载货汽车，对面漆的要求则侧重于耐油、耐酸、耐碱等保护性能。

车身外表面经过底漆、原子灰及中涂漆层施工，已经达到表面光滑平整、无砂孔、无缺陷，为外表面漆的喷涂施工打好了基础。面漆的施工质量是对前面所有工序的总评，整个涂装工作质量的高低都由面漆来体现，因此面漆喷涂是汽车维修涂装的关键工序。必须选用相匹配的涂料，以及与表面涂层配套的施工工艺，并具备良好的涂装环境条件，才能使表面涂层具有优良的性能。

1. 面漆的作用与类型

（1）面漆的作用。面漆的主要作用是对被涂物体提供防护作用的同时，提高被涂物面的装饰作用。一种优良的面漆必须具备相当高的保护性能和装饰性能，使被涂物体在一定使用寿命的时间内，以颜色的光泽条件来衡量是否能保持它的装饰效果。

（2）面漆的类型。面漆的分类方法很多，按颜色效果可分为素色漆、金属漆和珍珠漆；按成膜物质种类可分硝基漆、醇酸漆和丙烯酸漆等；按固化机理可分溶剂挥发型、氧化固化型和热固化型、双组分型和催化固化型；按施工工序可分单工序、双工序和三工序等。而每一种分类方法互相的界线不是绝对的，可以相互交叉，如图5-1所示。

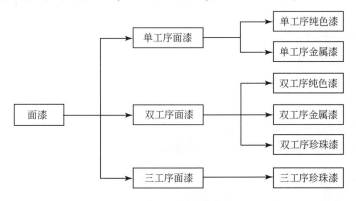

图5-1 面漆的分类

①按施工工序，可分为单工序面漆、双工序面漆和三工序面漆。

a. 单工序面漆。单工序面漆指喷涂同一种涂料即形成完整的面漆层的喷涂系统，如图5-2所示。单工序素色面漆喷涂完成后，面漆层即具有良好的光泽，一般不用再喷涂罩光清漆，所以称为"单工序"。

b. 双工序面漆。双工序面漆指喷涂两种不同的涂料才能形成完整的面涂层的喷涂系统，通常是先喷涂色漆，然后再喷涂罩光清漆，两种涂层结合在一起才能形成有质量保证的完整的面漆层，如图5-3所示。

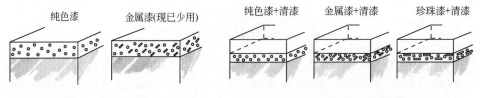

图5-2 单工序面漆　　　　图5-3 双工序面漆

金属面漆中银粉漆的喷涂即为典型的双工序喷涂。双工序面漆即先喷一层有颜色的面漆，在其上面再喷涂一层无色透明且具有很高光泽的罩光清漆来增加光泽度以保护底层的有色面漆，因这种面漆的喷涂是由两道工序——有色面漆和罩光清漆组成，所以称为"双工序"。

c. 三工序面漆。三工序更为复杂，如三工序珍珠漆通常是先喷1层打底色漆（封底色漆），然后再喷1层珍珠漆，最后喷罩光清漆，3个涂层结合才能形成完整的面涂层，如图5-4

所示。

金属面漆中的珍珠漆情况又比较特殊,珍珠漆中所含的云母颗粒通透性很高所以遮盖能力极差,在喷涂时需要先喷1层与底色漆颜色相近或相同的色漆底提高遮盖能力,然后喷涂珍珠漆,珍珠漆上再喷涂罩光清漆。这种面漆用三道喷涂工序完成,所以称为"三工序"。

一般单工序面漆的颜色比较单调,而三工序面漆的效果比较丰富,但工序越多,施工及修补越复杂。

②按颜色效果,可分为素色面漆、金属面漆和珍珠面漆。

a. 素色面漆。素色面漆俗称"瓷漆"或"纯色漆",是将各种颜色的着色颜料研磨得非常细小,均匀地分散在树脂基料中而制成各种颜色的油漆,如图5-5所示。

图5-4 三工序面漆　　　图5-5 素色面漆

素色面漆本身在涂装后即具备良好的光泽度和鲜映性,涂膜厚度在达到$50\mu m$后即可显现完全的色调。素色漆随着色颜料不同也具有不同的遮盖力,遮盖能力比较强的颜料,会使涂膜在日光照射时光线只能穿透$20\mu m$左右,就被反射出来;而遮盖能力较弱的颜料往往需要比较厚的膜厚才能完全遮盖底层。因为素色面漆本身就具有良好的光泽和鲜映性,所以在喷涂完毕后整个面漆层即告完成,所以又称"单工序素色漆"。而有时需要在素色漆层之外,再施涂一层罩光清漆,起到对色漆层的保护,同时可以提高色彩的丰满度,这种由两种涂层结合在一起形成的完整面漆,称为"双工序素色漆"。

b. 金属面漆。金属面漆在涂料生产厂商以及汽车维修作业中又具有不同的名称,如"银粉漆""金属闪光漆""星粉漆""宝石漆"等。金属面漆基本上都是以金属粉颗粒(以铝粉颗粒最为普遍)和普通着色颜料加入到树脂基料中而制成,如图5-6所示。

将细薄的铝粉加入涂料后,可以造成正侧面颜色的深浅不同,出现了闪烁效果。自金属面漆问世以来,在汽车涂装上使用的比例越来越大,已经成为汽车修补作业时的主要项目。但因为其性质特殊,所以在调色及喷涂施工等方面要比素色面漆困难许多。在修补过程中,除调色需要一定的准确性外,还需要喷涂技巧的适当配合,金属面漆才能在汽车修补作业上发挥完美的效果。

金属面漆中的着色颜料比一般素色面漆少,若不加入金属粉颗粒,光线会直接穿透涂膜到达底层,涂膜的遮盖力就不能完全发挥。金属粉同其他的颜料颗粒一样能反射光线,正是由于金属粉的大量存在,使金属面漆的遮盖能力比一般素色面漆要高,通常喷涂$20\sim30\mu m$的膜厚即可完全遮盖底层。

如果在施工中,整个面漆仅喷涂金属漆层,称为"单工序金属漆"。单工序金属漆应用很少,因为涂膜中金属颗粒的排列并不是有序的,对光线的反射角度不同,造成金属漆本身的无光效果,因此在施工中,一般需要在金属漆上面再喷涂罩光清漆后,其金属闪光效果才能充分发挥,称为"双工序金属漆"。

c. 珍珠面漆。"珍珠面漆"也可以被归为金属面漆的一类，与普通金属漆的区别在于它在树脂中加入的不是铝粉颗粒，而是表面镀有金属氧化物的云母颗粒，如图5-7所示。由于云母颗粒除可以反射一定的光线外还可以投射和折射部分光线，所以这种面漆可以使被涂物表面产生类似珠光的光晕，有的还可以产生从不同角度观察可以得到不同色相的特殊效果。

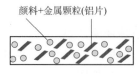
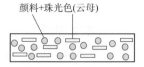

图5-6 金属面漆　　　　　　　　图5-7 珍珠面漆

珍珠色的种类大致可以分为干扰型和不干扰型两种。干扰型珍珠色即云母反射、折射和投射的光线相互干扰，可出现奇异的光晕。不干扰型珍珠色一般为高光泽不透明漆，主要用于调色。干扰型云母颗粒一般为半透明状，即在云母颗粒上薄薄镀上一层氧化钛，镀层的薄厚程度决定了光线折射后的颜色效果，如图5-8所示。例如纯闪珍珠，微粒钛颜料呈半透明状，有些正面反射的光为黄色，而侧面散乱光为蓝色；又如银状云母，是在一般纯闪珍珠的云母微粒表面再薄薄镀一层银，该种珍珠色偏光性强，可以得到立体性金属光泽，在微弱光线下也可以发出悦目的光泽。

不干扰型珍珠色的云母多镀有不透明的金属氧化物，如氧化铁、氧化铬等，会使其变为不透明色，通常这种珍珠色多与普通的色母进行混合调色而不单独使用。

珍珠色面漆也同普通金属面漆一样需要在色漆层上再喷涂罩光清漆层来提高光泽度和鲜映性，同时来体现珍珠色特有的光晕效果。因为珍珠色面漆的遮盖能力非常差，在喷涂时，多需要首先做一层与面漆颜色相同或相似的底色漆来提高面漆的遮盖力，然后喷涂珍珠面漆，珍珠面漆之后还要喷涂清漆，所以该种面漆也称为"三工序珍珠漆"，如图5-9所示。

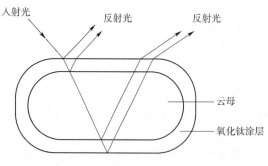
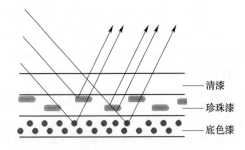

图5-8 云母颗粒上镀氧化钛时的光线　　　　图5-9 三工序珍珠漆

③按固化机理分。

a. 溶剂挥发型。如硝基纤维素涂料，热塑性丙烯酸树脂涂料，改性的丙烯酸树脂涂料。

b. 氧化固化型。如醇酸树脂涂料，丙烯酸改性醇酸树脂涂料。

c. 热固化型。如热固性丙烯酸树脂涂料，热固性环氧树脂涂料。

d. 双组分型。如丙烯酸—氨基树脂，聚酯—聚氨酸树脂，丙烯酸—环氧树脂涂料。

e. 催化固化型。如热固性有机硅改性丙烯酸树脂，过氧化物固化丙烯酸树脂。

2. 面漆修补涂装的种类

按照面漆修补区域,可分为:整车修补涂装、整板修补涂装和局部修补涂装。

(1)整车修补涂装。修补区域为整个车身的外表面,对整车进行重新喷涂。因为无须做颜色的过渡,所以显得相对容易一些。整车喷涂时,如果是要对车身进行全面的从防腐到面层的涂层操作,最好是将车上的其他总成和零部件包括车窗等统统拆卸下来,只留下一个车壳,这样有利于整体的防腐处理和提高面层的装饰性。

如果需要就车进行整车喷涂时(通常只进行面层操作时采用就车喷涂),则对遮护要求比较高,对不须喷涂或不能喷涂的地方一定要仔细地进行遮护,例如车窗、发动机舱内的设施、车厢内的内饰、车标及车身装饰、门把手、轮胎等都要遮护。有些能够拆卸的零部件,例如前照灯、示廓灯、散热器格栅、前后保险杠等,应拆卸下来,喷涂完毕后再安装。

全车喷涂的顺序以各水平表面漆雾飞溅最少为原则,通常首先喷涂车顶,然后喷涂车后部,围绕车身一圈最后在车后部完成接缝的方法来喷涂。如由两个操作人员共同完成整车的喷涂工作,效果会好一些,可以达到没有接口痕迹,但在喷涂金属面漆尤其是珍珠面漆时最好由一个人操作,不同的操作手法可能会引起颜色的差异。

对于整车喷涂的路线没有一个硬性规定或规则,同时有许多不同的喷涂程序方案,每个操作人员也有自己的操作思路,但有一个原则是一致的,即如何防止喷涂时产生的漆尘落到已喷涂的涂面上,以及喷涂时保持底材的湿润度。目前汽车维修企业使用下降式通风喷漆房较为普遍(空气由房顶进入,由地槽排出)。为使汽车的三个水平面(车顶、前盖、后盖)获得最佳的湿润度,以及喷涂中间添加涂料后,尽可能避免再喷涂时漆尘飞扬到邻近已涂的涂面,喷涂程序的正确运用对喷涂获得最佳效果是极为重要的。

①喷涂车顶。在车顶从风窗玻璃到后窗之间,首先,从靠近操作人员的车顶边缘乘客侧面前门一侧开始,采用带状涂装法进行喷涂,喷枪与车顶表面距离为15~20cm,从左到右,再从右到左逐步向车顶中心线移动,每层喷幅重叠1/2~2/3。喷雾流尽可能与被涂面垂直,直到喷涂面超过车顶中心线后,操作人员移向驾驶员一侧,自车顶中心线(接前喷涂面边缘)从左到右,再从右到左逐步向车顶边缘靠近操作人员车身的一侧移动。

②喷涂驾驶室一侧前门。从左到右,再从右到左带状喷涂,由上向下逐步垂直移动,直至全部覆盖。接着喷涂相邻的前翼子板,从左到右,再从右到左带状喷涂,由上向下逐步垂直移动,直至全部覆盖。

③喷涂发动机罩。首先,操作人员站在车的前部喷涂发动机罩的前部折口面,然后操作人员站在驾驶员一侧的前翼子板一边,从靠近翼子板的发动机罩边缘开始,喷枪从左(发动机罩前部)到右(发动机罩靠近风窗玻璃处)移动,再从右到左采用带状喷涂法逐步向发动机罩中心线移动,直到喷涂面超过发动机罩中心线后,操作人员移向另一边(乘客一侧),喷枪沿发动机罩中心线(接前喷涂面边缘)从左到右移动,再从右到左逐步向乘客一侧的发动机罩边缘移动,直至发动机罩平面被全部覆盖。

④喷涂车身右侧的前翼子板、右前门、右后门和右后翼子板,喷涂方法见"学习任务2"。

⑤喷涂行李舱盖。采用带状喷涂法沿后窗玻璃的底边喷一道,由于行李舱盖长度较发动机罩短,操作人员可站在车后部,沿后窗玻璃的底边从左向右,再从右向左,由后窗玻璃一

端逐步向后(操作人员身边)移动,每层喷幅重叠 1/2~2/3,直至覆盖整个行李舱盖。

⑥喷涂驾驶室一侧的后翼子门和后门。在喷涂后门时应把前门打开,防止漆尘飞扬到已略干的前门涂面,避免产生粗粒现象。

(2)整板修补涂装。修补区域为整块钣金件,如整块发动机罩、整块翼子板、整块车门板等。

整板修补涂装要求所调颜色与原车色完全匹配,适合"边对边"修补,速度快、工时少。但对颜色精度及喷涂技巧要求很高,尤其是易于受到喷涂条件影响的颜色如浅色高银粉,返工率较高。因此在没有绝对把握的时候,应采用过渡喷涂工艺,以避免返工。

(3)局部修补涂装。修补区域为一块钣金件内部,或相邻两块钣金件,但修补区域较小的情况,如图 5-10 所示。

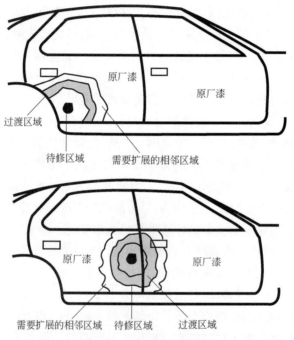

图 5-10　局部修补涂装

局部修补涂装要求所调颜色尽可能与原车匹配,在施工中采用过渡喷涂及驳口处理技术,以使修补漆面与原车漆面很好的配合。

3.喷漆房与烤漆房

(1)喷漆房。车身修理作业中会不断产生粉尘和污物,许多微小的粉尘几乎无法控制其散发方向,在这样的环境下无法进行喷漆施工作业。这就需要设置独立的喷漆房,为喷漆提供一个清洁、安全、照明良好的密封环境。如此,既可以隔开其他工序对喷漆的影响,又可以使喷漆过程所产生的污染物得到有效的控制和治理。

①对喷漆房的基本要求。

a.供给喷漆房内的空气必须过滤;在要求高的场合,喷漆室内的温度、湿度可以调节。

b.空气在室内的流向应是自上而下,这样不易形成气流死角和漆雾回落而影响喷涂质量。

c.室内的空气流速应在 0.3~0.5m/s 范围内。过快过慢的气流,都会影响涂膜的流平性。

d.排风量应稳定,并要求供风量应略大于排风量,以免外界空气进入,也应避免内外压差过大而使漆雾外逸。

e.在喷漆房产生的气体,应在处理后排出,以免污染环境。

f.喷漆室内应具有不小于800lx的照度。照明灯具一般用玻璃隔开,不与漆雾接触。

②喷漆房的结构类型。喷漆房主要由墙体、换气系统、过滤系统、照明装置及废气、废渣处理装置等组成。

a.换气系统。换气系统应达到每小时换气两次或更多次的要求。冬季气温较低时,冷空气对冷物料喷成的冷面层会带来不利影响,应在空气供给系统增加恒温装置,以提供温度适宜的空气来满足喷漆需要。目前的换气系统有3种形式:正向流动喷漆房、反向流动喷漆房和下向通风喷漆房。

(a)正向流动式喷漆房。该漆房即汽车从空气进口一侧进入,沿着气流方向进入喷漆房,从另一端空气出口一侧离开。气流是从汽车尾部向前吹的,如图5-11所示。

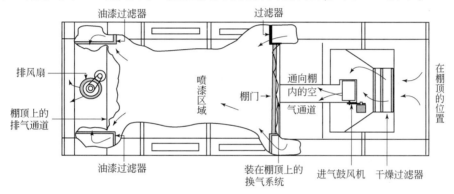

图5-11　正向流动式喷漆房

(b)反向流动喷漆房。该漆房内气流从车前吹向车后,即汽车倒向喷漆房,汽车迎着气流方向驶入。

(c)下向通风式喷漆房。此种喷漆房即气流是从喷漆房的天花板向下流动,从地板栅格处排出。气流在汽车表面形成一层包围层,使漆雾不会沉积、污染已喷过的表面,保证喷漆作业的质量。此类喷漆房目前应用最广泛,如图5-12所示。

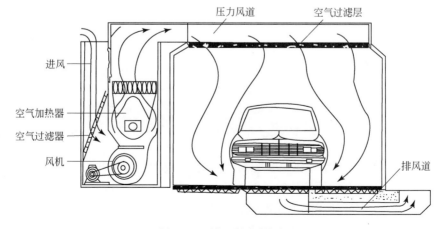

图5-12　下向通风式喷漆房

b. 空气过滤系统。空气过滤系统是喷漆房的重要组成部分,其作用是把进入喷漆房内的空气进行过滤,以保证喷漆质量;其次,是把在喷漆房中产生的漆雾和其他污物过滤掉,使排入大气的气体无污染。过滤系统主要有两种,即干式和湿式过滤系统。

(a)干式过滤系统。干式过滤系统包括两大装置,即空气供给装置和排风、漆雾过滤装置。干式过滤系统就像一个筛子,主要使用纸、棉、玻璃纤维、聚酯纤维等对空气进行过滤,在气流通过这些过滤材料时,将空气中的粉尘、油漆粒子及其他污物分离掉。同时能够使进入喷漆房中的气流分布均匀,避免紊流现象的产生。

常用的下通风式喷漆房中,空气进入喷漆房的通道中设置进风口棉和顶棉进行两级过滤。进风口棉安装在进风口处,如图5-12中的空气过滤器,能够过滤掉空气中较大的尘埃粒子(15μm以上),从而使进入喷漆房中的尘埃不至于过早地充满和堵塞顶棉,保证喷漆房有足够的风压。顶棉安装于喷漆房顶部,为喷漆房做最后的过滤和保证喷漆作业顺利进行,收集10μm以上的细小尘埃微粒。

在排风道安装有底棉,来收集喷漆房在喷漆作业中产生的过量喷漆游离粒子,使排放气体达到环保的要求。

小知识

V形喷漆过滤纸

烤漆房排风道有一种V形喷漆过滤纸可替代底棉,如图5-13所示。采用V形设计,内有回旋孔,保证更好地吸收灰尘及漆雾。容尘量较普通过滤棉高6倍以上,容漆力达15kg/m²,风速稳定。过滤效果较其他过滤产品稳定,使用寿命长。

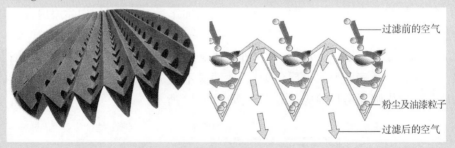

图5-13 V形喷漆过滤纸

该装置利用惯性过滤和滤纸过滤两种过滤方式,提高了过滤效率。通过回旋结构,使含有漆雾游离粒子的空气在通过滤纸时有一个回旋流动过程,在回旋中惯性较大的粉尘和大部分漆雾游离粒子被甩到V形槽底而被吸附过滤掉,少量的漆雾粒子随空气经过第二层滤纸时被滤纸过滤。从而净化了喷漆房排出的空气。

(b)湿式过滤系统。其空气供给系统与干式过滤系统相同,而排气过滤采用的是湿式结构。湿式过滤系统能够有效地滤清喷涂时产生的飞漆或漆雾,工作容量大,能减少更换过滤网、棉的费用和不便,广泛使用于下向通风式喷漆房。主要有喷淋式、水旋式、水帘时和无泵式等,其中水帘式处理效果最好,从喷漆房排出的空气经过水帘(水幕),混在空气中的漆雾粒子和其他杂质被水从空气中冲洗掉。经过清洗、过滤的空气再由排风机排到大气中,如图 5-14 所示。

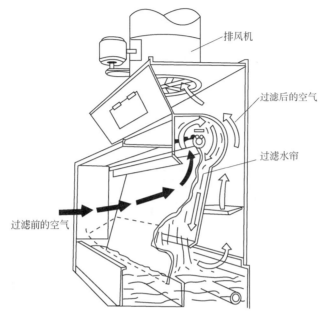

图 5-14 湿式过滤系统

③喷漆房的正确使用和维护。喷漆房是为涂装施工提供良好环境的场所。只有严格遵守其使用程序,减少污染传播,才能使喷漆房处于良好状态。

喷漆房的正确使用和维护注意事项如下:

a. 定期清洗内部墙体、地板及其他固定件表面上的灰尘、油污等,例行的保洁工作应在每次喷漆完毕之后进行,为下次喷漆做好准备。

b. 喷漆房内不准存放如工作台、零件、涂料、包装纸(盒)、衣物等物品,以防沉积污物,影响涂装质量;照明系统保持干净,光源照明充足。

c. 不能在喷漆房内进行涂装前的表面打磨、清洁及涂料调制等工作,以免打磨粉尘弥漫而影响空气质量,尽可能避免污染源的出现。

d. 用水清洗地板时,防止飞溅到车身上,同时要对污水进行处理。

e. 定期检查、更换干式过滤系统中的滤网。一般每周清洁一次进风口过滤棉;每 3 个月更换一次进风口过滤棉及底棉;每 6 个月或 1000h 更换顶棉。应经常使用压力表检测挡漆板的堵塞情况。

f. 湿式过滤系统中的水位应保持正常,并在水中加入添加剂。

g. 定期检查喷漆房周围的密封情况,以防灰尘进入。

h. 汽车进入喷漆房前,应清洗干净,并对车身上的缝隙、沟槽等不易发觉的地方进行彻底清洁。

i. 喷漆房内必需的物件,如喷枪、软管、胶带、车轮套、工作服、防毒面罩、手套等,应存放在密闭的储藏室内。

j. 定期对排风扇、电动机进行维护。

(2)烤漆房。

①烤漆房的作用。因在维修涂装中的汽车整车经不起高温烘烤,所以汽车修补涂装中一般使用的是自干型或双组分型涂料。为了提高涂装效率和涂层质量,可选用低温烘烤型涂料和低温烘烤设备。在修补涂装产量大的场合,一般都独立设置一套低温烘烤房,如图 5-15 所示。在局部修补时,还可使用移动式烘烤设备。

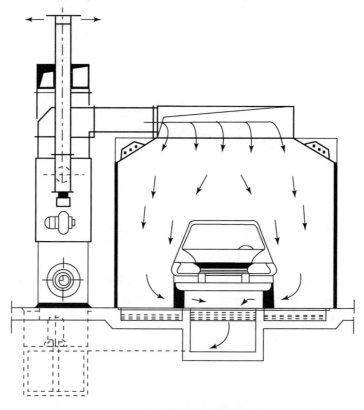

图 5-15 带有湿式过滤系统的烤漆房

烤漆房可以单独设置,也可以与喷漆房连成一体。如果喷漆房带有无尘的干燥室,可以加速漆膜的干燥。在普通维修企业通常使用喷—烤两用房(俗称烤漆房),即可以在其中进行喷涂施工,等涂膜经过充分晾干后,再实施烘烤工序。可满足修补涂装中的喷涂施工和低温烘烤两方面的要求,但工效低且漆雾粒子的除净率低。

喷—烤漆房在使用中有两种工作状态:喷涂状态和烘烤状态,如图 5-16 所示。在喷涂状态下,进风口处于打开状态,进气流经加热器在烤漆房内仅流通一次,就被排出,从而带走喷涂施工中产生的漆雾粒子,净化喷涂环境,如图 5-16a)所示;在烘烤状态下,进风口关闭,烤漆房内的绝大多数空气形成内部循环,在房内多次流通,提高了加热器的热量利用效率,便于保持合适的温度。同时在烘烤状态下,因漆雾粒子已不再产生,循环流通的空气净化程度较高,在循环过程中仅有大约10%的新鲜空气被补充进来,因此在空气的出、入口处的进、排气量均减小,如图 5-16b)所示。

②烤漆房的类型。根据烤漆房对漆膜的干燥方式不同,有热空气对流式烤漆房和辐射式烤漆房。

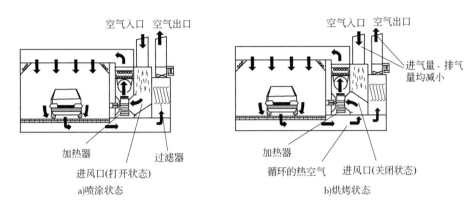

图 5-16 喷—烤漆房的两种工作状态

a. 热空气对流式烤漆房。热空气对流式烤漆房采用热风对流加热方式,被烘干件的金属底材温度在烘烤过程中不超过 80℃。热源一般由煤油、柴油、废油、天然气、电力或蒸气产生,如图 5-17 所示。

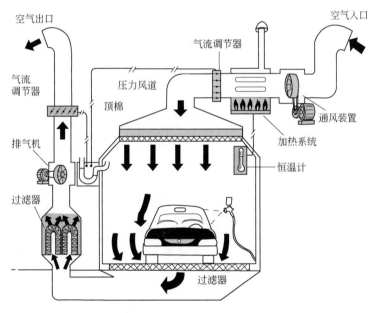

图 5-17 热风对流式喷—烤漆房

热空气对流式烤漆房应达到的技术要求:

(a)空气流动好、室内的温度均匀、可调,新鲜空气不断进入,废气及时排至室外。根据喷涂状态和烘烤状态的需要调节排气管和进气管,使喷涂状态时排出废气,烘烤时则不断循环空气并将热空气反复使用保持温度、节约能源。

(b)室内温度可调节,烘干时最高 80℃。室内温度均匀,每 1h 的温度变化范围为 ±2℃。升温迅速,一般室温从 20℃升高至 60℃不超过 20min。绝热、保温措施良好。保温层厚度一般为 100mm。

(c)为了保证室内空气的洁净度和排出的废气污染小,供给的循环空气必须过滤,废气排出必须有相应的处理装置。

（d）带门封闭型的烘干室必须配置防爆泄压装置。所使用的电动机、开关等用电器都必须是防爆型。

（e）正压送风时，其送风气压一般保持室内高于室外 4~12Pa，可通过调风门调节；照明从房顶两侧向下照射，室内光线明亮，工作时可达无影效果，噪声不大于 80dB。

热空气对流式烤漆房的正确使用：

（a）待烤车辆在进入烘干室前，应留有充足的晾干时间，以防烘干过程中溶剂蒸发量过大而不安全。

（b）按照烘烤规范参数调整好烤漆房的温度，即控制好升温的时间、保温时的温度和时间、降温的速度等。

（c）控制好烤漆房内的风速。风速过高或过低对涂膜的形成质量影响很大。一般室内喷涂时的风速控制在 0.3~0.6m/s，烘烤时的风速控制在 0.05m/s 左右。

（d）为了防止烘烤过程中的溶剂过度积累而产生危险，必须持续排出和补给 10% 的空气。

（e）烘干室内不允许存放任何多余的物品，特别是涂料、溶剂、稀释剂等挥发性材料。

b. 辐射式烤漆房。烘烤干燥方式除热空气对流式外，也可采用辐射式。辐射式烤漆房可将辐射式干燥器根据烘烤室的结构合理布置在内，也可用于局部烘烤，如图 5-18 所示。

图 5-18 辐射式烤漆房

红外线设备可对油漆涂膜进行强制烘干，能使磁漆的干燥速度提高 3/4，对中涂漆层、底层涂料及密封涂料也可快速烘干。红外线可用电或燃料加热产生。电加热式红外线干燥设备以其结构简单、布置方便、污染小等优点，在汽车修补涂装中被广泛使用。

4. 水性涂料

凡是用水作为溶剂或者作为分散介质的涂料，都可称为水性涂料，或称为水性漆。水性涂料是以水溶性树脂为成膜物质，以聚乙烯醇及其各种改性物为代表，除此之外还有水溶醇酸树脂、水溶环氧树脂及无机高分子水性树脂等。

水性涂料就是以水为稀释剂、不含有机溶剂的涂料，不含苯、甲苯、二甲苯、甲醛、游离

TDI有毒重金属,无毒无刺激气味,对人体无害,不污染环境,漆膜丰满、晶莹透亮、柔韧性好,并且具有耐水、耐磨、耐老化、耐黄变、干燥快、使用方便等特点。

传统的汽车涂料是溶剂型涂料,其中的挥发性有机化合物(即VOC:在通常压力条件下,挥发并参与大气光化学反应的有机化合物)挥发到大气中会危害人类健康、污染环境。随着人类环保意识的增强,各国相继制定了保护环境的法规,限制VOC排入大气。

我国在2009年9月30日发布了强制性国家标准GB 24409—2009《汽车涂料中有害物质限量》,并于2010年6月1日起实施,该标准对汽车用涂料中的VOC含量进行了限制。水性涂料可大大降低VOC的排放,水性中涂漆层和水性底漆现已成为成熟的有效降低VOC排放量的涂料,在国外已实现商品化,在我国也有一些大的汽车公司使用。水性底漆可与溶剂型罩光清漆、水性清漆等配套。

(1)水性涂料的类型。

水性涂料包括水溶型、水稀释型、水分散型(乳胶漆)3种。

①水溶型。水溶型是指以水溶性树脂为成膜物质,以聚乙烯醇及其各种改性物为代表,除此之外还有水溶醇酸树脂、水溶环氧树脂及无机高分子水性树脂等。

②水稀释型。水稀释型是指以后乳化乳液为成膜物质配制的漆。将溶剂型树脂溶在有机溶剂中,然后在乳化剂的帮助下靠强烈的机械搅拌使树脂分散在水中形成乳液,称为后乳化乳液,制成的漆在施工中可用水来稀释。

③水分散型。水分散型主要是指以合成树脂乳液为成膜物质配制的漆。乳液是指在乳化剂存在下,在机械搅拌的过程中,不饱和乙烯基单体在一定温度条件下聚合而成的小粒子团分散在水中组成的分散乳液。将水溶性树脂中加入少许乳液配制的漆不能称为乳胶漆。严格来讲水稀释漆也不能称为乳胶漆,但习惯上也将其归类为乳胶漆。

(2)水性涂料的特点。由于水的特性与有机溶剂有很大不同,所以水性涂料相对于溶剂型涂料也有很大差异。在使用水性涂料时,熟知这些差异非常重要。

①表面张力大。水的表面张力比有机溶剂的表面张力大得多,由于表面张力的差异原因,在平整的钢板上滴落一滴水成圆形,而溶剂则扩散开。

②较高的储藏条件。水性漆的色母必须储存于5~35℃的温度条件下,否则容易造成漆料失效。

③遮盖力高。水性漆遮盖力明显高于油性漆,只需50%~75%的膜厚即可达到相同的遮盖效果。

④挥发时间长。水性漆挥发时间是油性漆的8倍。

⑤难润湿、不易溶。与有机溶剂相比,水对颜料难润湿,与树脂不易混溶。

⑥汽化温度高。水的汽化温度高,会导致涂料喷涂时不易挥发、涂料雾化时不易蒸发、蒸发易受环境(湿度)影响。溶剂的挥发受温度影响大,溶剂的沸点可控制其挥发速度;水的蒸发受湿度影响大,很难控制,需要更多加快干燥的工具,例如吹风枪。

⑦易流挂。水性涂料与溶剂型涂料相比更易发生流挂弊病。为控制流挂,需要注意以下两点:第一,控制涂装室的温度、湿度;第二,控制好涂料的黏度,赋予涂料触变性,保证喷涂时残留水分较多时也不会产生流挂。

⑧触变性。触变性是指在施加外力作用时黏度发生变化的现象。水性涂料的黏度随着搅拌力的增强而降低。

⑨气泡。如果水性涂料采用与溶剂型涂料相同的烘烤工序,则会导致漆膜中水分的残留(产生气泡),因此,在水性涂料中导入了预热(P/H)工艺。导入 P/H 工艺能使漆膜里的水分得到充分的蒸发,从而防止烘烤时出现气泡、控制因体积收缩造成的流挂及以热风使漆膜表面流平。

(3)汽车用水性涂料对原厂涂装设备的要求。

①输调漆系统。由于水是腐蚀介质,会造成金属腐蚀,引起设备损坏和产生金属离子,影响水性涂料的性能。因此,水性涂料的储漆容器和输送管路需使用不锈钢材质制作,并应经过化学钝化处理,另外,还需要有针对水性涂料的高触变性的供给用软管及有足够处理能力的泵。水性涂料一般在供货时已经调整了黏度,在生产线调漆室不用稀释。

②静电喷涂设备。与溶剂型涂料相比,水性涂料电阻较小,如果用传统的静电喷涂方法会导致漏电,需要采用专用的静电喷涂设备。通常水性涂料采用直接(内部)带电方式和间接(外部)带电方式进行涂装,如图 5-19 所示。

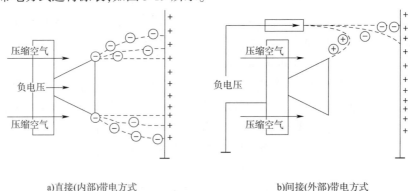

a)直接(内部)带电方式　　　　　　b)间接(外部)带电方式

图 5-19　水性涂料的静电喷涂

直接(内部)带电方式的优点是带电效率高,涂装效率高(约 70%),耐脏;缺点是水性涂料导电性高会漏电,需要绝缘设备。间接(外部)带电方式的优点是涂装机不直接通电压,不需要绝缘设备;缺点是电力线上带负电,带电效率差,喷涂效率差(约 40%),因为那些没带电的粒子会导致电极和涂装机沾污。

随着技术的进步,机器人静电喷漆替代往复式自动静电涂装机自动喷涂,科研人员成功开发了与涂装机器人配套应用的弹匣杯式高压组件系统,简称弹匣式涂装法。这种系统把涂装机器人和传统的输漆系统彻底分离,做成独立的涂料罐(弹匣),弹匣可与旋杯进行快速组合,压送涂料。换色时只需更换弹匣,仅清洗喷杯,弹匣不需清洗,因此,换色时涂料和溶剂的损失小,换色可在短时间内完成。弹匣式涂装法的优点是同时适用于溶剂型涂料和水性涂料的静电喷涂,且涂着效率高,还可适用于临时的小批量颜色涂装,设备简单易维护。不足之处是用简易机器人搬运弹匣,投资偏高。

③喷漆室。喷漆室应采用不锈钢材质,与溶剂型涂料相比,水性涂料对涂装作业环境及施工条件等均有更高要求和严格规定。水性涂料对作业环境的要求:最佳相对湿度 RH

(65±5)%,温度(23±3)℃,空调系统风速0.3~0.5m/s。

④预热(P/H)装置。因水的蒸发率低,因此水性涂料喷涂后湿涂膜难晾干(湿涂膜中的水分必须蒸发掉90%以上,才能湿喷下一道涂料,并且防止烘干时的突沸引起气泡)。为加速水分蒸发,在水性涂料进行湿喷下一道涂料或烘烤之前,必须使湿漆膜经过预热(P/H)装置。

在过去的十多年中,汽车用水性涂料的涂膜性能和施工性能有了很大的提高和改进,与溶剂型涂料相比,水性涂料的历史较短,其应用受到设备投资大、作业环境要求严格等制约。但可预见,在不久的将来将开发出性能超过溶剂型涂料的水性涂料。随着我国环保法规的完善,这必将促进和加速我国汽车用涂料向环保型涂料的更新换代。

(4)汽车用水性涂料的修补涂装。

对于水性涂料的涂装在中涂漆层前的作业与油性漆相同,水性涂料的修补具有易于做驳口、方便施工、设备易清洗等特点,下面仅对水性涂料的面漆涂装做介绍。

①汽车用水性涂料的修补涂装工具。

a.喷枪。带气压表的水性漆专用喷枪,如图5-20所示。

b.吹风枪。水性漆的干燥时间在大量的空气流动下会大幅度加快。水性漆吹风枪由压缩空气驱动并利用文丘里原理吸入外围空气并吹出,因此吹风量得以大幅度增加,以加快水性漆的干燥。在吹风枪上有可重复清洗的不锈钢滤网防止油漆表面污染,如图5-21所示。

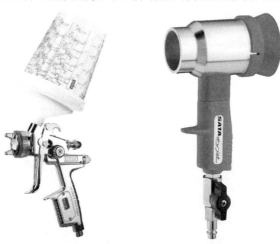

图5-20 水性漆专用喷枪　　图5-21 吹风枪

c.吹风枪支架。便携式吹干设备适合在喷房任何位置使用。吹风枪固定在支架上并调校至正确的距离及角度后,开动压缩空气便自动完成吹风工作。在支架上的吹风枪可随意调校高度和角度,它可准确地调校以对准工件,两把吹风枪同时操作令效率加倍,支架可无段式调节高度。对于有支架的型号来说,吹风枪的可调整高度在25~185cm,并可选配可调校至300cm高的延伸管,吹风枪的可调整宽度在10~75cm,并可选配可调校至115cm宽的延伸管,吹风枪可以360°调节,只需接上标准压缩空气软管便可操作,如图5-22所示。

d.洗枪机。专用水性漆洗枪机(可选配),如图5-23所示,使用专用的水性洗枪机,确保油性和水性油漆废物分开处理,调漆用容器和调漆棒也可以在洗枪机里清洗。自来水会腐蚀枪身,不宜用来洗枪。

图 5-22 吹风枪支架　　　　图 5-23 水性漆洗枪机

② 汽车用水性涂料的修补涂装过程。

a. 喷涂准备。打磨中涂漆层并检查质量,使用吹风枪和清洁剂清除油污和灰尘,使用水性漆指定的清洁剂再次进行清洁。遮护整个车身表面,使用吹风枪和指定的清洁布清洁灰尘。此时避免用手接触被修复区域。

b. 喷涂和干燥。由于水性色漆和罩光清漆是"湿碰湿"施工的,因此水性漆存在预烘干的问题,即将色漆涂层中的绝大部分水、助溶剂挥发掉。试验表明水性色漆涂层的溶剂含量(主要为水)应降低到10%以下,喷涂的罩光清漆才不至于将色漆层再溶解而产生水泡,影响外观质量。如果在通常的温度条件下闪干,水性色漆的溶剂含量不可能达到10%以下。因此,在水性色漆上喷涂罩光清漆之前必须进行适当的强制干燥。常见的强制干燥设备是吹风枪,在使用吹风枪时吹出的气流方向应与烤漆房内气流方向相同,吹风枪不能与漆面垂直,否则将会造成油漆缺陷,如图5-24所示。

图 5-24 水性漆的干燥

待色漆层充分干燥后就可以进行清漆喷涂。先混合清漆(例如 P190-68505、P190-6060),按照清漆∶固化剂∶稀释剂2∶1∶(5%~10%)的比例调配,中等浓度的清漆喷涂两层,干燥时间是每层5~7min。高浓度的清漆喷涂一层半(雾罩喷涂一层,湿喷一层),干燥时间

10~15min。

5. 维修涂装的时间预估

熟悉维修涂装的程序，以及每一个施工工序，是涂装从业人员应具备的基本条件。而要成为高水平的涂装专家，就必须完全熟悉所有涂装施工过程中各个环节的作业技术及注意事项。

在熟悉维修涂装施工程序的基础上，需要预估维修用工时间。时间上的控制不仅可以有效地控制工作流量、品质，还可以有效建立与客户之间的信用。因此准确的时间控制是维修涂装作业中不可缺少的一环。

时间预估时，应视车身受损状况，结合本企业维修设备技术状况及需要的施工环节来确定。如受损部位是否需要钣金修复、需要拆卸附件的难易程度、干磨还是湿磨、自然干燥还是红外线烤灯强制干燥等，同时还受本企业技术人员状况等因素的制约。

表5-1是某汽车维修企业为涂装单片双工序纯色漆车门制订的喷涂预估时间表。

喷涂预估时间表　　　　　　　　　　　　　　　　表5-1

工作项目		作业内容及设备	作业时间(min)	备注
前处理	车辆清洗	高压水枪、洗车机	5	视损伤情况，若需要钣金修理，则适当延长作业时间
	拆卸附件、内装防护	拆卸影响作业的附件，车辆内部用车辆防护套遮盖	5	
	遮护	遮蔽胶带、遮蔽纸	3	
	除旧漆、磨羽状边	干磨机	15	
	清洁、除油	空气枪吹干、擦拭布及清洁剂	2	
底漆	遮护	遮蔽胶带、遮蔽纸	5	
	施涂底漆及干燥	喷枪喷涂环氧底漆、红外线烤灯干燥	20	
原子灰	清洁、除油	空气枪吹干、擦拭布及清洁剂	2	
	施涂原子灰	刮刀、调和板、原子灰	30	
	原子灰干燥、研磨	红外线烤灯、干磨	60	
中涂漆	清洁、除油	空气枪吹干、擦拭布及清洁剂	3	
	遮护	遮蔽胶带、遮蔽纸	10	
	喷涂中涂漆、干燥	喷枪喷涂、红外线烤灯干燥	60	
	中涂漆研磨	干磨加水磨修整	30	
面漆	清洁、除油	空气枪吹干、擦拭布及清洁剂	5	
	遮护	遮蔽胶带、遮蔽纸	20	
	除油、粘尘	粘尘布	5	
	色漆喷涂	喷枪喷涂	25	
	清漆喷涂	喷枪喷涂	20	
	面漆干燥	烤漆房	50	
	修整	抛光机	20	
总计			395	

在进行附件安装后，必须再加上适当的车身内外整理的时间。

二、任务实施

1. 单工序面漆的施工

单工序面漆的施工程序一般如图 5-25 所示。

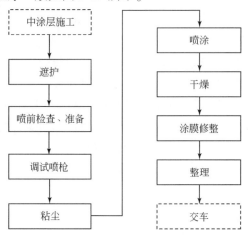

图 5-25 面漆施工工序

(1) 遮护。车身表面已经完成中涂漆层的施工作业,达到平整光滑且无缺陷,表面轮廓线清除准确,符合涂装允许的粗糙度。

用压缩空气按顺序彻底清除打磨粉尘,先车顶,然后是发动机罩、行李舱盖,接下来是车门和翼子板的间隙、行李舱盖和发动机罩的边缘等。

对不需要施涂的部分应小心用专用遮蔽纸和遮蔽胶带进行施涂面漆前的遮护,以防污染。具体操作,参照学习任务 2 相关内容。

在进行遮护作业中难免会有胶带纸、手上污物黏附于被涂表面。可用专用的除油布或干净的擦拭布沾上脱脂剂,擦拭被涂表面,除去油分、污物和蜡质等。应注意清洁车门把手和滑槽附近、车门内侧和行李舱盖、发动机罩四周内侧、挡风条和挡泥板的安装螺钉附近等。

(2) 喷前检查、准备。

①喷涂环境清洁。喷涂操作应在专用的喷漆房中进行,以保证喷涂作业过程中尽可能"无尘操作"。在喷涂之前先对喷漆房进行清洁,清除内部灰尘和碎屑(包括天花板和地板,以防止天花板和地板上的灰尘随喷漆房内的空气流通而飘浮在空气中,对漆面造成污染)。

清洁喷漆房之后,需要先抽风 10~20min 再进行后续工作。

②检查车身外表是否有遮护遗漏或其他作业没有进行完备之处。

③穿戴好合适的喷涂防护用品。用肥皂清洗手上可能有的油污,穿上喷漆防护服,戴上供气式全面罩(或戴上护目镜和活性炭式面罩),戴上无硅乳胶手套,参照学习任务 1 中表 1-2。然后用压缩空气清除黏附在衣服上的灰尘。

④涂料的准备。

a. 调色。需要喷涂的面漆因为颜色的需要,很少有只使用某一种纯色母直接喷涂的,绝大多数面漆都是由多种色母混合而呈现出需要的颜色。

（a）查出车辆涂层代码。对于大部分车型，其车身铭牌上都标有该车的涂层代码，根据此代码，可以从调色资料中找到涂层信息。汽车生产厂商生产的不同型号的汽车，其涂层代码位置也不相同。

（b）按色号从涂料生产厂商提供的配方表上查出色号的配方。

（c）转动调色设备，使调漆机上的所有色漆都充分搅拌，一般需要15min左右。

（d）用电子秤依照配方进行调色，如图5-26所示。

图5-26 调色

（e）按比例配制涂料，添加稀释剂和固化剂，并搅拌均匀。

（f）过滤涂料，并加入到准备好的喷枪中，进行试喷，如图5-27所示。

（g）烘烤试板，比对颜色。

（h）如果颜色有色差，则进行微调，直至颜色一致。

（i）记下色号及配方，以便下次有相同颜色时可使用相同配方。

具体的调色操作见相关资料。

b.调制涂料。将调色好的涂料按照规定的比例添加稀释剂和固化剂，并搅拌均匀。

图5-27 试喷

c.过滤及黏度调整。参见学习任务2的相关内容。喷涂前涂料静置5~10min，如果涂料黏度需要调整，应添加配套的稀释剂，选用与施涂环境温度相适应的快干、标准或慢干型的稀释剂，施工黏度一般调整至18~21s（涂4黏度计，20℃），具体值应参照涂料生产厂商的说明。

小知识

涂料用量的确定

在汽车修理涂装中，涂料用量的确定极为重要，调配时应做到心中有数，按需配制。避免配制过多而造成浪费，同时也避免配制不足而停工影响生产。常用的算法有3种：

（1）理论计算法。根据涂膜厚度要求和涂料的物理参数，确定单位面积的理论涂料用量。

$$Q = \frac{\mu}{\dfrac{1}{D} - \dfrac{1-N}{d}} \quad (\text{g/m}^2)$$

式中：μ——涂膜厚度，μm；

D——涂料密度，g/cm^3；

N——涂料中不挥发成分含量，%；

d——涂料中所含溶剂密度，g/cm^3。

在上述基础上，再考虑施工损耗因素适当增加。然后与涂装面积相乘，即可得出涂料用量：

$$W = Q \times S / 1000 \quad (\text{kg})$$

式中：Q——涂装单位面积的涂料用量，g/m^2；

S——涂装面积，m^2。

(2) 参照说明书计算法。从涂料生产厂商所提供的产品技术说明书查得单位面积用漆量，再与涂装面积相乘，即可得出涂料用量：

$$W = Q \times S / 1000 \quad (\text{kg})$$

式中：Q——产品说明书规定的单位面积用漆量，g/m^2；

S——涂装面积，m^2。

另外，也可参考常用涂料每千克所能涂装 1 层的面积，见表 5-2。

常用涂料每千克涂装 1 层的面积 表 5-2

涂料	不同颜色的涂装面积(m^2)									
	朱红	铁红	黄	蓝	白	绿	灰	黑	银白	清漆
调和漆	12~18	15~21	12~18	17~18	9~13	14~20	11~16	20~30	—	—
防锈漆	—	20	20	—	—	—	10	14	—	—
酚醛漆	18~25	18~25	14~20	18~25	12~16	18~25	14~20	22~32	—	20~30
醇酸漆	20~30	18~25	16~21	18~25	14~20	18~25	15~20	22~32	—	22~32
硝基漆	10~15	14~20	10~15	14~20	10~15	14~20	17~18	15~22	—	15~22
银粉漆	—	—	—	—	—	—	—	—	22	—

(3) 试验计算法。

$$W = \frac{a-b}{kF} \times 10^5 \quad (\text{g/m}^2)$$

式中：a——涂覆后的薄板质量，g；

b——涂覆前的薄板质量，g；

k——涂覆面积，cm^2；

F——干燥残余，%。

涂膜的厚度直接关系到涂料的用量，在估算涂料用量时要特别注意涂膜厚度的变化。

(3)调试喷枪。调整喷枪的压力、喷幅及漆流量,参见前述学习任务2的相关内容。

(4)粘尘。喷涂前用粘尘布擦去粘在涂装表面的线头和灰尘。

(5)喷涂。

 小知识

面漆的喷涂手法

面漆的操作与底漆、中涂漆层的操作基本相同,但面漆喷涂的手法要求更为细腻,以获得良好的色彩光泽效果。操作中主要有以下手法:

①干喷。干喷指喷涂时选择的溶剂要快干、气压较大、出漆量较小、温度较高,喷涂后漆面较干。

②湿喷。湿喷指喷涂时选择的溶剂要慢干、气压较小、出漆量较大、温度较低等,喷幅的重叠幅度为2/3,喷涂后漆面较湿。一般将喷幅的重叠幅度为1/2的湿喷称为中湿喷。

③湿碰湿。不等上道漆中溶剂挥发继续喷涂下一道漆。

④虚枪喷涂。在喷涂色漆后,将大量溶剂或固体分调整得极低的涂料喷涂在面漆上的操作称为虚枪喷涂。在汽车维修涂装中有两种类型虚枪喷涂法:

a.在热塑性丙烯酸面漆上虚枪喷涂。用来使新喷的修补漆与原来的旧漆之间润色,使汽车表面经过修补后看不出修补的痕迹。

b.在新喷涂的丙烯酸或醇酸磁漆上虚枪喷涂。用来提高光泽,有时也用来在斑点修补时润色。

⑤雾化喷涂。俗称飞雾法喷涂,又叫飞漆,一般用于金属漆的施工。金属漆与色漆喷涂方式方法大不相同,金属漆由于漆中有金属颗粒,有的为云母、珍珠等物制成,比重大,所以喷金属漆时一般用飞雾法像散花状喷涂,同虚枪喷涂有些相似。

⑥带状涂装。当喷涂某个基材表面的边缘时采用此法。此时应将喷枪的喷幅调得相对窄一些,一般调整到大约10cm宽左右。此时喷出的雾束比较集中,呈带状覆盖。这样可以达到减少过喷、节约原材料的目的。

①全车喷涂。单工序纯色漆一般采用3次喷涂:预喷涂——重喷涂——修饰喷涂,见表5-3。

单工序纯色漆的喷涂　　　　　　　　　　表5-3

内容	喷涂次数		
	第一次喷涂	第二次喷涂	第三次喷涂
目的	预喷涂	重喷涂,形成涂膜层	修饰喷涂,表面色调和平整度调整
喷涂手法	中湿喷	湿喷	虚枪喷涂
涂料黏度	18～21s(20℃)	18～21s(20℃)	16～20s(20℃)

续上表

内　容	喷涂次数		
	第一次喷涂	第二次喷涂	第三次喷涂
空气压力	3×10^5 Pa	3×10^5 Pa	2.5×10^5 Pa
喷束直径	全开	全开	全开
漆流量	1/2～2/3	全开	全开
喷涂距离	25～30cm	20～25cm	20～25cm
喷枪运行速度	快	适当	适当
要求	车身整体喷上1层雾的感觉,薄薄地预喷1层。提高涂料与原有涂层的亲和力,同时确认有无排斥涂料的部位,如果有就在该部位稍加大气压喷涂,覆盖住涂料排斥部位	在该工序基本形成涂膜层,要达到一定的膜厚。应注意尽可能喷厚一些,这是最终获得良好表面质量的基础,但同时注意不能产生垂挂和流动	调整涂膜色调,同时形成光泽。可加入透明涂料,有时为调整色调,要加入干燥速度慢的稀释剂

注：1. 涂料黏度以涂4黏度计测量,喷枪口径1.3mm；
　　2. 表中数据仅为参考,具体参照生产厂商的说明。

单工序纯色面漆一般喷涂3次,就能形成所需膜厚、光泽和色调。如果色调还不满意,可将涂料稀释到16s,再喷涂修整1次。每两次喷涂施工之间需要有5min左右的静置时间,用于溶剂的蒸发,以防大量溶剂留在涂层中引起垂流等缺陷。

②局部修补喷涂。局部修补需要做过渡处理。如图5-28a)所示,为需要局部修补喷涂的一块翼子板,A区域为修补区域。

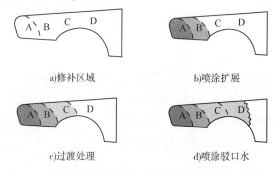

a)修补区域　　　　b)喷涂扩展

c)过渡处理　　　　d)喷涂驳口水

图5-28　单工序纯色漆局部喷涂

a. 经过正确的底材处理、底漆、中涂漆施工处理之后,对施涂了中涂漆的部位使用P500砂纸进行打磨处理,并从A区域扩展到B区域。并用研磨膏或P2000砂纸打磨C区和D区,直至消去漆面的光亮度。

b. 用脱脂剂清洁整个表面,除去粉尘、油渍、蜡质等污垢,再用粘尘布清除涂装表面可能存在的细小粉尘。

c. 将经过正确调色的涂料按照配比进行调配,装入喷枪的涂料罐,调整喷枪(压力2.5×10^5Pa,喷幅约10cm,漆流量1/3开度)。

d. 先在A区薄薄喷涂1层,然后再喷涂扩展到B区,如图5-28b)所示。

e. 将剩下的涂料稀释(按涂料生产厂商的技术要求调配)。

f. 喷涂范围扩大至 C 区,薄薄喷涂 1~2 层,如图 5-28c)所示。喷涂压力、漆流量相应调小一些,并在 D 区作过渡处理。

g. 在 D 区喷涂驳口水,薄喷 1 层,挥发约 15s 左右,再喷涂最后 1 薄层,如图 5-28d)所示。

驳口区域的喷涂手法

为了在修补之后使修补区域与周围的未修补区域达到视觉上颜色无差异,喷涂颜色过渡的区域(一般可称为"驳口"区域)可采用"挑枪"的手法,如图 5-29 所示,即在喷涂时以肘部为轴,或摆动腕部,使喷枪对涂装表面的距离发生圆弧形变化,对需要修补区域的距离近些,喷涂较实,而对驳口区域距离逐渐变远,漆雾逐渐变淡,这样驳口区域将形成一个逐渐过渡的颜色变化区域,最终与周围未修补的区域相融合。

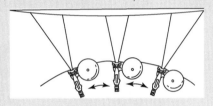

图 5-29 运用挑枪喷涂驳口

(6)干燥。在面漆喷涂完毕,先静置 20min 左右,使涂膜中的溶剂挥发,待涂膜稍稍干燥,可先除去遮护材料。因为烘烤加热会使遮蔽胶带上的胶质熔解,与被贴表面更加牢固结合而难以清除,并且容易留下黏性杂质,同时漆膜可能会被胶带揭起。

清除工作应先从涂层的边缘部位开始,而不能从胶带中央穿过涂层揭开胶带。揭除动作应仔细轻缓,并且使胶带呈锐角均匀地离开表面,如图 5-30 所示。进行清除工作时,应注意不能触碰刚刚喷涂过的地方,还应防止衣服物品触及喷涂表面,以免出现损伤,造成额外的修补工作。

喷涂后静置 20min,之后可以升温进行强制干燥,使用烤漆房或红外线烤灯。温度上升不能过快,否则会产生气泡和橘皮。先升温至 40℃ 左右,保持 10~15min,作为预备干燥时间,然后升温至 60~70℃,强制干燥约 30min 即可。

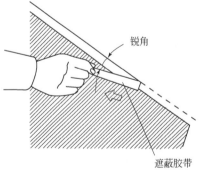

图 5-30 清除遮护材料

面漆施工中的注意事项

①双组分的涂料不能一次配制过多,应现配现用,已配制好的涂料要在生产厂商限定的使用时间内用完。

②在喷涂施工作业中,防止触及施工表面,包括施工人员的手、工作服及其他物品,以及防止汗水滴落施工表面。如果触及了已施工表面,将会损伤涂膜,造成不必要的返工;如果触及了未施工表面,有可能会对已清洁好的表面造成污染,不加处理,易造成涂膜缺陷。

③双组分涂料中含有对人体有害的气体、粉尘,施工时要在通风良好的环境中进行,并做好个人安全防护,如穿喷漆专用服、带供气式防毒面罩等。

④喷涂完毕后应及时清洗喷涂工具,以免干结,影响下次使用。

⑤双组分涂料喷涂后可以自然干燥,也可以低温烘烤强制干燥。自然干燥(20℃)一般需要16h左右,强制干燥(60~70℃)需要30min左右,但要彻底固化则需要大约1周时间,具体时间要参照生产厂商的说明。

(7)涂膜的修整。喷涂过程中常常会由于种种原因在面漆表面造成一些微小的瑕疵,例如流挂、个别的涂膜颗粒(脏点)、微小划擦痕迹和凹坑等,影响装饰性,因此必须进行修整。

①流挂和涂膜颗粒的处理。在喷涂当中造成流挂是由于喷涂环境的影响,在涂膜表面有颗粒等也是不可避免的。若流挂的面积很小,涂膜表面颗粒很少,可以用单独修理的方法进行处理,修理必须是在涂膜完全干燥的情况下进行。处理过程为首先平整流挂或颗粒部位,然后用抛光的方法使修理部位与其他部位光泽一致,消除修理痕迹。

a. 平整修理。平整流挂和小颗粒多采用打磨的方法,但对于流痕或颗粒较大的情况下,可先用刮刀将流痕或大颗粒削平,然后再用较细的砂纸打磨。

 **技术提示**

流挂的处理

打磨流挂部位一般使用P1200~P2000号水磨砂纸配合硬质打磨垫块(不可使用软打磨垫)来进行,因为较细砂纸产生的打磨痕迹容易抛光,但有时需要打磨的区域比较大,为提高效率可以先用较粗的砂纸(如P800~P1000号)先打磨一遍,待基本完成后再逐级用细一级的砂纸打磨,直到打磨痕迹可用抛光的方法消除为止,注意不要跨级使用砂纸。

对不需打磨的区域进行贴护;用水先将水砂纸润湿,然后在打磨区域上轻洒一些肥皂水,这样可以充分润滑打磨表面,不至于产生太大的砂纸痕迹;应使打磨垫块尽量平行于面漆涂膜,手法要轻一些。打磨中,经常用胶质刮水片刮除打磨区域的水渍来观察打磨的程度,只要流挂部位消除并与周围涂膜齐平即可,千万不要磨穿或使漆膜过薄,要给抛光留出余量,并保证抛光后仍有足够的膜厚。

涂膜颗粒的处理

对于涂膜颗粒等小范围的打磨,一般使用专用磨石或小型打磨块配合P1500~P2000号水砂纸来进行。打磨时同打磨流挂一样,沿涂膜水平运动,保证与面漆涂膜平行,并用肥皂水湿润,如图5-31所示。

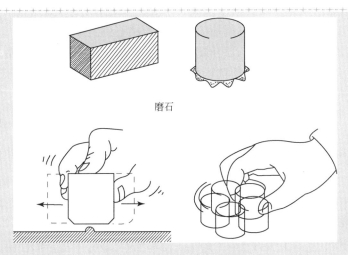

图 5-31 用小磨头打磨涂膜颗粒

如果涂膜颗粒过大或流痕突出部位非常明显,可以先用刮刀刮除,然后再用上述的打磨方法进行打磨,如图 5-32 所示。刮削时刀刃应略向上方倾斜,不可切削过量。

图 5-32 用刮刀进行表面修整

b. 局部抛光。经过平整修理和打磨的区域必须进行抛光,对小范围修补区域一般使用手抛的方法即可,也可用机械抛光来提高效率。

手工抛光的材料一般使用法兰绒,因法兰绒质地较厚,且多为毛或棉质,非常适合抛光用。抛光时用法兰绒布蘸上少许抛光粗蜡或中粗蜡,用力对打磨区域擦拭以消除打磨痕迹,运动轨迹以无序为好,尽量不要留下磨削的痕迹。待砂纸痕迹基本消除并具有一定的光泽后,将抛光区域和抛光布清理干净,不要留下粗蜡痕迹,然后换用抛光细蜡再次进行细致的抛光。

对于新漆面而言,未抛光的区域即具备耀眼的光泽,经过抛光的部位光泽虽然没有减低,但已经变得比较柔和,像珠光一样悦目,所以往往会造成两个区域有明显的差异甚至有色差。所以,用细蜡抛光的面积要大于修理区域 3~5 倍,使修补区域与未修补区域无明显的差异,最后,用上光蜡统一对整板进行上光即可。

用抛光机进行局部抛光同上述用手工抛光的基本步骤相同。首先将中粗抛光蜡(由于用机械进行局部抛光,用中粗即可)涂抹于修理区域,选用小型海绵抛光轮以较低的转速对修理区域进行研磨抛光,待修理区域基本消除打磨痕迹并显现出光泽后,逐渐提高转速并扩大抛光区域到修理区域的 3~5 倍,然后换用较大的抛光轮,用细蜡对整板进行抛光上光一体操作,消除光泽和颜色的差异。

② 涂膜凹陷的修理。在面漆喷涂完毕后,涂膜上常常会有个别因喷涂表面清洁不净,留

有油渍、汗渍等造成涂膜张力变化而形成的小凹坑（鱼眼），或是清除遮蔽胶带时造成的小范围涂膜剥落等现象。对这些地方进行补漆操作时若缺陷位置不明显，一般不需要用喷枪，使用小毛笔或牙签等对凹陷部位进行填补就可以了。但如果缺陷部位非常明显或所处位置是车辆极需要涂膜完美的地方，如发动机罩或翼子板等，一般多需要采用点修补的方法（使用小型修补喷枪进行小局部喷涂）来修理。

用牙签或小毛笔填补凹陷最好在涂膜未干时操作，如果涂膜已经干燥，将会造成填补部位附着不良和颜色的差异。

具体操作如下：

a. 若面漆漆膜已经基本干燥，则需要用清洁剂对需要填补的区域进行清洁。如有必要，可用 P800 号以上的细砂纸进行简单打磨，但打磨区域切不可过大，只起提高附着能力的作用即可，然后用清洁剂清洁干净。

b. 用牙签或小毛笔蘸上少许面漆（为保证没有色差，最好用富余的面漆。若为双组分涂料，则必须添加固化剂），并迅速地滴到故障部位（鱼眼）或描绘在需要填补的部位（剥落漏白），如图 5-33 所示。

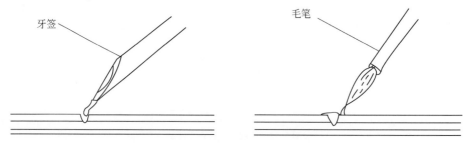

图 5-33 用牙签或毛笔进行表面修补

c. 用另一支小毛笔蘸取少许面漆稀释剂涂抹在修饰部位，以使修饰部位变得较为平整，并利用稀释剂的晕开和溶解作用使修补部位与其周围相融合。

d. 待完全干燥后可以稍稍进行打磨并进行抛光处理。

③面漆的抛光。溶剂挥发型面漆（硝基面漆）在干燥后涂膜表面会失光，通常需要进行表面抛光处理来恢复其光泽。现在通常使用丙烯酸基或丙烯酸聚氨酯型的双组分面漆，虽然表面具有高度的光泽，但由于喷涂环境的影响，喷涂表面有时也会产生涂膜颗粒（脏点），或是由于局部修补的需要，出现补漆部位与原涂层在光泽上的差异或色差，往往也需要进行整板抛光处理。

一般在涂膜干燥程度为 90% 时，是进行抛光处理的最好时机，丙烯酸型双组分面漆一般在常温下干燥 2~3 天时最适合抛光。抛光时机把握不好，将达不到理想的效果，如果抛光时涂膜还是比较软的，其中仍有较多的溶剂需要挥发，这样只能获得暂时的光泽。当剩余溶剂挥发时，面漆表面会褪色失光；若等面漆完全干燥后再抛光，由于双组分面漆的硬度很高，会造成打磨和抛光的困难，增加劳动强度并会影响涂膜的光泽和装饰性。

④打蜡。抛光作业之后，往往需要打蜡，但有的涂料禁止打蜡，如合成纤维素丙烯酸硝基涂膜不能使用油性蜡；聚氨酯涂膜在完全固化之前（约 1 周），也最好不要打蜡。另外，不同的涂膜应选择与之相适宜的车蜡，选择方法应根据涂料生产厂商的使用说明。

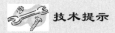 **技术提示**

修补后抛光

修补后抛光,目的是为了去除漆膜上的颗粒和不规整的物体,使漆膜更平整、光滑。它是漆面修补的一道精致修饰工序。

①根据漆面缺陷选择研磨膏或抛光剂。

研磨膏的作用:消除"橘皮",恢复光泽,消除缺陷,如尘粒和划痕等。

抛光剂的作用:消除表面"云雾"和非常细微的划痕,使表面平整、光滑。

②使用合适的研磨抛光轮、羊毛轮或海绵轮。

研磨抛光轮必须保持干净,防止玷污和擦伤漆膜!

③适当遮护。

④在需要抛光的漆面涂上抛光剂,如图5-34所示。

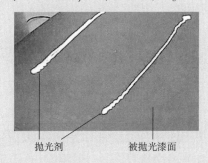

图5-34 上抛光剂

⑤抛光机的速度需要调节,先慢速运转,然后逐步加速,避免金属过热变形,灼伤漆面,如图5-35所示。

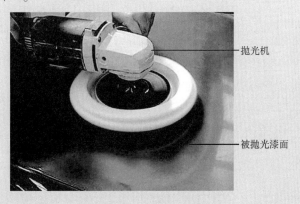

图5-35 抛光机的速度调节

⑥使用柔软的布、厚绒毛巾或柔软的抛光垫,手工抛光消除抛光机留下的螺旋痕,消除细微划痕,以及细微的瑕疵点。

⑦抛光结束后洗去剩余的抛光剂。

⑧冲洗并擦干净抛光表面,检查。

(8)部件的安装与整理。

①安装。安装好拆卸下的部件。如果部件有脏污,应进行清洁后再安装。操作时,对于刚施工的漆膜要特别小心,防止不小心伤及新涂膜,造成返工。

②整理。安装部件之后,需要对车身内外进行整理。

a. 用高压空气枪对车辆内部细小部位做初步的清理,如仪表板、通风口、扶手等。

b. 用吸尘器清理地毯、车辆内部、座椅下、脚垫、行李舱等。

c. 观察玻璃内外是否有残漆,若有,用稀释剂清理,但应注意不能伤及其他附件及车身。

d. 清理发动机舱。

e. 为皮质座椅上皮蜡保养,为车身外装饰条上保养油,为轮胎上轮胎蜡。

f. 清理残留在车上的打蜡及细蜡痕迹。

g. 用高压空气枪清理车辆外表面。

2. 双工序面漆的施工

双工序面漆与单工序面漆在施工顺序上没有太大的区别,主要在面漆喷涂施工作业中有所差别。

以双工序金属漆为例,如前所述,在进行了正确的遮护→喷前检查、调色及相关准备工作→调试喷枪→粘尘之后,需要进行面漆的施涂工序。

双工序金属漆需要先在工件表面喷涂色漆层,然后喷涂罩面清漆。

(1)全车喷涂。

①色漆层的喷涂。双工序面漆的色漆层也称为底色漆,其喷涂工序与单工序面漆喷涂相似,一般也采用3次喷涂:预喷涂→重喷涂→过渡喷涂,见表5-4。

双工序面漆底色漆的喷涂　　　　表5-4

内　容	喷涂次数		
	第一次喷涂	第二次喷涂	第三次喷涂
目的	预喷涂	重喷涂,形成涂膜层,决定色调	过渡层喷涂,消除斑纹
喷涂手法	雾化喷涂	中湿喷	雾化喷涂
涂料黏度	16~18s(20℃)	16~18s(20℃)	14~16s(20℃)
空气压力	3×10^5 Pa	3×10^5 Pa	2.5×10^5 Pa
喷束直径	全开	全开	全开
漆流量	全开	全开	1/2~2/3
喷涂距离	25~30cm	25~30cm	25~30cm
喷枪运行速度	快	稍快	快
要求	以喷雾感沿车身表面整体薄薄地喷涂1层。提高涂料与原有涂层的亲和力,同时确认有无排斥涂料的部位,如果有就在该部位加大气压喷涂,覆盖住涂料排斥部位	决定涂膜颜色,喷涂时不必在意出现的喷涂斑纹和金属斑纹,单层喷涂,喷枪移动速度稍快一点为好。丙烯酸聚氨酯涂料遮盖力较强,一般喷两次即可,但有的色调需要按第二次喷涂方法再喷涂一次	取金属漆和透明涂料各50%相混合。以消除喷涂斑纹和金属斑纹为目的,形成金属感。也可防止喷涂透明层时引起金属斑纹

注:1. 涂料黏度以涂4杯测量,喷枪口径1.3mm;
　　2. 表中数据仅为参考,具体参照生产厂商的说明。

每两次喷涂施工之间需要有 5min 左右的静置时间。第三次喷涂之后需要有 10~15min 的间隔时间,使涂膜中的溶剂挥发。若用指尖轻触涂面,沾不上颜色,就可以进行透明层喷涂。

②罩光清漆的喷涂。罩光清漆,即透明涂料,一般采用两次喷涂,见表 5-5。

双工序面漆罩光清漆的喷涂   表 5-5

内　　容	喷涂次数	
	第四次喷涂	第五次喷涂
目的	罩光清漆预喷涂	精加工喷涂
喷涂手法	中湿喷	湿喷
涂料黏度	15~17s(20℃)	14~16s(20℃)
空气压力	3×10^5 Pa	3×10^5 Pa
喷束直径	全开	全开
漆流量	2/3	3/4 或全开
喷涂距离	20~25cm	20~25cm
喷枪运行速度	稍快	普通或稍慢
要求	不能喷得太厚,以防金属颗粒排列被打乱	边观察涂膜的平整度,边仔细喷涂。如果采用快速移动喷枪,往返两次覆盖,能得到很理想的表面色泽。尤其在车顶、发动机罩、行李舱盖等,覆盖两次为好

注:1. 涂料黏度以涂 4 杯测量,喷枪口径 1.3mm;
　　2. 表中数据仅为参考,具体参照生产厂商的说明。

 **小知识**

影响金属色漆颜色的因素

金属漆在喷涂时要避免喷得过湿或过干。过湿的涂膜颜色比较深,金属效果差,这主要是由于涂膜表面的溶剂成分较多,挥发慢,金属颗粒有比较长的时间沉淀,所以排列比较规则,大量的颜料颗粒会上浮,如图 5-36 所示。这样喷出来的漆膜从正面观察会显得颜色深,而从侧面观察时由于金属的反光效果,会显得颜色略浅。喷涂时出漆量过大、喷涂距离太近、喷幅重叠量太多、运枪速度太慢等都会造成上述的现象。

图 5-36 过湿的涂膜

如果表面喷得过干,情况则相反。由于施喷表面比较干燥,银粉颗粒的沉淀时间短所以排列无序,杂乱无章,对光线的反射效果强。同时由于喷涂到施喷表面上的颜料较少,所以会显得颜色浅。干喷的漆膜从正面观察颜色要浅一些,而从侧面观察颜色要深些,如图 5-37 所示。

图 5-37　过干的涂膜

除喷涂手法造成金属色漆颜色的变化以外,喷涂时的环境、设备情况等也会造成颜色的变化,喷涂金属漆时还要注意运枪的速度、喷枪的距离、喷幅的重叠程度等必须均匀,喷涂气压要保持稳定,否则会由于有的地方较湿,有的地方较干,造成起云故障(俗称"喷花")。喷花的表面颜色深浅不一,在喷涂完清漆后更加明显,这是金属漆喷涂不允许出现的。

(2) 局部修补喷涂。如图 5-38a) 所示,为需要局部进行双工序面漆修补喷涂的一块翼子板,A 区域为修补区域(施涂中涂漆层区域)。

准备好底色漆和罩光清漆。

a. 对施涂了中涂漆层的部位使用 P500 砂纸进行打磨处理,并从 A 区域扩展到 B 区域。并用研磨膏或 P2000 砂纸打磨 C 区和 D 区,直至消去漆面的光亮度。

b. 用脱脂剂清洁整个表面,除去粉尘、油渍、蜡质等污垢,再用粘尘布清除涂装表面可能存在的细小粉尘。

c. 将经过正确调色的底色涂料按照配比进行调配,装入喷枪的涂料罐,调整喷枪(压力约 2.5×10^5 Pa,喷幅约 10cm,漆流量 1/3 开度)。

d. 可先在有中涂漆层的区域薄薄喷涂 1 层透明涂料,以使所喷的金属漆更光滑。

e. 底色漆在 A 区分多次喷薄涂层,每层间隔 5min 左右,然后再喷涂扩展到 B 区,如图 5-38b) 所示。在 C 区作最后 1~2 层喷涂,如图 5-38c) 所示,并进行驳口处理。

f. 将底色漆与透明涂料各 50% 混合,喷涂 1~2 层,逐渐覆盖 D 区,如图 5-38d) 所示。薄薄地进行喷涂,以消除斑纹,调整金属感,同时兼有驳口(晕色)处理作用。

g. 静置 15~20min,用粘尘布除去飞漆及尘灰。

h. 喷涂 1~2 层罩光清漆,覆盖整个区域。可在 D 区喷涂界限至外处喷涂驳口水,以溶解过多的漆雾,挥发 15s 左右,薄喷最后 1 层。

各涂层喷涂大致范围如图 5-39 所示。

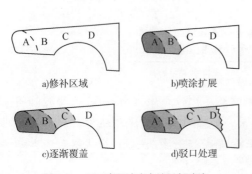

图 5-38　双工序面漆底色漆局部喷涂

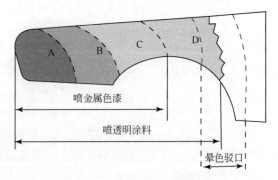

图 5-39　双工序面漆底色漆局部喷涂

双工序面漆的后续操作,与前述单工序面漆基本相同。

小知识

清　漆

清漆又称为罩光清漆,为透明涂料,用于保护底色漆、银粉漆、珍珠漆,抗氧化、抗紫外线及提高漆面的光泽度,使车辆呈现艳丽色泽。

清漆的使用特性及功能:

①清漆是车身涂层的最外层涂膜,为涂层提供保护作用,如抗酸性、抗紫外线、耐磨性;同时为涂层提供光泽性。

②可分为中固型、高固型、耐磨型以及纳米清漆。

③丙烯酸双组分清漆使用中需加入固化剂。

④注意个人安全防护,须配制供气式面罩、防溶剂手套。

⑤施工中通常为两道湿喷,中间需要有静置时间,品牌不同其静置时间不同,请参照涂料生产厂商的说明。喷涂中,注意使用粘尘布清洁喷涂表面的漆尘。

⑥可采用自然干燥,或使用烤房和红外线烤灯来强制干燥。在强制干燥前,通常需要静置10min左右,具体要求,参照生产厂商的工艺说明。

色　漆

为车身表面涂层提供最终颜色的涂料。

色漆的使用特性及功能:

①色漆为车身提供不同的颜色,但色漆本身的颜色品种有限,使用中通过配方进行调色可获得所需要的颜色。

②色漆使用中通常需要添加固化剂和稀释剂进行调配,品牌不同其调配比例不同,请参照涂料生产厂商的说明。

③影响最终喷涂颜色的因素除了色漆本身的颜色之外,还有很多,如喷涂压力、喷涂距离、喷涂速度、温度、湿度、静置时间、涂膜厚度等。

④色漆也可采用自然干燥,或使用烤房和红外线烤灯来强制干燥。在强制干燥前,通常需要静置10min左右,具体要求,参照涂料生产厂商的工艺说明。

3. 三工序面漆的施工

三工序面漆与前述双工序面漆、单工序面漆在施工顺序上也基本相似,主要是在施工程序上更为复杂。三工序珍珠漆的施工需要喷涂3种不同类型的涂料:纯底色漆→纯珍珠漆→罩光清漆,各工序涂料调配比例应参照生产厂商提供的说明。

(1)底色漆。三工序珍珠漆施工的关键,首先需要调配出底色漆的颜色,因为车身最终的颜色取决于底色漆的颜色。可在车身上找出一块只有底色漆没有珍珠漆与清漆覆盖的位置,例如门槛内边缘的表面,进行调色对比。其调色过程如前所述。

(2)珍珠漆。为了确定喷涂多少层珍珠漆才能获得需要的效果,施工中需要制作出一块珍珠漆膜厚渐变样板,与车身进行比对。因为每一个喷涂施工人员都有自己的特点,所以每个施工人员应该根据自己的技术和设备做出适合自己的珍珠漆膜厚渐变样板。

制作过程:

①先在样板上全面喷涂调配好的底色漆,达到完全覆盖,并晾干。

②将样板分成 6 个部分分别进行横向遮护,如图 5-40 所示。

③依次在这几个部分上喷涂珍珠漆,每次喷涂之间要有一定的流平时间,如图 5-41 所示。

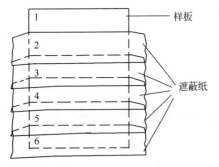

图 5-40　将喷涂好底色的样板横向遮护

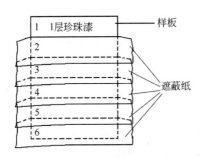

a)喷涂第一层珍珠漆

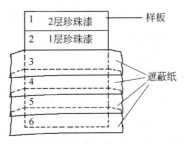

b)揭去第一层遮蔽纸,喷第二层珍珠漆

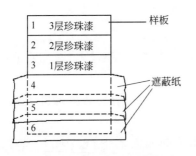

c)揭去第二层遮蔽纸,喷第三层珍珠漆

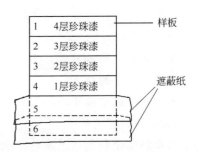

d)揭去第三层遮蔽纸,喷第四层珍珠漆

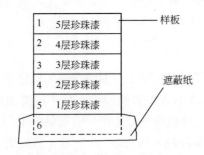

e)揭去第四层遮蔽纸,喷第五层珍珠漆

图 5-41　依次在样板上喷涂 1~5 层珍珠漆

④揭去最后一层横向遮蔽纸,将样板烘烤到指触干燥。将样板纵向遮蔽一半,喷涂清漆,如图 5-42 所示。

⑤揭去遮蔽纸,并使样板干燥。珍珠漆膜厚渐变样板制作完毕,该样板不同部分的分布情况如图5-43所示。

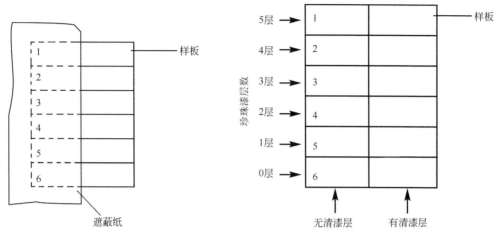

图5-42 对样板喷涂清漆　　　　　图5-43 珍珠漆膜厚渐变样板分布情况

将做好的珍珠漆膜厚渐变样板与车身颜色进行比较,就可以确定出需要喷涂几层珍珠漆,才能得到所需要的颜色。

三工序面漆的其他施工操作与双工序面漆基本相同。

 技术提示

①喷涂3层纯底色漆,每层之间需要指触干燥,并用粘尘布清洁漆尘。
②确保底色漆干燥30min左右,然后喷涂珍珠漆,每层之间用粘尘布清洁漆尘。
③三工序珍珠漆因施涂了多层纯色漆及多层珍珠漆后,漆膜厚度增加,从而溶剂挥发慢,因此喷清漆所需的静置时间延长,确保珍珠漆干燥30~60min,视室温确定。

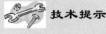 技术提示

影响颜色的因素

汽车修补施工的特点决定了其必须使用手工喷涂。因为人手操作的随意性,所以油漆的颜色会出现色差,此外,施工环境也能明显造成喷涂后的色差。一般经验而言,深颜色的金属漆受到的影响少,浅颜色的金属漆受到的影响大,实色漆基本上不会受到影响。影响颜色的因素归纳如下:

①个人喷涂习惯的影响。手工喷涂的效果受很多个人习惯所制约,如走枪快慢、枪距远近、喷涂遍数、流量调节、闪干时间、漆膜厚薄等都对最后的颜色产生影响。对于大多数色漆而言,这些因素会造成颜色的深浅不一。究其原因,主要因为银粉分布不同所造成。

②其他人为操作因素的影响。除了上述人为习惯造成的影响外,另外一些手工操作上的因素也对颜色造成影响,例如稀释剂配比、稀释剂类型、喷枪口径、气压调节、枪幅(扇面)调节等。

这些因素往往是人为疏忽所造成的,只要在操作上注意按照技术手册上的说明,这些人为因素的误差是可以避免的。

③施工环境因素的影响。施工环境是客观因素,也无法避免,例如温度、环境湿度、空气对流等。与喷涂有关的温度包括喷漆间的环境温度、车辆表面的温度和喷涂涂料的温度等。

喷漆间的环境温度一般以20~25℃最为合适。在寒冷的冬季,由于开动循环风后进入喷漆间内的多为寒冷的空气,此时需要加热喷漆间的温度(烤漆房均具备自动调节房内气温的功能);夏季温房内温度与外界基本相同,此时一般通过选用较慢干的稀释剂、固化剂适当调整涂料的干燥速度来适应。

需要喷涂的车辆如果在喷涂之前放置在寒冷的室外,车身表面需要喷涂的地方温度会很低,直接喷涂会造成溶剂的挥发速度减慢,引起颜色的协调和硬化等方面的问题,所以在喷涂时应,首先将其放置在喷漆间内加温烘烤一段时间,以使喷涂表面达到适合的温度。在冬季施工时,涂料的温度也是非常重要的,需要对调配好的涂料进行保温或用热水加热的方法使涂料达到适合喷涂的温度。

随着施工设备的规范化和专业化,这些因素逐渐为人所控制,如在烤房内进行喷涂,可调节烤房的温度和湿度、风压状况等。

④其他因素。除了上面所说的这些,还有一个不为人所注意的因素:色母颜料的比重。因为这种轻重的区别,对各种颜料在油漆流平、闪干过程中的分布有重要的影响。

白色母是最明显的例子,有大量白色母使用的实色漆在湿漆状态下颜色又浅又亮,喷涂后烤干颜色不但不会鲜艳,而且还会变暗。

另一个有比较明显影响的是蓝色。蓝色母是最轻的一类色母,也最容易受施工条件的影响。根据施工的不同,实际喷涂后的蓝色有可能出现由偏红到偏绿的各种差异色。就经验而言,喷涂手法偏薄、干得快,颜色容易浮现出红色;喷涂手法偏重、干得慢,颜色容易发绿。

综上所述,利用手工喷涂的修补漆在颜色的重现性上面是相当弱的。可以说,即使是同一罐油漆、同一把喷枪、同一个人,只要在不同的时间喷涂,都有可能会得到不同的结果。这是不可避免的缺点。但从另一方面来讲,也可以转化为优点,那就是施工人员的灵活掌握,利用喷涂方式的改变从而达到微调颜色的目的。

三、评价反馈

1. 自我评价

(1)通过本学习任务的学习,你是否已经掌握以下问题:

①面漆的作用。

②面漆的类型。

③单工序面漆的施工程序。

④单工序面漆整车修补喷涂的操作过程。

⑤单工序面漆局部修补喷涂的操作过程。

⑥珍珠漆膜厚渐变样板的制作过程。

⑦喷漆房、烤漆房的要求和类型有哪些？

⑧喷漆房的正确使用与维护。

⑨维修涂装的时间预估时，需要注意哪些方面的问题？请你预估一下，你完成一块双工序纯色漆翼子板的喷涂需要的时间，你的预估过程是什么？请走访一下汽修企业，在完成同样的工作所需要的时间是多少？

（2）在面漆施工的过程中用到了哪些设备？你已经能够正确地操作这些设备了吗？你能够正确操作、调整喷枪吗？能够使用烤漆房对完成喷涂施工的车辆进行正确的烘烤操作吗？

评价：

（3）实训操作中，你能正确完成一块板件的面漆施工作业吗？你认为在面漆施工作业中的注意事项有哪些？

评价：_____

_____。

(4) 工作着装规范吗？

评价：_____

_____。

(5) 在实训中你意识到安全防护的问题并提醒其他同学注意了吗？出现了不规范的情况吗？是如何处理的？

评价：_____

_____。

(6) 你能积极主动参与工作现场的清洁和整理工作吗？能正确完成喷枪的清洗工作吗？知道烤漆房的使用注意事项吗？

评价：_____

_____。

(7) 在完成本学习任务的过程中，你主动帮助过其他同学吗？与其他同学探讨面漆施工的有关问题了吗？具体问题是什么？讨论结果是什么？

评价：_____

_____。

(8) 通过本学习任务的学习，你还有哪些方面需要进一步改善？

评价：_____

_____。

(9) 在进行本学习任务的过程中，你主动学习了"相关知识"的有关内容了吗？掌握情况如何？

评价：_____

_____。

(10) 在本学习任务的实施中，你查阅了其他的相关资料了吗(包括生产厂商的说明)？有何收获？

评价：_____

_____。

(11) 在本学习任务中你遇到的困难是什么？如何解决的？

评价:_____
_____
_____。

　　　　　　　你的签名:_____　　____年____月____日

2. 小组评价

小组评价见表5-6。

小 组 评 价　　　　　　　　　表5-6

序号	评 价 项 目	评 价 情 况
1	学习态度是否积极主动	
2	是否服从教学安排	
3	是否达到全勤	
4	着装是否符合要求	
5	是否合理规范地使用仪器和设备	
6	是否按照安全和规范的规程操作	
7	是否遵守学习、实训场地的规章制度	
8	是否积极主动地和他人合作、探讨问题	
9	是否能保持学习、实训场地整洁	
10	团结协作情况	

　　　　　　参与评价的同学签名:_____　　____年____月____日

3. 教师评价

_____
_____。

　　　　　　　教师签名:_____　　____年____月____日

学习任务6　塑料底材的涂装

学习目标

1. 知道汽车上塑料件的类型、使用部位；
2. 知道塑料件(保险杠)的修理注意事项；
3. 能够正确叙述塑料件(保险杠)的修理程序；
4. 正确完成一个塑料件(保险杠)的涂装过程。

任务描述

对一辆需要进行保险杠维修的轿车，进行正确的涂装修理作业。

学习引导

本学习任务沿着以下流程进行：

1. 保险杠维修涂装

修复损伤 ➡ 底材处理 ➡ 施涂底漆 ➡ 施涂原子灰 ➡ 施涂中涂漆 ➡ 施涂面漆

2. 保险杠更换涂装

底材处理 ➡ 施涂底漆 ➡ 喷涂面漆

3. 保险杠漆面损伤涂装

底材处理 ➡ 施涂底漆 ➡ 喷涂面漆

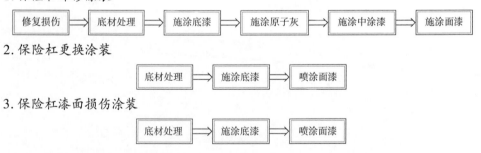

一、相关知识

在汽车制造中，除了使用金属材料外，还广泛使用了非金属材料。如常见的汽车灯罩、仪表板壳、转向盘、坐垫、风窗玻璃、轮胎、传动带、连接软管等，这些均为非金属材料制成。

汽车上的非金属材料很多，塑料就是其中之一。汽车上塑料零部件制品的使用越来越广泛,目前塑料件占每辆轿车质量比为20%左右(平均每辆车约有750个塑料零部件)。塑料部件具有很高的强度质量比(部件所能达到的强度与其质量的比值),对于降低全车质量,提高车辆的动力性、经济性和节约成本具有重要意义。当前,绝大多数轿车在设计、制造时都把前、后保险杠和车身融为一体,所以前、后保险杠是汽车车身不可分割的组成部分。车辆行驶过程中发生碰擦也往往是前、后保险杠。而绝大部分保险杠的外部材料都是塑料材质,所以对塑料件的修补涂装就显得尤为重要。

一般来说,塑料件表面涂膜受到损伤总要涉及零件本体,使之产生相应的损伤,如划痕、裂纹、擦伤、撕裂、刺穿等。修复损伤的表面涂膜,首先要将塑料件修复,使之达到可供喷涂面漆的要求。修复塑料件本体的损伤,一般都采用化学黏结剂黏结法,也可采用塑料焊接法。

1. 塑料的组成

塑料是以合成树脂为基体,加入某些添加剂制成的高分子化合物材料。

(1) 合成树脂。合成树脂是塑料的主要成分,是从煤、石油、天然气中提炼的高分子化合物,常温下呈固态或黏稠状液态。合成树脂的种类、性质及加入量对塑料的性能有很大的作用。大部分塑料是以所加树脂的名称来命名的。

(2) 添加剂。加入添加剂的目的是为了改善塑料的性能,以扩大其使用范围。主要包括填料、增塑剂、稳定剂、固化剂、着色剂等。

①填料主要起强化的作用,同时也能改善或提高塑料的某些性能,如加入云母、石棉粉能够改善塑料的电绝缘性和耐热性;加入氧化硅能够提高塑料的硬度和耐磨性等。

②增塑剂用于提高塑料的可塑性和柔软性。

③稳定剂能够提高塑料在光、热作用下的稳定性,以延缓"老化"。

④固化剂能够使塑料在加工过程中硬化。着色剂能够使塑料制品色彩美观,以适应不同的使用需要。

2. 塑料的特性

①质量轻,一般塑料的密度在 $0.83 \sim 2.2 g/cm^3$ 范围内,仅是钢铁的 $1/8 \sim 1/4$。

②不导电,具有很好的绝缘性能。

③不传热。

④在热量和压力下易成形。

⑤防振动和隔噪声性能好。

⑥透明和半透明,容易着色。

⑦一般在 $50 \sim 70$ ℃以下,不受温度影响。超过 $70 \sim 110$ ℃,许多塑料会热变形。

⑧变曲性小(拉伸强度低于非铁金属的 $1/2$)。

⑨受热伸长(金属的 $2 \sim 20$ 倍)。

⑩吸收水或溶剂时,其性能和尺寸会发生变化(易受水、油、氧和溶剂的影响)。

3. 塑料的类型

塑料产品种类繁多,能应用于汽车制造业的大致可分为两类:热塑性塑料和热固性塑料。

(1) 热塑性塑料。热塑性塑料是指加热后会软化、流动，冷却后又恢复到原先的状态的塑料，可以反复被软化和硬化。加热时，会变软，甚至熔化，因此是可熔的，可以重复使用。这类塑料加工成形方便、力学性能较好，但耐热性差、容易变形。

(2) 热固性塑料。热固性塑料在加热时不会软化，过度加热会发生化学反应，形成新的物质。故热固性塑料是不可熔的。这类塑料耐热性能好，受压不易变形，但力学性能较差。

汽车用塑料首先要具有足够的强度，其次要有一定的塑性，再次要有良好的耐涂装性能。塑料强度不够或太脆，容易碰坏，不耐涂装，影响修补涂装效果。

汽车零、部件常用塑料的性质及用途见表6-1。

汽车零、部件常用塑料的性质及用途　　　　表6-1

类别	塑料代号	化学名称	最高烘烤温度(℃)	用途	涂料体系				
					标准涂装系列	柔性面漆系列	聚丙烯漆系列	乙烯树脂系列	尿烷漆系列
热塑性	ABS	丙烯腈-丁二烯-苯乙烯三元共聚物	60	车身护板、仪表板、护栅板、前照灯罩	I/NP E/NP	—	—	—	—
	ABS/PVC	ABS/乙烯树脂（软）	—	—	—	I/NP E/NP	—	I/NP	—
	PC	聚碳酸酯	100	仪表板、护栅板、大灯散光玻璃	I/NP	—	—	—	—
	PE	聚乙烯	—	内翼子板、内饰板、前轮罩板、阻流板	NA	NA	NA	NA	NA
	PP	聚丙烯	100	内塑板、内翼子板、内饰板、散热器罩、仪表板、保险杠罩	—	—	I/SP	—	—
	PS	聚苯乙烯	—	—	NA	NA	NA	NA	NA
	PUR、RIM 或 RRIM	聚氨酯	—	保险杠罩、外车身护板、加油盖	—	E*	—	—	E
	TPUR	热塑性聚氨酯	60	保险杠罩、沙砾挡板、加油盖、软性遮光板	—	E*	—	—	E
	PVC	聚氯乙烯	—	内饰板、软性遮光板	E/NP I/NP	—	E/NP	—	E I/NP
	EPI、EPII 或 TPD	EPR 乙烯、丙烯橡胶	—	—	—	—	E/SP*	—	—

续上表

类别	塑料代号	化学名称	最高烘烤温度(℃)	用途	涂料体系				
					标准涂装系列	柔性面漆系列	聚丙烯漆系列	乙烯树脂系列	尿烷漆系列
热固性	PA	聚酰胺纤维(尼龙)	80	外装饰板	E/P	—	—	—	—
	SMC	聚酯(气塑模化合物)	—	—	E/P	—	—	—	—
	SAN	苯乙烯丙烯腈共聚物	—	内饰板	I/NP	—	—	—	—
	TPR	热塑性橡胶	—	前轮罩板	—	E*	—	—	E
	UP	聚酯(玻璃纤维)	120	玻璃纤维车身	E/P	—	—	—	—

注:I-内部底涂层;E-外表漆层;P-有底漆;NP-无底漆;SP-专用底漆/助黏剂;NA-不许可;*-规定使用柔性的底漆或添加剂。

目前汽车上使用的塑料零件如图 6-1 所示,详细资料参见有关车型的维修手册。

图 6-1 汽车上的塑料件

4. 塑料的鉴别

在确定应该使用何种正确的修理方法之前,必须先识别制造零件的塑料类型,然后选择适当的修理方法。因为,如果所选择的修理方法不适用这种塑料,将很快导致修复部位剥离、开裂或褪色。

在生产实践中,具体识别塑料的方法有符号识别法和燃烧法。

(1)符号识别法。很多塑料可以根据 ISO 识别符号确认,该符号一般可在待修理的部件上找到。如果待修理部件上没有这些识别符号,可以查阅生产厂家提供的技术手册进一步识别。国外汽车生产厂家正在越来越多地使用识别符号。

(2)燃烧法。不同的塑料有不同的燃烧特性,并且有的塑料会释放出独特的气味。燃烧法测试时,可以从未知塑料件上取下碎片,用钳子夹住其末端,用火柴或酒精喷灯小心地点燃它,如图6-2 所示,观察其燃烧特性,根据其特性确定其类型。表6-2 列出了几种塑料的燃烧特性。

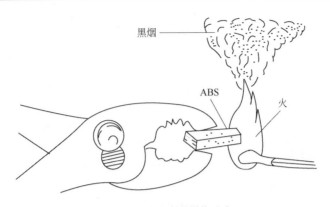

图 6-2 ABS 塑料的燃烧试验

几种塑料的燃烧特性　　　　　　　　　　表 6-2

塑料种类	燃烧特性
聚丙烯(PP)	燃烧时无烟产生,即使火源移去,仍继续燃烧,产生类似蜡烛燃烧时的气味,焰芯呈蓝色,外焰呈黄色
聚乙烯(PE)	燃烧时无烟产生,即使火源移去,仍继续燃烧,产生类似蜡烛燃烧时的气味,焰芯呈蓝色,外焰呈黄色
ABS	燃烧时产生浓烟,即使火源移去,仍继续燃烧,产生类似蜡烛燃烧时的气味,火焰呈橘黄色
PVC	试图点燃时只是发黑而不燃烧,产生灰烟及酸味,火焰底部呈黄绿色
塑料性聚氨酯(TUPR)	燃烧时产生"啪啪"声,火焰呈橘黄色,并产生黑烟
热固性聚氨酯(UPR)	不会产生火焰

5. 塑料件损伤的修理

（1）塑料件划痕和裂纹的修理。塑料件的划痕和裂纹通常采用化学黏结法进行修理。修理工艺如下：

①用清水和塑料清洁剂清洗待修部位,对待结合表面进行除蜡、除油处理。

②使用黏结剂之前,应将塑料件加热至 20℃ 左右。

③将催化剂喷到裂纹一侧,然后在该侧涂敷好黏结剂。

④将划痕或裂纹两侧按原来位置对齐,迅速压紧,约 1min 后即可获得良好的黏结效果。最后,黏结部分应有 3～12h 的固化时间,以达到最大的黏结强度。

如果涂膜表面没有损坏而且黏结位置准确,就不必重新喷漆,但这种情况较少,一般都要重新喷漆。

黏 结 剂

市场上出售的黏结剂是两种原料混合而成的。一种是以环氧树脂或氨基甲酸乙酰为基体与固化剂混合调匀使用的黏结剂；另一种是以聚酯为基体与固化剂混合调匀使用的黏结剂。两种原料在未投入使用前必须分开存放。近年来,氰基丙烯酸酯以其新颖特性,被逐步运用于塑料件的黏结之中。

(2)塑料件的擦伤、撕裂和刺穿的修理。修理工艺如下:

①用清水和塑料清洁剂清洗待修部位,对该部位进行除蜡、除油处理。

②将擦伤穿孔的边缘 6~10mm 宽处磨削成斜面,以便于黏结。如果磨削部位出现滑腻现象,可涂黏结促进剂,以利黏结。

③用精细的砂轮把修理部位周围的油漆磨掉,使孔边附近 30mm 左右表面的油漆全部被清除掉,然后进行必要的清洁处理。

④对孔边进行火焰处理,改进黏结性能。用喷灯火焰在斜面处不断移动,直至斜面处略呈棕色为止。

⑤用清洁剂彻底清洗修理部位的背面,进行除蜡去油处理,然后贴上带有强黏结剂的铝箔和能防潮的胶带,把孔完全覆盖。

⑥按照说明准备黏结材料。大多数黏结剂都分别装在两支软管中。在一块金属板或玻璃板上分别挤出等量的黏结材料,将它们充分搅拌,混合均匀,待用。

⑦用刮板把混合好的黏结剂分两步填充到孔洞中。第一步填充孔底;第二步将孔洞填平。填充动作要快,因为这种黏结剂在 2~3min 内会固化。填充完毕,固化 1h 后用粗砂轮磨去表面的凸点,并清除修理部位的碎屑、灰尘等污物。

⑧将第二次调好的黏结剂填满修理部位,用刮板刮平整形。待干燥后用 80 号砂纸把周围修整出一个轮廓,然后再用 180 号和 240 号砂纸打磨,对表面精修。如果出现高低不平或针孔,可用填充剂填平。

⑨用 320 号以上的砂纸进行最后的精磨。打磨过后清洁修理部位,做好喷涂面漆的准备。

塑料件黏结修理的工艺流程如图 6-3 所示。

6. 喷漆前的表面处理

塑料件涂装与车身涂装的区别

需要喷涂的汽车塑料制品,以前、后保险杠和左、右后视镜居多。某些车辆的车边装饰条以及内装塑料件也需要上色。无论何种塑料件,其涂装方法基本是相似的,但和车身涂装相比有很大的不同,主要表现在如下几个方面:

①绝大多数热塑性塑料不耐高温,在 100℃ 以上易变形或分解。在涂膜干燥时,要考虑塑料底材的温度承受能力。

②塑料制品的表面能低、表面极性小,涂料对它的润湿性差,附着不良。同时塑料制品在制造过程中需要使用脱模剂,脱模剂残留对涂装的品质有极大的影响,更加降低涂膜的附着力。

③某些塑料制品易受溶剂侵蚀而软化或龟裂。喷涂时须使用特种隔绝底漆。

④某些塑料件具有弹性,而涂料却没有,如果直接喷涂易发生龟裂等缺陷。在施工中要求选用柔软性与其相应的涂料。

⑤塑料制品本身不导电,容易出现静电积累,从而也影响了涂料的附着力。在喷涂前需要中和或清除静电。

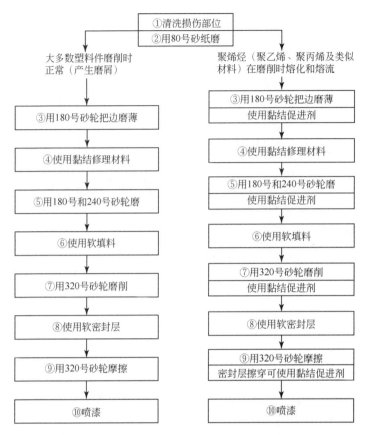

图 6-3　塑料件黏结修理的工艺流程

塑料件修补涂装的关键是在确认塑料品种及表面状况的基础上,正确地进行预处理(如去除脱膜剂之类的夹杂物)和表面准备,加上适当的底漆(确保涂层的附着力)和选用配套的面漆材料。

通常,塑料被认为不是刚性的,就是柔性的。一些柔性的塑料替代部件,从工厂生产出来就喷涂过底涂层,而有的没有。如果在工厂中已喷涂过底涂层[例如玻璃纤维增强塑料(SMC),俗称玻璃钢],在修补涂装时只要对表面进行清洗后就可直接喷涂面漆;如果没有,硬塑料和半硬塑料都最好用特种的塑料底漆、密封底漆或乙烯基底漆喷涂一遍,以增加涂层的附着性能。尤其是热塑性聚烯烃弹性体(TPO)、PP 和 ABS 的表面光滑,面漆层将难以形成良好的黏结,要增强附着性,必须喷涂底层涂料。

按塑料件的材质和柔性,常在塑料用涂料中添加加剂和柔性剂(或称增塑剂)可以保持涂膜的伸缩性,如果不这样,就有可能导致涂层开裂和脱落。

(1)软塑料零部件的处理。对于未涂底漆的软塑料零部件的处理方法如下:

①用一块在水中浸湿的布蘸上去蜡除油清洗剂清洁整个表面,并擦干。

②用 320 号砂纸打磨划伤处和用原子灰修补过的表面,吹净灰尘,并用黏性布擦拭。

③调制并刮涂 4 层中等干燥的软性原子灰。

④让表面干燥至少 1h,然后用 400 号砂纸和打磨垫块进行打磨,再用 400 号砂纸打磨整个表面,清除所有光泽,为涂装面漆做准备。

(2)聚丙烯塑料零部件的处理。对聚丙烯塑料件喷漆时,要使用一种专门的底漆。聚丙烯塑料很坚硬,使用传统的内部树脂漆打底后便可喷涂面漆。聚丙烯塑料件表面处理过程如下:

①用去蜡除油清洗剂清洗表面。

②按照包装说明,喷涂一层较薄的聚丙烯底漆湿涂层。

③让底漆快速干燥 1~10min,为涂装内部树脂面漆做准备。

(3)刚性零部件的处理。刚性零部件的处理与玻璃纤维件处理方法相同。

①对新零部件,必须用干净的布蘸上酒精擦拭表面。

②用去蜡除油清洗剂彻底清洗表面。

③打磨已暴露出来的玻璃纤维。手磨时,使用 220 号或 280 号砂纸;用磨光机打磨时,使用 80~120 号砂纸。

④用干净布重新擦干净表面。

⑤如果有需要填平的接缝、气穴,应在整个表面上涂一层车身填充剂。干燥后,再打磨、清洁。最后再涂一层保护层或两层环氧铬酸盐涂料。

⑥按照说明书要求,将原子灰涂在表面上。干燥后用细砂纸磨光,用压缩空气吹净灰尘,用黏性布擦拭干净。

7. 喷涂面漆

塑料件表面经过上述处理后,进入喷涂面漆的工序。

(1)硬塑料件的喷涂。

①内部硬塑料。

如 ABS 件一般不需要喷涂底漆和刮涂原子灰。其面漆的颜色由车身编码牌上的调整号决定,其面漆主要有丙烯酸漆。各油漆厂家都向用户提供内部漆图表,包括内部漆的供应号、名称、光泽系数及调整号。喷涂内部硬塑料件方法如下:

a. 用溶剂清洗塑料件表面。

b. 按调整号码喷涂一般的内部丙烯酸面漆。

c. 按涂料生产厂商规定的时间干燥涂层。

②外部硬塑料件。

外部硬塑料件一般也不必喷涂底漆即可喷涂面漆。但也有个别厂家建议先喷涂一层底漆再喷涂面漆的情况。不论哪种情况,喷涂面漆的方法是相同的。

a. 用清洗剂彻底清洗零件表面。

b. 喷涂适当颜色的面漆,可选用丙烯酸漆、丙烯酸磁漆、尿烷漆或底层加光亮层漆。

c. 待涂层完全干燥后即可。

d. 对玻璃纤维件喷漆之前,应先涂刮原子灰,再按照喷涂车身钢板的方法喷涂面漆。

对原先已喷涂过气塑模化合物的硬塑料件进行局部修理时,需先喷涂一层助黏剂。操作时用 400 号水砂纸打磨损坏部位,然后喷涂底漆、助黏剂再喷涂面漆。

(2)弹性塑料件的喷涂。大多数弹性塑料件的涂层中需要加入弹性剂,以使漆面在变形时不致开裂。加入了弹性剂的涂层称为弹性漆层。弹性漆层的喷涂方法如下:

①用 400 号砂纸彻底打磨整个表面,并用清洁剂清洗整个表面。

②按生产厂商的规定,将底漆、弹性剂和溶剂混合在一起。混合时,先将底漆与弹性剂混合,再根据车间的温度加入适量溶剂。

③将喷枪压力调到规定值,喷涂足量的双层湿涂层,以便完全遮盖表面。

④让底层干燥 30~60min,然后喷涂光亮层,待干燥后即可。

二、任务实施

保险杠是汽车发生碰擦时,最容易受到损伤的塑料件之一。根据保险杠实际的受损程度,确定恰当的作业方式,修理或者更换新件。无论何种方式,都需要对保险杠进行维修涂装作业。

保险杠的维修工作一般可分为3种情况:

(1)保险杠维修。如果保险杠出现变形、裂纹等损伤,一般需要进行拆卸,然后进行修复,最后进行涂装作业。

(2)保险杠更换。如果车辆发生了意外,保险杠出现了严重变形,则需要进行更换新件处理。但保险杠的更换,不同于汽车上的金属零部件,直接安装即可。保险杠在安装之前,需要按照修复车辆的涂层进行涂装作业,以便和车辆的颜色、漆膜类型相同。

(3)保险杠漆面损伤。如果车辆仅出现了轻微刮擦,而使保险杠的漆膜损伤,不需要拆卸保险杠,仅需要对受损的涂层进行修复。

1. 保险杠维修

保险杠出现了大的缺陷,如保险杠变形及大的破损,视需要将保险杠拆卸。然后,针对保险杠的损伤、变形情况,一方面进行维修处理,校正变形、修复损伤;另一方面进行涂装作业。进行涂装作业时,还需要根据原车身面漆类型,制订涂装方案。

保险杆维修的施工工艺流程见表6-3。

保险杠维修施工工艺流程　　　　　　　　表6-3

序号	项目	目的	施工要领
1	损伤评估	确定施工类型	仔细观察、对比,判断损伤部位及损伤程度
2	拆卸	拆卸保险杠	拆装施工规范,防止伤及其他漆面
3	修正变形	恢复原有形状	加热,但要防止温度过高
4	修补损伤	修复缺损	打止裂孔、黏结、加强缺损部位
5	涂装前处理	修整底材	打磨平整,做出羽状边,除尘、除油、除静电
6	施涂底漆	增加涂料附着力	完全覆盖
7	施涂原子灰	填补	使用塑性原子灰,注意干燥时间,并打磨
8	施涂中涂漆	提高表面平整度,遮盖底色	清洁表面,使用塑料底漆,适当遮护,干燥,打磨
9	施涂面漆	遮盖修补部位,提供颜色、光泽度、膜厚、保护层	清洁表面,与原车面漆类型相同,调色、配制涂料,处理驳口,涂料添加增韧剂,涂膜干燥
10	修整	修补面漆轻微缺陷	抛光,检验合格
11	安装	安装保险杠	安装施工规范,防止伤及其他漆面

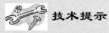 **技术提示**

修理塑料保险杠的注意事项

①如果是聚丙烯材料,保险杠底材露出,一定要喷涂聚丙烯底漆。

②如果塑料保险杠表面有油污,会降低聚丙烯(PP)底漆的附着力。除油过后,一定要用空气吹干净除油剂。

③由于聚丙烯底漆干燥后,不能抵抗溶化,涂底漆后,不能使用除油剂溶剂。因此干燥后尽快进行下一道工序。

④不要在氨基甲酸乙酯保险杠上涂聚丙烯底漆,这样做会降低附着力。

⑤如果涂的聚丙烯底漆或中涂底漆过厚,会产生针孔、干燥时间延长或吸收面漆。

⑥由于树脂做的保险杠有柔性,不能使用普通的中涂底漆,否则保险杠会开裂。一定要加入软化剂或用专为塑料保险杠设计的固化剂。

⑦软化剂的数量多少能引起保险杠使用性能的差异。数量不足,使得保险杠弯曲性能差,会引起裂纹;数量过多,会引起干燥时间延长,防水性差,出现水点。因此,添加的软化剂必须正确计量。

⑧软化剂混合的涂料由于柔性好而难于抛光,因此向涂装工作区域地面喷水,以防止吸收灰尘。

⑨塑料件的温升比金属慢,用红外线烤灯干燥时,热量不容易传到烤灯照不到的部位。因此,干燥时,应及时移动烤灯,均匀干燥整个部位,如图6-4所示。加热塑料保险杠的温度不要超过80℃,保险杠对热变形敏感。

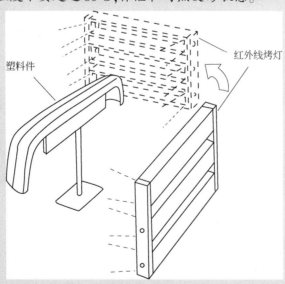

图6-4 用红外线烤灯干燥塑料件

⑩喷涂的保险杠干燥后不应立即安装,因为用在保险杠上的涂料干燥后相对柔软。涂料干燥后,让保险杠在室温再干燥1h(详细内容,参见涂料生产厂商的说明)。

对车辆保险杠经过损伤评估后,确定需要进行维修作业的内容。在进行过正确的拆卸后,需要进行以下的修理作业:

(1)修整变形。

①用红外线烤灯,加热保险杠变形的部位和周围,如图6-5所示。

②打开红外线烤灯,调整灯光,使保险杠表面温度达到40℃,保持该温度10~20min,升高变形部位周围的温度。然后,将变形部位的表面温度升到60℃,保持大约5~10min。那么,大的变形部位将回复到原来的状态。

③用手修正其余的小变形,如图6-6所示。

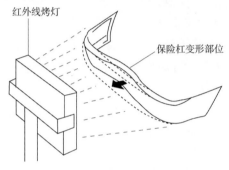

图6-5 用红外线烤灯加热变形部位　　　图6-6 修正塑料件的小变形部位

④关掉红外线烤灯,冷却保险杠。

(2)防止裂纹进一步产生。

①用水清洗要修理的塑料件,然后晾干或用吹尘枪吹干。

②使用4mm直径钻头,在裂纹的末端钻一个孔,防止裂纹进一步发展,如图6-7所示。

(3)加工V形沟槽。

用打磨机配合P120砂纸,在裂纹处打磨V形的沟槽,如图6-8所示。

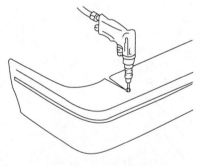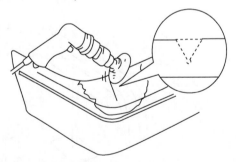

图6-7 在裂纹末端钻孔　　　图6-8 加工V形沟槽

(4)涂聚丙烯底漆。

①清洗和除掉保险杠后面裂纹和周围区域的油脂。

②为保证保险杠和黏合剂之间的附着力,在塑料材料的表面涂聚丙烯底漆薄涂层,并干燥5~10min。

(5)增强后面部位。

①将黏合剂的主要成分与固化剂完全混合,涂在保险杠的背后,直接涂在裂纹后面。参

照生产厂有关黏合剂使用方法和注意事项的说明。

②在开裂部位的末端,固定一块辅助材料(如薄铁板之类),用夹子压入其位。以消除裂纹产生的高度差。

③在涂黏合剂的部位,固定一块玻璃纤维布(不包括末端有加强材料的部位),压紧布,用刮刀将淌到纤维布外面的黏合剂刮到纤维布表面上,形成平的涂层,如图6-9所示。

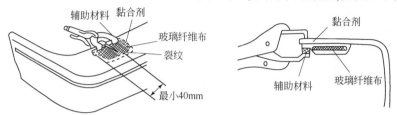

图6-9　加强裂纹部位

④使用红外线烤灯,加热部位到60~70℃,使黏合剂固化,冷却后,拆除夹子。参照黏合剂生产厂商的加热固化时间。

(6)打磨。往复式打磨机配合P300~P400砂纸在损坏的周边部位打磨,并磨出羽状边。

(7)涂聚丙烯底漆(塑料底漆)。

①清洁与除油。使用溶剂型抗静电清洁剂。

②为保证保险杠光面的附着力,在塑料材料表面涂一层薄的特殊的聚丙烯底漆,并干燥5~10min。

(8)施涂原子灰。

①使用柔性原子灰黏合剂补在要修补的部位(裂纹或刮痕)和周围(羽状边部位外边10~20mm)。

②使用红外线烤灯加热该部位到60~70℃,使原子灰固化。参照生产厂商的说明。

(9)打磨原子灰。

①保险杠冷却后,用打磨机配合P120~P320砂纸打磨原子灰。

②使用320号砂纸,打磨区域向外适当扩展。

③打磨部位和周围清洁与除油。使用溶剂型抗静电清洁剂。

技术提示

对保险杠上施涂的原子灰进行打磨时,不得用力过大。因为保险杠是柔性的,用力过大,容易使保险杠变形,如图6-10所示。

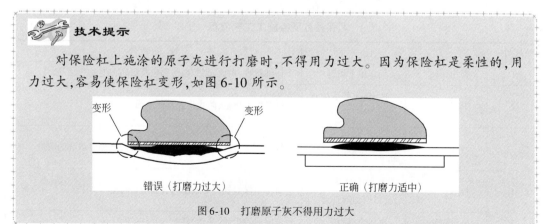

图6-10　打磨原子灰不得用力过大

(10)涂聚丙烯底漆(塑料底漆)。

在光表面裸露的部位涂聚丙烯底漆,以提高涂层附着力,并干燥5~10min。

(11)涂中涂漆层。

①遮护。

②向损坏的部位涂中涂漆层(塑料底漆)。

③按生产厂商的说明干燥中涂漆层。

(12)打磨中涂漆层。

①在有针孔或砂纸刮痕的部位涂刮填眼灰。

②填眼灰干燥后,用打磨机配合P320砂纸做面漆施工前的打磨。局部修理使用P500砂纸。

③空气吹干,清洁与除油。

(13)喷涂面漆。

①按照生产厂商提供的比例调配、过滤面漆涂料。

②喷涂面漆,视需要喷涂清漆。

③干燥面漆。

 技术提示

在双组分填补材料(原子灰)、纯色漆和清漆中加入增塑剂能够增加这些油漆的柔韧性。但如果增塑剂的添加比例不正确,漆膜反而会开裂。使用中需参照涂料生产厂商的说明。

(14)检查、修整。检查是否存在有瑕疵,进行适当的抛光处理。

(15)装车。

2. 保险杠更换

如果保险杠出现了重大损伤,需要更换新的保险杠。新保险杠在安装之前必须要经过一系列的涂装施工作业。

保险杆更换的施工工艺流程见表6-4。

保险杠更换施工工艺流程　　　　　　　　　　　表6-4

序号	项目	目的	施工要领
1	损伤评估	确定施工类型	仔细观察、对比,判断损伤部位及损伤程度
2	拆卸	拆卸原车受损保险杠	拆装施工规范,防止伤及其他漆面
3	清洗	清除脱膜剂、除静电	领取新保险杠,用热肥皂水清洗,再用抗静电清洗剂清洗
4	打磨	新保险杠表面除光,以增加附着力	对整个保险杠需要施涂的表面进行打磨
5	施涂中涂漆	增加涂料附着力	施涂前除尘、除油、除静电,塑料底漆,干燥

续上表

序号	项目	目的	施工要领
6	打磨	打磨中涂底漆,提高平整度	对整个保险杠需要施涂的表面进行打磨
7	清洁	除尘、除油、除静电	抗静电清洁剂清洁表面,粘尘布擦拭
8	施涂面漆	提供颜色、光泽度、膜厚、保护层	与原车面漆类型相同,调色、配制涂料、喷涂施工,涂料中须添加适当的增塑剂,涂膜干燥
9	修整	修补面漆轻微缺陷	抛光、检验合格
10	安装	安装保险杠	安装施工规范,防止伤及其他漆面

对车辆保险杠经过损伤评估后,确定需要进行更换。在领取新的保险杠之后,需要进行以下的修理作业:

(1)清洗。

①将适量的肥皂粉加入水中混合,搅拌后再加入热水,水温60℃左右,对保险杠进行清洗,以便除去残留在新保险杠表面的脱膜剂。

②用清水再一次彻底清洗保险杠。

③使用抗静电清洁剂清洗保险杠表面。采用一湿一干两块擦拭布进行操作。

④用空气枪使用压缩空气彻底吹干。

脱 模 剂

在保险杠制作过程中,需要凹形模具使之成型,为了方便成型之后的保险杠取出模具,需要在模具上预先喷涂脱膜剂。脱模剂附着在保险杆的裸露表面,在涂装施工中必须将其清除,否则会引起涂层剥离。

(2)打磨。用P240~P320砂纸,打磨保险杠表面,如图6-11所示。

(3)喷涂中涂漆层。

①用抗静电清洗剂清洗保险杠,除保险杠表面粉尘、油污以及静电。

②用粘尘布擦拭保险杠表面。

③按涂料生产厂商的说明调和中涂漆层,涂到整个表面。

④干燥中涂漆层。

(4)打磨。用P500砂纸打磨中涂漆层。

(5)喷涂面漆。

①清洁、除油。对施涂区域进行除尘、除油、除蜡等清洁工作,并吹干。

图6-11 打磨保险杠

②调配面漆涂料。按照要求调色,然后按涂料生产厂商的配比调配面漆,并过滤。

③喷涂面漆。按照面漆的喷涂施工要求喷涂面漆。按照原车面漆的类型采取适当的喷涂操作工序。视需要喷涂清漆。

 技术提示

保险杠面漆的喷涂

塑料件面漆施工方法与车身面漆施工方法不同。塑料件面漆层需要有弹性及较高的附着力,必须添加增塑剂(或称柔软剂),使得塑料件面漆层能达到预期的效果。具体的添加比例,参照涂料生产厂商的说明。

①施工人员穿戴好个人安全防护用品(表1-2)。
②使用粘尘布清洁保险杠需要喷涂的表面。
③按要求调色,参照《油漆调色技术》(人民交通出版社出版,王亚平、马远辉主编)。
④按正确的配比调配涂料(色漆、增塑剂及稀释剂,参照涂料生产厂商的说明)。
⑤选择合适的喷枪,将过滤好的涂料装入喷枪涂料罐。
⑥调整好喷枪进行第一道喷涂,从较难喷涂处先行喷涂,再做整体喷涂,然后静置10~15min。
⑦第二道喷涂和第一道相似,从较难处先行喷涂,再做整体喷涂,同时需要确定保险杠完全过色。静置10~15min。
⑧第三道喷涂为降压薄喷,主要目的是调整色漆(或银粉、珍珠漆)的排列均匀。
⑨喷涂后,需要再次静置5~10min。然后用粘尘布轻轻清洁,除去漆雾粒子。
⑩按比例调配清漆。
⑪过滤清漆,加入合适的喷枪内。
⑫调整好喷枪进行第一道清漆喷涂,从较难喷涂处先行喷涂,再做大面积喷涂。然后静置5~10min。
⑬第二道喷涂和第一道大致相同,从不易喷涂处先行喷涂,再湿喷大面积区域。喷后观察涂膜的流平性,及表面涂膜是否完善。
⑭静置10min左右时间,再进行加热烘烤,以确保喷涂品质。

④干燥。可自然干燥,也可用烤房或红外线烤灯干燥。干燥时间参考涂料生产厂商的要求。

(6)检查、修整。检查是否有瑕疵,进行适当的抛光处理。

(7)装车。

3. 保险杠漆面损伤

某些车辆仅是在使用过程中出现了保险杠漆面损伤,保险杠本身没有出现损坏和变形,只需要修补保险杠的受损漆面。而仅进行修补涂装作业时,尽可能不要将保险杠从车身上拆下,以减少不必要的麻烦。

保险杠漆面损伤修补的施工工艺流程见表6-5。

保险杠漆面损伤修补施工工艺流程　　　　　　　　　　　表6-5

序号	项　目	目　　的	施 工 要 领
1	损伤评估	确定施工类型	仔细观察、对比,判断损伤部位及损伤程度
2	遮护	保护非施工区域	使用遮蔽纸和遮蔽胶带
3	打磨	清除旧涂层	使用打磨机打磨,并磨出羽状边
4	清洁	除尘、除油、除静电	抗静电清洁剂
5	施涂底漆	增加涂料附着力	喷涂前进行遮护,喷涂塑料底漆,干燥
6	打磨	打磨底漆,提高平整度	对整个保险杠需要施涂的表面进行打磨
7	清洁	除尘、除油、除静电	抗静电清洁剂清洁表面,粘尘布擦拭
8	遮护	面漆施涂前遮护,保护非涂装区域	遮蔽纸、遮蔽胶带及塑料薄膜
9	施涂面漆	遮盖修补部位,提供颜色、光泽度、膜厚、保护层	清洁表面,与原车面漆类型相同,调色、配制涂料,处理驳口,涂料添加增塑剂,涂膜干燥
10	修整	修补面漆轻微缺陷	抛光,检验合格

注:保险杠漆面的轻微划伤,一般可不施涂原子灰。但如果划伤区域过大,视情况需要可以施涂原子灰。保险杠施涂的原子灰必须是塑料件专用的柔性原子灰。

对车辆保险杠经过损伤评估后,确定仅需要进行漆面损伤区域进行维修涂装。需要进行以下的修理作业:

(1)遮护。对漆面受损区域,进行适当遮护。使用遮蔽胶带、遮蔽纸对可能受打磨施工影响的区域进行适当遮护。

(2)打磨。

①使用打磨机配合P240砂纸打磨受损区域,如图6-12所示。

②磨出羽状边。

(3)清洁、除油。

①使用擦拭布蘸抗静电清洁剂,对受损区域清洁,并适当扩大清洁范围。

②吹干。

(4)施涂底漆。

①喷涂前遮护易受喷涂污染的部位。

②喷涂合适的塑料底漆,如图6-13所示。一般施涂两层底漆,第一层轻喷受损区域,第二层适当扩大喷涂区域。

(5)干燥。

可自然干燥,也可用烤漆房或红外线烤灯干燥。

(6)打磨。干磨机配合P500砂纸,对底漆进行打磨,如图6-14所示。

(7)清洁、遮护。

①清洁。对施涂区域进行除尘、除油、除蜡、除静电等清洁工作,并吹干。

②遮护。

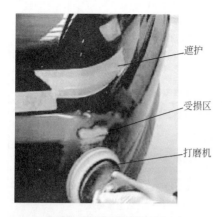

图 6-12 打磨受损区域

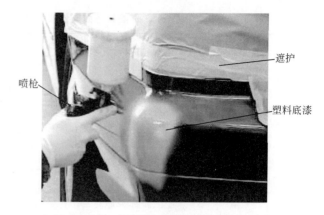

图 6-13 施涂底漆

(8) 施涂面漆。

①清洁。用粘尘布清洁施工表面。

②调配面漆。按照要求调色,然后按涂料生产厂商的配比调配面漆,并过滤。

③喷涂面漆。按照面漆的喷涂施工要求喷涂面漆,并注意做驳口过渡。按照原车面漆的类型采取适当的喷涂操作工序,视需要喷涂清漆。

④干燥。可自然干燥,也可烤漆房或红外线烤灯干燥。

(9) 修整。检查是否有瑕疵,进行适当的抛光处理。

图 6-14 打磨底漆

三、评价反馈

1. 自我评价

(1) 通过本学习任务的学习,你是否已经掌握以下问题:

①保险杠的维修工作一般可分为哪 3 种情况?_____
_____。

②保险杠维修的施工工艺流程是什么?_____
_____。

③保险杠更换的施工工艺流程是什么?_____
_____。

④保险杠漆面损伤修补的施工工艺流程是什么?_____
_____。

⑤塑料有哪些特性？_____
_____。

⑥汽车上使用的塑料可分为哪些类型？各有何特点？_____
_____。

⑦如何鉴别汽车上的塑料类型？_____
_____。

⑧塑料件黏结修理的工艺流程是什么？_____
_____。

⑨和车身涂装相比，塑料底材的涂装方法在哪些方面不同？_____
_____。

(2)在塑料底材的涂装施工过程中用到了哪些设备？你已经能够正确地操作这些设备了吗？

    评价：_____
_____。

(3)实训操作中，你能正确完成一件塑料底材的涂装施工作业吗？你认为在塑料底材涂装施工作业中的注意事项有哪些？

    评价：_____
_____。

(4)工作着装规范吗？

    评价：_____
_____。

(5)在实训中你意识到安全防护的问题并提醒其他同学注意了吗？出现了不规范的情况吗？是如何处理的？

    评价：_____
_____。

(6)你能积极主动参与工作现场的清洁和整理工作吗？能正确完成喷枪的清洗工作吗？知道烤漆房的使用注意事项吗？

    评价：_____

(7) 在完成本学习任务的过程中,你主动帮助过其他同学了吗?与其他同学探讨塑料底材涂装的有关问题了吗?具体问题是什么?讨论结果是什么?

评价:_____

_____。

(8) 通过本学习任务的学习,你还有哪些方面需要进一步改善?

评价:_____

_____。

(9) 在进行本学习任务的过程中,你主动学习了"相关知识"的有关内容吗?掌握情况如何?

评价:_____

_____。

(10) 在本学习任务的实施中,你查阅了其他的相关资料吗(包括生产厂商的说明)?有何收获?

评价:_____

_____。

(11) 在本学习任务中你遇到的困难是什么?如何解决的?

评价:_____

_____。

你的签名:_____ ____年____月____日

2. 小组评价

小组评价见表6-6。

小 组 评 价　　　　　　　　　　　　表6-6

序号	评价项目	评价情况
1	学习态度是否积极主动	
2	是否服从教学安排	
3	是否达到全勤	
4	着装是否符合要求	
5	是否合理规范地使用仪器和设备	
6	是否按照安全和规范的规程操作	
7	是否遵守学习、实训场地的规章制度	

续上表

序号	评 价 项 目	评 价 情 况
8	是否积极主动地和他人合作、探讨问题	
9	是否能保持学习、实训场地整洁	
10	团结协作情况	

参与评价的同学签名：_____　　____年____月____日

3. 教师评价

_____

_____。

教师签名：_____　　____年____月____日

学习任务7　涂装质量检测和缺陷处理

学习目标

1. 能够正确进行涂膜质量的检测；
2. 能够掌握喷涂过程中产生的漆膜缺陷及其防治方法；
3. 能够掌握涂装后产生的漆膜破坏状态及其防治方法；
4. 能够正确进行抛光打蜡作业；
5. 能够正确进行涂膜的修整作业。

任务描述

对一辆进行过车身涂装工作的车辆，进行涂装质量检测作业，对喷涂过程中和涂装后产生的涂装缺陷进行原因分析并处理缺陷。

学习引导

本学习任务沿着以下流程进行：

一、相关知识

1.涂膜质量的检测

涂膜质量的检测是取得优异的汽车涂装效果的重要保证。做好涂装质量检测工作不仅是给用户的汽车涂层提供满意的外观装饰效果，优异的抗腐蚀性和耐久性，同时也是对企业负责，推动企业发展的有力保证。因此，在涂装作业之前一定要做好各项准备工作，必要时要进行喷涂样板测试等，以确保涂装的质量，节约时间和成本。

（1）涂膜厚度检测。涂膜的厚度检测目前常采用两种方法，一种是利用千分尺来进行测量，这种方法不能直接测得被涂车辆的膜厚，只能测量喷涂样板的涂膜厚度。将喷涂样板遮盖后进行喷涂,待干燥后用千分尺分别测量未喷涂部位的厚度与喷涂部位的厚度,两者之差即为膜厚。

对于被涂车辆车身上的膜厚,通常采用磁性测厚仪进行测定。用磁性测厚仪测量膜厚也有缺点,它只能测量钢铁等导磁金属表面的涂膜厚度,对不导磁物体无法测量;若汽车车身表面经过多次修复或涂有很厚的原子灰层,会影响导磁,导致不能测量。

使用磁性测厚仪测量时,首先要进行归零处理:取出探头,插入仪器的插座上,选用一块与被测物底材相同的材料,擦洗干净,把探头放在底板上按下电钮,再按下磁芯。当磁芯跳开时如果指针不在"0"位,则须调整调零电位器使其归零,调零后即可以进行测量。取距样板边缘不小于1cm的被涂物面上的几个点进行测量。将探头放在被测涂膜上按下电钮,再按下磁芯,使之与被测涂膜完全吸合,此时表盘上的指针缓慢下降,待磁芯跳开,指针稳定时即可读出涂膜的厚度值。取测量各点厚度的算术平均值作为被测涂膜的平均厚度值。

(2)涂膜附着力检测。涂膜的附着力是指涂膜与被涂物面之间的结合力,用它表示涂膜与被涂物之间的结合牢固程度。要真正测得涂膜的附着力是比较困难的,目前只能以间接的手段来测定,往往测得的结果除附着力外还包括一些其他的综合性能,而在硬度、冲击强度、柔韧性实验中,也可以间接地反映出涂膜的附着力。

目前,测定涂膜的附着力常采用两种方法,即综合测定法和剥落测定法。综合测定法包括栅格法、交叉划痕法和画圆法;剥落测定法包括扭开法和拉开法。根据《漆膜附着力测定法》(GB 1720—79)规定,广大企业普遍使用综合测定法中的画圆法来测定涂膜的附着力,所得的结果也被广泛认同。

画圆法即用附着力测定仪在喷涂样板上按圆滚线划出一圈一圈的划痕,然后查看划痕范围的涂膜完整程度进行评定。

测定方法:待喷涂样板彻底干燥后,在恒温、恒湿的条件下测定。测量时,首先调整划针的回转半径,直至与标准回转半径5.25mm的圆滚线相同为止。将样板放在实验台上并固定,在荷重盘上酌加砝码,使转针的尖接触到涂膜并能划至金属层。沿顺时针方向均匀摇转摇柄,转速以80~100r/min为宜,圆滚线划痕标准图长为7.5±0.5cm。取出样板,用毛刷清除漆屑,用四倍放大镜观察划痕并作出评定。

评定的方法:以样板上划痕的上侧为检查的目标,依次标出七个部位,相应地将其附着能力分为7个等级,按顺序检查涂膜的完好程度。例如,部位1涂膜完好,附着力评为1级;部位2、3、4、5…均有不同程度的脱落,依次评为2、3、4、5…等级,部位7脱落最多,评为7级。测试的结果以至少两块测试样板的结果一致为准。这种方法用来做不同涂料或不同底材的附着力比较测试较为常用。

在没有测试仪器的情况下,可以使用一种比较简便易行的方法进行附着力测试,方法如下:在完全干燥的样板上,取不同的部位,用锋利的刀片或划针在1cm^{2}范围内分别划横竖10条刻线至金属层,将这一区域划分为若干个1mm见方的小方格,然后用黏度较大的塑料胶带粘贴在这些小方格上,用力撕下胶带,通过观察涂膜的剥落现象,来评定涂膜的附着能力,如图7-1所示。这种方法由于局限性较大,所以只作为参考用,不能作为评判的标准。但由于该方法简便易行,所以在涂装车间进行简单测试时经常采用。

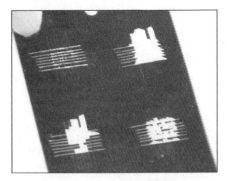

图 7-1 划痕法检测涂膜附着力

(3)涂膜光泽度检测。所谓涂膜光泽度是指涂膜表面把投射其上的光线向一个方向反射的能力。涂膜表面如果平整光滑,光线向一个方向反射的能力越强,涂膜越亮,其光泽度越好,反之就差。涂膜表面反射光的强弱不但取决于涂膜表面的粗糙程度,还取决于涂膜表面对投射光的反射量和透过量的多少。

在同一涂层表面,以不同入射角投射的光会出现不同的反光强度,因此,在测量光泽度时,不管是目测还是采用仪器,都必须首先确定光的入射角。我国规定采用的标准入射角为45°。一般光泽度的大小均是相对的比较值,即光泽计附有一块高光泽度标准样板(黑玻璃),规定该标准样板的光泽度为100%,与被测定的涂膜的样板进行比较,用百分比表示。

光电光泽计的原理是,将一定角度的光投射于被测涂膜样板上,通过透镜反射,光电池将反射光强度转变为电能,再通过精密的检流计测定。用该测定值与同样条件下光泽计内附的标准板所反射的光量值进行比较,其比值的百分数即为被测样板的光泽度。

进行光泽度检测时需要同时测量不同的几点(不少于三个点)以进行综合评定。每测定5块涂膜样板后,应进行一次校对,标准板宜用专用镜头纸或柔软绒布擦拭,以避免损伤镜面。

(4)涂膜柔韧性检测。涂膜的柔韧性又称为弹性或弯曲性,是指涂于一定规格金属板上的涂膜能够经受的最大弯曲程度(最小弯曲直径),即涂膜经过一定程度的弯曲而不被破坏的性能,用弯曲直径(mm)表示。测试时须使用柔韧性测定器,将喷涂样板在不同直径的轴棒上弯曲,直至弯曲后不引起涂膜破坏的最小轴棒为止,最小轴棒的直径即表示该涂膜的柔韧性数值。

(5)涂膜耐冲击强度检测。涂膜的耐冲击强度是指涂膜能承受外来冲击而不损坏的程度。根据《涂膜耐冲击测定法》(GB 1732—1993)规定,以钢锤的重力与其落于涂膜样板上而不引起破坏的最大高度的乘积 N·cm 来表示。

测试方法:按国标规定,待测试样板涂膜彻底干燥后在恒温、恒湿条件下进行。涂膜向上,将样板放置在实验器下部的铁砧上。样板承受冲击的部分距边缘不少于15mm。钢锤控制在一定的高度(通常为涂料产品标准规定的高度),按压控制按钮,钢锤自由下落并冲击冲头,冲头冲击涂膜样板。提起钢锤,取出样板,用四倍放大镜观察涂膜有无裂纹、皱纹和剥落等破坏现象。

(6)涂膜硬度检测。涂膜硬度是指涂膜彻底干燥后具有的坚实性,即涂膜表面对作用于其上面的另一个硬度较大的物体所表现的阻力。这个阻力可以通过一定负荷作用在比较小的接触面积上,测定涂膜抵抗变形的能力来表现出来。它是表现涂膜机械强度的重要指标之一。

对于涂膜硬度还有一种比较简便的方法,使用铅笔来测定其硬度值。测试用的铅笔质量要求有保证,各级笔芯的硬度要有明显且均匀的差异,准备铅笔一套,如图7-2所示,从

6H 到 6B 共 13 支。

从最软的铅笔开始,保持铅笔与测试样板呈 45°角,由后向前推进,如图 7-3 所示,如果笔芯划破涂膜,则说明涂膜的硬度比该铅笔的硬度低一号。该方法因使用简便而被广泛采用,但因铅笔的生产制造过程中存在很大的差异,所以仅可以做一般比较和简单检测使用,不能作为标准。

图 7-2　检测涂膜硬度用的铅笔

图 7-3　用铅笔测试样板硬度

2. 喷涂过程中产生的漆膜缺陷及防治方法

涂装缺陷有上百种,一般可分为漆膜缺陷和漆膜的破坏状态。所谓漆膜缺陷是指漆膜的质量与规定的技术指标相比所存在的缺陷,一般产生于涂装过程中;漆膜的破坏状态是漆膜在腐蚀介质的作用下或在特定的使用条件下产生的综合性能变化的外观表现。

由于某些漆膜缺陷和漆膜的破坏状态从外观形态来看非常相似,也都是涂装过程中涂装工艺控制不当形成的,但两者产生的原因及其防治方法有很大差别。所以必须明确分类,才能有效地防治。

涂装过程(含涂装后不久)中产生的漆膜缺陷,一般与被涂物表面的状态、选用的涂料、涂装方法及操作、涂装工艺及设备和涂装环境等因素有关。汽车涂装中常见的漆膜缺陷及其防治方法有如下几种。

(1)流挂。喷涂在施喷件垂直面上的涂料向下流动,使漆膜产生不均一的条纹和流痕的现象,根据流痕的形状可分为下沉、流挂、流淌等,如图 7-4 所示。下沉是指涂装完毕到干燥期间涂层局部垂流,产生厚度不均匀的半圆状、冰瘤状、波状等现象;流挂是指在采用浸、淋、喷、刷等涂装方法的场合,涂料在被涂物的垂直面和边缘附近积留后,固化并牢固附着的现象;流淌是指被涂物垂直表面漆膜大面积的流挂现象。

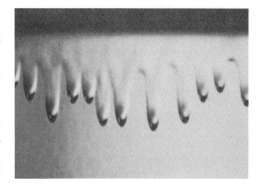

图 7-4　流挂

①产生原因。

a. 所用溶剂挥发过慢或与涂料不配套。

b. 一次喷涂过厚,喷涂操作不当,重枪过多,或喷涂距离和角度不正确。

c. 涂料黏度偏低。

189

d. 喷涂时环境温度过低或周围空气中的溶剂含量过高。

e. 涂料中含有密度大的颜料(如硫酸钡)。

f. 在光滑的被涂物或漆膜上喷涂新漆时,也容易发生垂流。

g. 各涂层之间的相隔时间太短。

h. 喷枪的喷嘴直径过大。

②防治方法。

a. 正确选择溶剂,注意溶剂的溶解能力和挥发速度。

b. 提高喷涂操作的熟练程度,喷涂均匀,注意喷枪与喷涂表面的距离和角度,一次不宜喷涂太厚(一般控制在 $20\mu m$ 左右为宜)。

c. 严格控制涂料的施工黏度和温度。

d. 加强换气,喷漆间的环境温度应保持在20℃以上。

e. 调整涂料配方或添加阻流剂。

f. 在喷涂前要预先打磨。

g. 喷枪的喷嘴直径应适当。

(2)颗粒。颗粒缺陷是指漆膜中的凸起物呈颗粒状分布在整个或局部表面上的现象。由混入涂料中的异物、涂料变质或过喷涂而引起的称为涂料颗粒;金属闪光涂料中铝粉在涂面造成的凸起异物称为金属颗粒;在涂装时或刚完成的湿漆膜上附着的灰尘或异物称为尘埃,如图7-5 所示。

①产生原因。

a. 涂装环境的空气清洁度差,调漆室、喷漆间内有灰尘。

图 7-5　颗粒

b. 施喷件表面不清洁。如打磨后施喷件内外没有彻底清洁;选用质量较差的棉布做清洁,而棉布的纤维物留在施喷件上。

c. 施工操作人员工作服、手套等装备掉纤维。

d. 易沉淀的涂料未充分搅拌或过滤。

e. 涂料变质,如漆基析出或反粗,颜料分散不佳或产生凝聚,有机颜料析出,闪光色漆的漆基中铝粉分散不良等。

f. 喷漆间内温度过高或溶剂挥发太快。

g. 漆雾过多(干喷涂),涂料的黏度过高。

h. 喷漆系统中用的泵不合适,喷漆间压力不平衡,压缩空气没有过滤或过滤时不充分。

②防治方法。

a. 调漆室、喷漆间内的空气除尘要充分,确保涂装环境洁净。

b. 施喷件表面应清洁,如用黏性擦布擦净或用压缩空气吹净喷涂表面上静电吸附的尘埃。

c. 操作人员要穿戴不掉纤维的工作服及手套。

d. 供气管路上要安装有过滤器。

e. 不使用变质或分散不良的涂料。

f. 调整喷漆间内的温度,添加高沸点溶剂。

g. 注意喷涂顺序,注意喷漆间内的风速,调整油漆黏度。

h. 推荐使用柱塞泵,调整压缩空气的压力。

(3)抽缩、缩孔、鱼眼。此缺陷受施喷件表面存在的(或混入涂料中的)异物(如蜡、油或硅酮等)影响,涂料不能均匀附着,产生收缩而露出施喷件表面的现象。由于产生的原因及现象有较大的差别,露底面积大的且不规则的称为抽缩;呈圆形(直径多为0.1~2mm)的称为缩孔;在圆孔内有颗粒的称为鱼眼。这种缺陷产生在刚涂装完的湿漆膜上,有时在烘干后才发现,如图7-6所示。

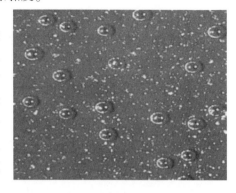

图7-6 抽缩、缩孔、鱼眼

①产生原因。

a. 所用涂料的表面张力偏高,流平性差,释放气泡性差,本身对缩孔的敏感性差。

b. 调漆工具及设备不洁净,使有害异物(有些是肉眼看不见的)混入涂料中。

c. 被涂物表面不干净,有脂肪、油、蜡、肥皂、硅酮等异物附着。

d. 涂装车间中空气不清洁,有油雾、漆雾、蜡雾等。

e. 涂装工具、工作服、手套不干净。

②防治方法。

a. 在选用涂料时,要注意涂料对缩孔的敏感性。

b. 在喷漆间,无论是设备、工具还是生产用辅助材料等,绝对不能带有对涂料有害的物质,尤其是硅酮,使用前要进行试验检查。

c. 应确保压缩空气清洁,无油无水。

d. 确保涂装环境清洁,空气中应无灰尘、油雾和漆雾等飘浮。

e. 严禁用手、脏擦布和脏手套接触被涂物表面,确保被涂物表面的清洁。

f. 在旧涂层上喷漆时,应用砂纸充分打磨,并擦拭干净。

(4)异物沾污。异物沾污是指由于铁粉、水泥粉、干漆雾、树脂或化学品等异物的附着,漆面变粗糙、脏污或带有色素物质的沾污,产生异色斑点等现象,使漆面腐蚀和脱色。严重的情况下,这些物质会破坏漆面的粗糙度,如图7-7所示。

图7-7 异物沾污

①产生原因。

a. 在漆面干燥过程中,周围环境中的铁粉、水泥粉、砂尘、干漆雾等异物的侵入和附着。

b. 漆面接触沥青、焦油、酸性物质、树脂、昆虫、鸟粪、化学物质和有色素的物质等。如焦油粘到油漆表面,脱色的情况就会产生,由于部分焦油分子迁移到油漆表面,留下污染的棕黑色斑点,而造成腐蚀。

c. 工业废气、化学品等会穿透油漆表面,使漆面脱色。

d. 涂层在使用过程中发霉。

② 防治方法。

a. 保持漆面干燥场所清洁,消除污染物。

b. 防止漆面与污染介质相接触,选用耐沾污性好的涂料。

c. 选用防霉性强的涂料或在涂料中添加防霉剂。

(5) 气泡。搅拌引起的气泡或由溶剂蒸发产生的气泡,在涂装成膜过程中未消失而残留在漆膜中,统称为气泡。由底材或漆面所吸收含有水分、溶剂或气体,使漆面在干燥(尤其是烘干)过程中呈泡状鼓起的缺陷,分别称为水气泡、溶剂气泡或空气泡。如图 7-8 所示。

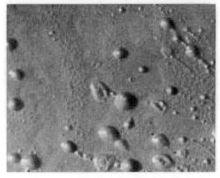

图 7-8 气泡

① 产生原因。

a. 溶剂挥发快,涂料的黏度偏高。

b. 烘干时加热速度过快,晾干时间过短。

c. 施喷件的表面(填料、裸露金属等)未进行充分的清洁;漆面中含有(或残留有)溶剂、水分或空气。

d. 搅拌混入涂料中的气体未完全释放就喷涂。

e. 当喷涂面漆后,工件长时间存放于潮湿环境中,而形成潮湿效应。

f. 施喷件温度过高从而缩短了正常干燥相隔时间。

② 防治方法。

a. 使用指定溶剂,黏度应按涂装方法选择,不宜偏高。

b. 漆面烘干时升温不宜过急。

c. 施喷件表面应干燥清洁,上面不能残留有水分和溶剂。

d. 添加醇类溶剂或消泡剂。

e. 喷涂面漆后,工件应放置在干燥的环境中。

f. 控制施喷件的温度,使其温度略高于喷涂环境温度。

(6) 砂纸打磨划痕。砂纸打磨划痕缺陷是指喷涂面漆和干燥后仍能清楚地看到大量呈凹槽状印记的现象。这是在喷涂面漆之前的砂纸打磨痕迹,影响涂层外观(光泽、平滑度、丰满度和鲜映性),如图 7-9 所示。

① 产生原因。

a. 所选用的打磨砂纸太粗或质量差。

b. 底漆层未干透(或未冷却)就打磨。

c. 施喷件表面状态不良,有极深的锉刀纹和打磨纹。

d. 喷涂厚度不足。

图 7-9 砂纸打磨划痕

②防治方法。

a. 应按工艺要求选用打磨砂纸。在打磨填料及底漆时,先喷涂一层黑色指导层,待涂层干固后,使用800号较细砂纸作彻底打磨。

b. 待底漆层干透后和冷却至室温后再打磨。

c. 对于要求较高的场合,以湿打磨代替干打磨。

d. 提高施喷件表面的质量。

e. 提高喷涂的漆膜厚度。

(7)橘皮。橘皮是指在喷涂时不能形成平滑的干漆膜面,而成橘皮状的凹凸现象。凹凸度约3μm,如图7-10所示。

图7-10 橘皮

①产生原因。

a. 涂料黏度大,流平性差。

b. 压缩空气压力低,导致雾化不良。

c. 喷涂时使用干喷式施喷,导致涂料从喷枪到施喷件的距离太近。

d. 施喷件和空气的温度偏高,喷漆间内风速过大,溶剂挥发过快。

e. 晾干时间短,喷涂厚度不足。

f. 喷涂时喷枪与施喷件表面距离较远。

②防治方法。

a. 选用合适的溶剂,添加流平剂或挥发较慢的高沸点有机溶剂,以改善涂料的流平性。

b. 选择合适的压缩空气压力,选择出漆量和雾化性能好的喷涂工具,使涂料达到良好的雾化。

c. 一次喷涂到规定厚度(控制到不流挂的程度),适当延长晾干时间,不宜过早进入烤房烘干。

d. 施喷件温度应冷却到50℃以下,喷漆间内的温度应保持在20℃左右。

e. 调整喷枪与喷涂表面的距离。

(8)色不匀(色发花)。色不匀是指漆膜的颜色不均匀,出现斑印、条纹和色相杂乱的现象。一般是由涂料的涂装不当,及涂料组分变化等引起的,如图7-11所示。

图7-11 色不匀(色发花)

①产生原因。

a. 涂料中的颜料分散不良或两种以上的色漆相互混合时混合不充分。

b. 所用溶剂的溶解能力不足或施工黏度不适当。

c. 面漆层过厚,使漆膜中的颜料产生表里"对流"现象。

d. 在涂装车间附近有能与漆膜发生化学反应的气体(如氨、二氧化硫等)。

e. 喷涂时喷涂压力过高或过低。

②防治方法。

a. 选用分散性和互溶性良好的颜料。

b. 选择适当的溶剂,采用符合工艺要求的涂装黏度及漆膜厚度。

c. 调配复色漆时应使用同一类型的颜料,最好用同一厂家生产的同一类型的颜料。

d. 喷涂时喷枪走枪要均匀,喷涂压力大小要适当。

(9) 浮色(色分离)。浮色是指涂料中各种颜料的粒度大小、形状、密度、分散性、内聚性等的不同,使漆膜表面和下层的颜料分布不均,各断面的色调有差异的现象。与色不均的差别在于,浮色漆膜外观色调一致,但湿漆膜和干漆膜的色差大,如图 7-12 所示。

①产生原因。

a. 在涂装含有两种以上颜料的复色涂料时,由于溶剂在涂层的表里挥发不一致,易出现对流而产生浮色现象。

图 7-12　浮色(色分离)

b. 涂料中颜料的密度相差悬殊。

c. 喷涂时喷涂压力过高或过低。

②防治方法。

a. 改进涂料配方(如选用不易浮色的、易分散的颜料)。

b. 添加防浮色剂,如硅油对防止浮色有明显的效果。

c. 喷涂时喷枪走枪要均匀,喷涂压力大小要适当。

(10) 云斑(银粉不匀)。云斑是指在喷涂金属银粉漆面时,因喷涂的厚度不均匀、施工方法不当和所用溶剂与涂料不配套而引起的银粉分布不匀、定向不匀,导致漆膜外观颜色不均匀的现象。这种缺陷常常发生在喷涂大面积的金属银粉漆面时,如图 7-13 所示。

①产生原因。

a. 涂料配方不当(如银粉含量偏低、溶剂的密度大、树脂的分子量低等)。

图 7-13　云斑(银粉不匀)

b. 喷涂时涂料黏度过低或过高。

c. 涂层过厚或膜厚不均匀,雾化差,喷涂操作不熟练。

d. 喷涂银粉漆与清漆采用"湿碰湿"工艺时,中间相隔时间过短。

e. 喷涂环境温度低。

f. 涂层受湿空气或潮湿天气影响。

②防治方法。

a. 改进涂料配方,使用油漆厂指定的溶剂。

b. 选用合适的喷涂黏度。

c. 提高喷涂操作者的熟练程度,采用专业喷涂工具。

d. 采用"湿碰湿"工艺时,中间相隔时间要足够。

e. 将喷涂时的环境温度调节到合适的范围内。

(11)原子灰残痕。原子灰残痕是指涂层表面刮过原子灰的部位在喷涂面漆后产生印痕或失光等现象,如图7-14所示。

①产生原因。

a. 刮原子灰的部位打磨不足。

b. 刮原子灰的部位未喷涂隔绝底漆,原子灰的吸漆量大或颜色与底漆层不同。

c. 所用原子灰的收缩性大,固化后变形。

②防治方法。

a. 对刮原子灰的部位要充分打磨。

b. 在刮原子灰的部位喷涂隔绝底漆。

c. 选用收缩性小的原子灰。硝基原子灰收缩性大,只适用于填平砂眼之类缺陷。

(12)起皱。起皱是指在干燥过程中,漆膜表面出现凹凸不平且平行的线状皱纹或无规则线状皱纹现象,如图7-15所示。

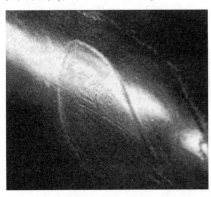
图7-14 原子灰残痕

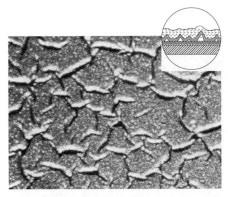
图7-15 起皱

①产生原因。

a. 热塑性合成油漆易发生起皱现象。

b. 在涂料中添加过多的钴和锰催干剂。

c. 烘干升温过急,表面干燥过快。

d. 漆膜过厚或在浸涂时产生"肥厚的边缘"。

e. 氨基漆晾干过度,表干后再烘干,易产生起皱现象。

f. 在不适当的干燥条件下喷涂,如喷漆间的温度或湿度过高。

②防治方法。

a. 按照工艺要求调整喷漆间的温度或湿度。

b. 少用钴或锰催干剂,多用铅或锌催干剂。对于烘干型涂料,采用锌催干剂效果好。

c. 每道漆的厚度控制在不产生起皱范围值内。

d. 执行晾干和烘干的工艺过程。

e. 采用防起皱剂,如油性的纯酸树脂漆喷涂稍厚,在烘干时就容易产生起皱,可以添加少量(5%以下)氨基树脂作为防起皱剂。

f. 氨基面漆在按规定晾干后再进行烘干。

(13)咬起。喷涂面漆后底漆(或旧漆层)被咬起脱离,产生皱纹、胀起、起泡等现象称为咬起。喷涂含强溶剂涂料(如硝基漆)时,易产生这种现象。咬起一般还容易发生在新喷的面漆层与旧漆层的驳口处或经填补原子灰的中间漆上。如图7-16所示。

① 产生原因。

a. 底漆层未干透就涂下一层。

b. 涂料不配套,底漆层的耐溶剂性差或面漆中含有能溶胀底涂层的强溶剂。

c. 底漆层喷涂太厚。

② 防治方法。

a. 底漆层干透后再涂面漆。

b. 改变涂料体系,另选用合适的底漆。

c. 在易产生咬起的涂层上,应先在底涂层上薄薄喷涂一层面漆,待稍干后再喷涂。

(14)白化、发白。白化、发白是指涂装过程中和刚涂装完毕的涂层表面呈乳白色,产生类似云雾那样的变白失光现象,多发生在涂装挥发性涂料的场合,严重时完全失光,如图7-17所示。

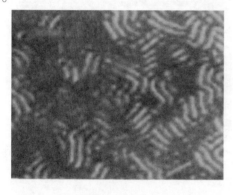

图7-16 咬起

图7-17 白化、发白

① 产生原因。

a. 喷漆间的湿度太高。

b. 所用有机溶剂的沸点低,而且挥发太快,会使后漆膜过快冷却,发生水汽凝结现象。

c. 喷漆间内环境温度过高或施喷件的温度过低。

d. 涂料和稀释剂中含有水分,或压缩空气中含有水分。

e. 溶剂和稀释剂的选用及配比不合适,晾干过程中溶剂挥发过快,造成树脂在涂层中析出而变白。

② 防治方法。

a. 喷漆间的环境温度最好控制在20℃左右,相对湿度不高于70%。

b. 选用沸点较高和挥发速度较低的有机溶剂,如丁醇等或添加防潮剂。

c. 涂装前先将施喷件在喷漆间内放置一段时间或加热,使其比环境温度略高。

d. 防止通过溶剂和压缩空气带入水分。

e. 防止树脂在成膜过程中析出。

(15)针孔。针孔缺陷是指在漆膜上产生针孔或像皮革的毛孔那样的孔状现象。一般孔的直径为 10μm 左右,如图 7-18 所示。

图 7-18　针孔

① 产生原因。

a. 涂料的流动性不良,流平性差,涂料释放气泡性差。

b. 涂料储运时变质,如沥青涂料在低温下储运时,漆基的互溶性和溶解性变差,局部析出,引起颗粒或针孔缺陷。

c. 涂料中混入其他物质,如溶剂性涂料中混入水分等。

d. 涂装后晾干不充分,烘干时升温过急,表面干燥过快。

e. 施喷件的温度过高或表面有污物(如焊药等),施喷件表面上有小孔。

f. 环境湿度过高。

② 防治方法。

a. 选用合适的涂料,对易产生针孔的涂料应加强进厂检验,避免使用不合格的涂料。低温状态下的沥青涂料出现缩孔,可通过原漆加温到 40~50℃ 存放一段时间(24h)来消除。

b. 注意存漆容器与涂装工具的清洁和溶剂的质量,防止混入其他有害物质。

c. 涂装后应按规定晾干,添加挥发性慢的溶剂使湿漆膜的表干减慢。

d. 注意施喷件的温度和表面的洁净度,消除施喷件表面的小孔。

e. 改善涂装环境。

(16)遮盖力差。透过面漆可以看见旧的油漆、少许底漆或部分底材颜色,漆膜有斑点且颜色不均匀,这种缺陷称为涂料遮盖力差。

① 产生原因。

a. 所用涂料的遮盖力差或涂料再喷涂前未搅拌均匀。

b. 涂料的施工黏度(或施工固体分)偏低,喷涂过薄。

c. 选用的溶剂不正确。

d. 喷涂不仔细或被涂物外形复杂,发生漏涂现象。

e. 底、面漆的色差过大,如在深色底漆上喷涂亮度高的浅色漆。

② 防治方法。

a. 选用遮盖力强的涂料,增加涂层厚度或增加喷涂道数,涂料在使用前和涂装过程中应充分搅拌。

b. 适当提高涂料的施工黏度或选用施工固体分高的涂料,每道漆应达到规定的喷涂厚度。单工序颜色漆的最佳漆膜厚度为 50~70μm(某些不含铬酸铅的黄、红色则例外),双工序金属银粉漆的最佳漆膜厚度为 15~30μm(某些很透明的颜色则例外)。

c. 提高喷涂操作的熟练程度,走枪速度要均匀。

d. 底漆的颜色尽可能与面漆的颜色相似。

(17)渗色。在一种漆膜上喷涂另一种颜色的漆,底漆层的颜色部分渗入面层漆膜中,而使面层漆膜变色的现象称为渗色。通常以红或黄色的形式出现。

①产生原因。

a. 底漆层中含有的有机颜料或溶剂能溶解的色素渗入面漆层中。

b. 施喷件表面上含有有色物质或底材上有附着物(如沥青、焦油残留物)。

c. 面漆中含有溶解力强的溶剂(如酯类、酮类)或底漆层未完全干透就喷涂面漆。

d. 聚酯填料(原子灰)中过量的过氧化物(硬化剂)被涂料中的溶剂溶解时会产生穿透性渗色。蓝、绿色调特别易于发生。

②防治方法。

a. 在含有有机颜料的涂层上不宜喷涂异种颜料的涂料(尤其是浅色面漆)。

b. 为防止渗色,在喷涂面漆前,应先喷涂一层隔绝底漆。

c. 面漆选用挥发快、对底漆层溶解力差的溶剂调配。

d. 清洗除去底层上的着色物质后再喷涂面漆。

(18)拉丝。拉丝是指在喷涂时涂料雾化不良,呈丝状喷出,使漆膜表面出现丝状缺陷。

①产生原因。

a. 涂料的黏度高,或制漆用的合成树脂(如氯化橡胶、丙烯酸树脂等)的分子量偏高。

b. 选用的溶剂溶解力不足或溶剂在喷涂时挥发过快。

c. 易拉丝的树脂含量超过无丝喷涂含量。

d. 喷枪调整不当,喷涂压力过高。

②防治方法。

a. 通过试验选择涂料最适宜的施工黏度或最适宜的施工固体分。

b. 选用溶解力适当(或较强的)溶剂。

c. 使用分子量分布均匀的或分子量较低的树脂,调整涂料配方,减少易拉丝树脂的含量。

d. 适当调整喷涂压力。

(19)光泽不良。光泽不良是指有光泽涂层干燥后没有达到应有的光泽或涂装后不久涂层出现光泽下降,表面不均匀,并有轻微纹理,呈雾状朦胧的现象。

①产生原因。

a. 颜料的选择、分散和混合比不适当,树脂的混溶性差,溶剂选择不当。

b. 施喷件表面对涂料的吸收量大,且不均匀。

c. 施喷件表面粗糙。

d. 过烘干或烘干时换气不充分,涂料抗污气性差。

e. 喷涂时有虚雾附着或由补漆造成。

f. 能抛光的涂层未干透就抛光。

g. 在高温、高湿或极低气温的环境下涂装。

②防治方法。

a. 通过试验,选择合适的涂料,选择油漆厂指定的溶剂。

b.喷涂相应的隔绝底漆,以消除底漆对面漆的吸收或不均匀的吸收。

c.应仔细打磨(注意打磨手法和砂纸型号的选择),消除施喷件表面的粗糙度。

d.严格遵守规定的烘干条件,烤房内换气要适当。

e.注意喷涂顺序,确保喷涂厚度均匀,减少喷涂虚雾的附着。

f.抛光工序要在涂层完全干透,熟化后进行。

g.控制涂装环境。

(20)出汗。出汗是指在漆膜表面上析出一种或几种组分的现象。如普通硝基漆在60℃以上烘干时,增塑剂呈汗珠状析出。

①产生原因。

a.增塑剂与漆基的混溶性差,如硝基漆采用了蓖麻油、樟脑等非溶剂型增塑剂。

b.漆膜在打磨前未充分干透(溶剂未完全挥发)。

c.漆膜中含有蜡、矿物油时,可能逐渐渗出到漆膜表面上。

②防治方法。

a.选用与漆基混溶性好的增塑剂,降低增塑剂的黏度,减少非溶剂型增塑剂的用量。

b.漆膜打磨前应干透。

(21)丰满度不良。丰满度不良是指漆膜虽然喷涂得很厚,但从外表看仍然很薄而显得干瘪的现象。

①产生原因。

a.使用高聚合度的漆基制成的涂料,其本身丰满度差。

b.颜料含量少,涂料过稀。

c.施喷件表面不平滑且吸收涂料。

②防治方法。

a.选用丰满度高的涂料。

b.选用固体分较高的涂料。

c.打磨以消除施喷件表面的粗糙度,涂隔绝底漆以消除底材对面漆的吸收。

(22)缩边。缩边是指在涂装和烘干过程中漆膜收缩,使被涂物的边缘、角等部位的漆膜变薄,严重时甚至露底。在水性涂料施工时常出现这种缺陷。

①产生原因。

a.漆基的内聚力大。

b.涂料的黏度偏低,所用溶剂挥发慢。

②防治方法。

a.在设计涂料配方时应注意消除缩边缺陷。

b.添加阻流剂,降低内聚力。

(23)烘干不良、未干透。烘干不良是指漆膜干燥(自干或烘干)后未达到完全干固,手摸漆膜有发湿之感,漆膜软,未达到规定硬度或存在表干里不干等现象。

①产生原因。

a.自干或烘干的温度和时间未达到工艺规定。

b. 自干场所换气不良,湿度高,温度偏低。

c. 一次涂得太厚(尤其是氧化固化型涂料)。

d. 自干型涂料所含干燥剂失效,或表干型干燥剂用量过多。

e. 烘干室内的被烘干物太多,热容量不同的工件同时在一个烘干室内烘干。

f. 施喷件表面上有蜡、硅油、油和水等。

②防治方法。

a. 严格执行干燥工艺规范。

b. 自干场所和烘干室的技术状态应达到工艺要求。

c. 氧化固化型涂料一次不宜涂得太厚,如厚度超过 $20\mu m$,则应分几次涂装。

d. 添加干燥剂或调整表干型干燥剂的用量。

e. 不同热容量的工件应有不同的烘干规范,烘干室的装载量应控制在一定范围内。

f. 严防被涂物和压缩空气中的油污、蜡、水等带入涂层中。

(24)钣金凹凸。钣金凹凸是指钢板结构件(如汽车车身)由于冲压钣金加工不良及储运、焊装过程中产生凹凸不平,影响涂层外观装饰性的现象。由焊点产生的坑称为电焊坑;冲压时产生的小的凹凸,在涂装后残留在涂面上且更显眼,称为星状不平。

①产生原因。

a. 冲压模具的精度不够或通过手工成形,钢板表面不平,有划痕线等。

b. 冲压工厂环境较差,钢板表面有尘埃,如在冲压时,模具或钢板上附着有小沙粒,产生星状不平。

c. 储运和组装过程中保护不好,发生碰伤,造成凹凸不平。

②防治方法。

a. 提高模具精度,用模具成形代替手工钣金成形,检查钢板表面的平面度和清洁度。

b. 控制冲压工厂的环境,防止沙粒等污物附着在模具上或钢板上。

c. 加强管理、防止碰伤。

d. 用烫锡、锉平等修锉工序来消除钣金件表面的凹凸不平和焊点坑,或以胶代焊减少和消除焊点坑。

e. 刮原子灰填平。

(25)漆雾。喷漆过程中漆雾飞溅落在施喷件表面或漆膜上成虚雾状,影响漆膜光泽和外观装饰性的现象。如落上异色漆雾则称为漆雾污染。

①产生原因。

a. 喷涂操作不正确,如喷枪距离被涂物表面的距离太远,与施喷件表面不垂直或喷枪压力过大。

b. 施喷件之间距离太近。

c. 喷漆间气流混乱,风速太低(小于0.3m/s)。

d. 不需要涂装的表面未遮盖或遮盖不严。

②防治方法。

a. 纠正不正确的喷涂操作。

b. 施喷件之间应留足距离,以防飞溅。以汽车车身为例,间距应不小于 1.5m,且喷涂方向正确。

c. 喷漆室的气流应有一定方向,风速在静电喷漆场合不小于 0.3m/s,在手工喷涂场合应在 0.5m/s 以上。

d. 不需涂装的表面应遮盖,尤其是在喷涂异色漆和进行修补喷涂时。

(26) 打磨缺陷。打磨缺陷是由于打磨不彻底、不规则或打磨划伤砂纸纹,上层面漆盖不住而造成的漆膜缺陷。

① 产生原因。

a. 打磨工具的技术状态不良或操作不当。

b. 砂纸质量差,有掉砂现象。

c. 在打磨平面时未采用打磨垫块,局部用力过猛。

d. 打磨后未检查被打磨表面的质量。

② 防治方法。

a. 确保打磨工具的技术状态良好,操作要规范。

b. 选用优质的砂纸,在用新砂纸前,应将砂纸相互对磨一下,以消除掉砂现象。

c. 在打磨平面时应采用打磨垫块,并注意打磨方向和力度。

d. 打磨后应进行打磨质量检验。

(27) 遮盖痕迹。遮盖痕迹是指遮盖用的胶带痕迹照原样残留在涂面上,或分色线呈锯齿状,超过工艺标准的现象。

① 产生原因。

a. 胶带的质量差。

b. 遮盖工序执行不认真。

c. 漆膜未干透就撕下胶带或其他遮盖物。

② 防治方法。

a. 选用涂装专用胶带,在烘干场合要求胶带应耐热。

b. 按工艺要求认真遮盖,为确保分色线无锯齿,应选用边端整齐的胶带。

c. 漆膜干后(至少表干后)才能揭下胶带或其他遮盖物。

(28) 气体裂纹。气体裂纹是指在涂层干燥时受酸性气体的影响,涂面产生皱纹、浅裂纹等现象。

① 产生原因。

a. 涂层干燥场所(或烘干室)的空气中,含有酸性气体(如二氧化硫、二氧化碳、一氧化碳等)。在采用烟道气直接烘干的场合,易产生这一缺陷。

b. 所用涂料的耐污气性差。

② 防治方法。

a. 查清原因,消除干燥场所(或烘干室)中的酸性气体或降低其浓度。

b. 在采用烟道气直接烘干的场所,应通过试验后才能纳入工艺。

c. 选用耐污气性好的涂料。

(29) 色差。色差是指刚涂完的漆膜在色相、明度、彩色度与标准色板有差异,或在补漆时与原漆色有差异。

① 产生原因。

a. 所用涂料各批次之间有较大的色差。

b. 在更换颜色时,输漆管路或涂装工具未洗净。

c. 干燥规范不一致,尤其是在烘干的场合,产生局部过烘。

d. 补漆时造成的斑痕。

e. 没有使用油漆厂推荐的配方。

f. 原车因长期使用而褪色。

g. 涂料没有充分搅拌。

② 防治方法。

a. 加强涂料进厂检验。

b. 换漆色时,输漆管路或涂装工具一定要洗净。

c. 烘干的时间、温度应严格控制在工艺标准范围内。

d. 力争少补漆,如需补漆则应整个部件(或有明确分界线的表面)补漆。

e. 使用正确配方。

f. 运用喷涂技术调整,使颜色与原车匹配。

g. 使用扇形色卡核对原厂漆颜色。

h. 彻底搅拌涂料。

(30) 吸收。吸收是指在涂装时涂料被底材过渡吸收,出现无光或像未涂漆那样的现象。如在纤维板上涂漆时,刚涂完尚见漆膜,但很快就消失。

① 产生原因。

施喷件为多孔材质,如松木板、纤维板和涂刮的原子灰层疏松等,把涂在其表面上的涂料吸入孔内,使涂层无光或不完整。

② 防治方法。

a. 多孔材质的施喷件在涂漆前应涂堵孔涂料,进行前处理(或表面调整)。

b. 刮过原子灰的施喷件表面,在打磨后应涂底漆或中涂漆,以消除原子灰对面层涂料的吸收。

c. 增加涂层的道数或厚度。

(31) 鲜映性不良。涂层的鲜映性(平滑性、光泽)不良,也就是涂层的装饰性差。如现代高级轿车的车身涂层的鲜映性应为 $0.8 \sim 1.0$(PGD);稍低一点应在 $0.6 \sim 0.7$ 范围之内;普通轿车、轻型车和装饰性要求较高的中型载货汽车的涂层鲜映性应在 0.5 左右,如低于上述规定数值,则称为鲜映性不良。

① 产生原因。

a. 施喷件表面的平整性差。

b. 所选用的涂料展平性差、光泽度差、涂料细度不达标。

c. 涂装环境差,涂层表面产生颗粒。

d. 喷涂工具不好,施工黏度及溶剂选用不当,喷涂时涂料雾化不良,涂面的橘皮严重。

e. 涂层厚度不足,丰满度差。

② 防治方法。

a. 提高加工精度,防止储运过程中的磕碰伤,保证施喷件表面的质量达到技术要求。

b. 选用展平性好,细度和光泽度优良的涂料。

c. 改善涂装环境,高装饰性涂料的涂装宜在条件较好的喷漆间内进行,进入的空气应作无尘处理。

d. 选用雾化性能良好的喷涂工具,选择合适的施工方法和施工黏度,使涂料达到最佳的雾化。

e. 高装饰性涂层一般采用多层涂装体系,增加涂层厚度,以提高涂层的丰满度和平滑性。

(32) 过烘干涂层。过烘干涂层是指在烘干过程中因烘干温度过高或烘干时间过长,产生失光、变色、变脆、开裂和剥落等现象。

① 产生原因。

a. 烘干设备失控,造成烘干温度过高。

b. 烘干时间过长,如在流水生产线上,施喷件停留在烘干室中时间过长甚至过夜,尤其是在120℃以上烘干的场合极易产生过烘干现象。

c. 涂层配套和烘干规范选择不当。

② 防治方法。

a. 确保烘干设备的技术状态良好,烘干温度按工艺规定调整。

b. 烘干时间应符合工艺规定,在高温烘干场合,施喷件不宜在烘干室内过夜。

c. 涂层配套应合适,面漆层的烘干温度不应高于底涂层的烘干温度。

(33) 接触伤痕、划碰伤、笔划痕。接触伤痕、划碰伤、笔划痕是指涂层受外界作用而产生伤痕,失去完整性的现象。在涂层未干前因喷漆胶管、手等接触留下的伤痕称为接触伤痕;被涂物在储运和装配过程中因划碰造成的干漆膜的损伤称为划碰伤;用笔做标记在漆面上留下的痕迹称为笔划痕。

① 产生原因。

a. 湿漆膜受外界作用,漆膜表面遭到破坏。

b. 干漆膜受机械划碰。

c. 做标记的笔不符合要求。

② 防治方法。

a. 涂层未干前严禁外物接触,保护好湿漆膜。

b. 加强被涂物在储运、装配过程中的保护,严禁磕碰。凡挂具(或工位器具)与被涂物有接触部位,应有软化保护,在装配过程中漆面要加保护罩保护。

c. 用笔(或粉笔)在喷涂前的施喷件表面做的标记,在喷涂面漆前一定要清除干净。面漆上严禁用普通的笔或粉笔做标记。

(34) 修补印痕。修补印痕是指修补部位与原漆面的光泽、色相有差别的现象。

① 产生原因。

a. 修补涂料与原涂料的光泽和颜色不同，或修补涂料较原涂料的耐老化性（如耐候性）差。

b. 被修补部位打磨不良。

c. 由局部修补造成。

② 防治方法。

a. 修补涂料的颜色、光泽和耐老化性应与原涂料尽可能相似，最好选用原涂料生产厂生产的修补涂料。

b. 被修补部位应仔细打磨。

c. 修补面与原漆面的结合处应打磨出羽状边。

(35) 银粉泛色。银粉泛色是指金属色漆（银粉色漆及珍珠色漆）表面的金属颗粒出现于清漆层中的现象。严重的话，会引起变色。

① 产生原因。

a. 色漆和清漆不匹配。

b. 色漆没有充分的晾干就喷涂清漆，喷涂清漆时环境过湿。

c. 喷涂气压太高。

d. 选择溶剂不正确。

e. 色漆过于干喷。

f. 喷漆间不清洁，如有灰尘等。

② 防治方法。

a. 选用同一油漆厂生产的油漆和清漆。

b. 喷涂清漆前要有足够的时间使色漆充分挥发。

c. 按照工艺要求调整喷涂气压。

d. 使用油漆厂推荐的溶剂。

e. 按照油漆厂要求的施工程序和技术施工。

f. 保证喷漆间的清洁。

3. 涂装后产生的漆膜破坏状态及防治方法

(1) 粘接不牢。由于喷涂底材和涂层或涂层与涂层之间附着力不良所产生的漆面剥落现象称为粘接不牢，如图 7-19 所示。

① 产生原因。

a. 施喷件表面处理不当，有一些影响粘接的物质残留在要喷涂的表面上（如硅酮、油、脂肪、蜡、锈、抛光残留物等）。

b. 选用的底漆不合适。

c. 施喷件表面打磨不充分或未进行打磨。

d. 喷涂底漆或面漆时使用干喷式或面漆喷涂太厚。

e. 喷涂金属银粉漆时，涂层与涂层间的相隔时间太短或油漆调配太浓。

f. 喷涂时底材表面温度太高或太低。

②防治方法。

a. 打磨时要充分。

b. 彻底清洁欲喷涂的区域。

c. 在有可能发生粘接不牢的施喷件(如铝和塑料)上应遵照制造商的指示,正确使用底漆,该底漆应有充分的漆膜厚度。

d. 避免喷涂时使用干喷式。

e. 按推荐的黏度喷涂。

f. 在喷涂每道涂层之间要有充分的挥发时间。

(2)裂缝、开裂。裂缝、开裂是指在油漆表面上出现有向不同方向扩展的,不同长度和宽度的裂纹的现象。根据裂缝的形态(大小、深度、宽度)可分为发状裂纹、浅裂纹、龟裂、鳄皮裂纹和玻璃裂纹几种,如图7-20所示。

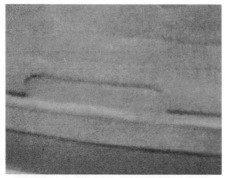

图7-19 粘接不牢

图7-20 裂缝、开裂

①产生原因。

a. 主要原因是涂层经受不住冷热、干湿或侵蚀液体的交替变化。

b. 涂料在使用前未搅拌均匀。

c. 涂层配套不适当,如底漆层膜比面漆层漆膜软。

d. 面漆层涂得过厚,且耐寒性(或耐湿变性)不佳。

e. 底涂层未干透就涂面漆。

f. 所用面漆的耐候性差。

g. 涂层老化。

②防治方法。

a. 通过试验解决涂层的配套性,一般使底层漆膜和面层漆膜的硬度、伸缩性接近。

b. 耐寒性差的漆膜(尤其是自干型漆膜,如硝基漆)不应涂得过厚,应按工艺要求严格控制。

c. 中涂层干透后方能涂面漆。

d. 选用耐候性、耐温变性优良的面漆。

e. 应尽可能避免将被涂件早期暴露在严寒之中。

(3)失光。由于涂料不良导致所涂漆膜的光泽低于标准板光泽的现象,以及在使用过程中最初在光泽的漆膜表面上出现光泽减少的现象,统称为失光。后一种失光,有时是可逆的,借助抛光能消除,如图 7-21 所示。

① 产生原因。

a. 涂装不良,未按工艺执行,如涂得过薄、过烘干和被涂面粗糙等。

b. 所选涂料的耐候性差。

c. 漆膜(尤其是挥发干燥型涂料)干燥收缩造成。

d. 阳光照射、水气(高温高湿)作用和腐蚀气体的沾污。

② 防治方法。

a. 严格工艺要求或漆厂推荐的涂料施工条件进行涂装。

b. 按被涂物的使用条件,选用耐候性优良的涂料。

c. 如所用涂料有抛光性,则进行抛光即可恢复光泽。

(4) 生锈、锈蚀。锈蚀是指金属表面产生氧化物和氢氧化物。作为漆膜弊病的生锈系指漆膜下出现红丝和透过漆膜的锈点(斑),前者称为丝状腐蚀,后者称为疤形腐蚀,如图 7-22 所示。

图 7-21　失光

图 7-22　生锈、锈蚀

① 产生原因。

a. 被涂面的表面质量差,如有锈未除净就涂漆。

b. 漆前表面处理质量差,如磷化处理不完全或磷化膜与涂层配套不佳。

c. 涂层不完整,有针孔、漏涂等缺陷,如点焊缝中未涂到漆易淌黄锈。

d. 所用涂料的耐腐蚀性差。

e. 使用环境差,如高温高湿、有腐蚀介质(酸、碱、盐等)的侵蚀。

② 防治方法。

a. 漆前被涂面一定要清洁,绝不允许带锈涂漆。

b. 黑色金属件在涂底漆前应进行磷化处理,并应与所用涂层有良好的配套性。

c. 应确保涂层的完整性,被涂物的所有表面(包括焊缝)都应涂到漆。焊缝和搭接缝应涂密封胶。

d. 根据被涂物的使用环境选用耐腐蚀性、耐潮湿优良的涂料,如阴极电泳涂料、环氧粉末涂料等。

(5) 起泡。起泡是指漆膜的一部分从被涂面或底涂层上浮起,且其内部充满着液体或气体,大小直径在 1～5mm 或呈大块浮起。

①产生原因。

a.被涂面有油、汗液、盐碱、打磨灰等亲水物质残存。

b.清洗施喷件的最后一道用水的纯度差,含有杂质离子。

c.使用环境高温高湿,如在梅雨季节涂膜易起泡。

d.所用涂料的涂膜耐水性或耐潮湿性差。

e.涂层干燥固化得不充分。

②防治方法。

a.施喷件表面应清洁,绝不允许有亲水物质,尤其是水溶的盐碱残存。

b.漆前最后一道水洗应该用去离子水。

c.漆膜应干透。

d.根据施喷件使用环境,选用耐水性优良的涂料。

(6)沾污、斑点。沾污、斑点是指在漆膜表面上发生与大部分表面颜色不相同的色斑或黏附着尘埃和脏物等异物的现象。

①产生原因。

a.漆膜在使用过程中受软化或回黏。

b.从漆膜中析出异物(如出汗)。

c.受环境空气中的污物(如灰尘、水泥灰、焦油、煤烟、酸性物质、昆虫和鸟类的粪便等)的侵入、沾污。

d.所用颜料不耐碱或长霉所致。

②防治方法。

a.选用在使用中不受热回黏、不软化、不析出异物的涂料。

b.选用耐沾污性好的涂料。

c.不把施喷件放置在污染源附近。

(7)褪色。褪色是指在使用过程中,漆膜的颜色变浅的现象。

①产生原因。

a.受日光、化学药品、大气污染等作用,使颜色减退。

b.受热、紫外线的作用使树脂变质。

c.所选用涂料(或漆中所含颜料)的耐候性差或不适用于户外。

②防治方法。

a.根据使用环境选用耐候性优良的涂料。

b.选用不褪色的涂料。

(8)返铜光。返铜光是指局部或整个漆膜表面呈现有铜色彩,即在阳光照射下变成忽绿忽紫的色彩。这是漆膜耐候性差的现象之一。

①产生原因。

a.受日光、紫外线的照射或受高温影响。

b.由于红色、蓝色等颜料的迁移造成,尤其是在所用颜料颗粒在约 $0.1\mu m$ 以下的情况。

c.喷涂用的压缩空气中有油。

②防治方法。

a. 选用耐候性良好的涂料,在配色时应注意所用颜料的品种。

b. 除净压缩空气中的油分。

(9)粉化。粉化是指漆膜表面受大气中的光、氧气和水分的作用,老化呈粉状脱离的现象。

①产生原因。

a. 漆膜在使用过程中受紫外线、氧气和水分的作用,发生老化,漆基被破坏,露出颜料。

b. 所用涂料的耐候性差。

②防治方法。

a. 根据被涂物的使用环境,选用耐候性优良的涂料,切勿将内用涂料用于户外。

b. 加强漆膜的维护保养。

(10)返黏。返黏是指已干燥的漆膜表面又出现黏性的现象,又称回黏。

①产生原因。

a. 所用涂料含半干性油。

b. 干燥后通风不足,湿度高。

c. 底材(如水泥墙)中所含的碱性物质使油漆膜皂化而软化。

d. 底涂层的挥发物逐渐透过面涂层引起回黏。

②防治方法。

a. 更换涂料品种。

b. 加强干燥场所的通风。

c. 含碱质的底材涂漆前应洗净或涂防止碱质的密封层。

d. 底涂层的挥发分应挥发完全后再涂面漆。

(11)变色。在使用过程中漆膜的颜色发生变化,其色相、明度、彩度明显地偏离标准色板的现象称为变色。

①产生原因。

a. 受阳光照射(主要是短波区段)潮湿、高温、空气中的腐蚀性气体(如二氧化硫)等作用所致。

b. 所用涂料的耐候性差。

c. 在涂膜老化、增塑剂析出等过程中有机颜料通过漆膜迁移。

②防治方法。

a. 根据被涂物的使用条件选用合适的涂料。

b. 选用耐候性优良的涂料。

(12)风化、侵蚀。风化是漆膜破坏现象,可伴随漆膜厚度的降低直至露出底材,是比粉化更严重的漆膜破坏状态。

①产生原因。

a. 所用涂料的耐候性差。

b. 被涂物使用年久和使用环境条件恶劣。

②防治方法。

a.根据被涂物使用条件选用耐候性优良的涂料。

b.根据漆面破坏状态,及时重新涂漆(即及时进行大修涂装)。

(13)变脆。变脆是指涂膜弹性变差的现象,这是漆膜开裂或剥落的前奏。

①产生原因。

a.过烘干造成。

b.涂层配套不合理,附着不良的漆膜易变脆,如在低湿干型底涂层上涂高温干燥的面漆层。

c.漆膜涂得过厚,或使用环境温度过低。

②防治方法。

a.通过试验选择合适的烘干规范,选择配套性良好的涂层。

b.选择合适的漆前表面处理方法,提高漆膜的附着力。

c.根据使用条件和涂料的特性,选择合适的涂膜厚度。

(14)溶解。溶解是指涂层在使用过程中受侵蚀性液态介质溶解而产生的漆膜破坏,伴随着漆膜的厚度减薄直至露出底材的现象。

①产生原因。

a.所用涂料不适应于使用环境(耐某种介质性能差)。

b.在使用过程中接触到某种具有侵蚀性的液体、气体。

②防治方法。

a.根据被涂物的使用条件,选用耐某种侵蚀介质性能强的涂料。

b.预防涂层与侵蚀性介质接触,消除侵蚀源。

(15)发霉。发霉是指漆膜在使用过程中,其表面上有霉菌生长,致使漆膜破坏的现象。

①产生原因。

a.被涂物的使用环境潮湿,背光。

b.所用涂料的基料或底材本身可能是霉菌的养料(如油性漆的基料、木材等)。

c.涂层表面在使用过程中不经常清洗维护。

②防治方法。

a.根据被涂物的使用条件选用具有防霉性的涂料。

b.在所用涂料中添加防霉剂,易发霉的底材在涂漆前应进行防霉处理。

c.涂层表面应经常清洗和维护。

(16)雨水痕迹。雨水痕迹是指由于下雨或清洗被涂物时,在漆面上残留的水滴,使涂膜表面产生白色痕迹。

①产生原因。

a.所用涂料耐水、耐潮湿性差。

b.漆面未经表面保护。

②防治方法。

a.根据被涂物的使用条件,选用耐水、耐潮湿性优良的涂料。

b. 加强漆面保护,涂一些憎水性的保护剂。

(17) 膨胀。膨胀是指被涂物在使用过程中与溶剂、油、黏结胶等接触附后漆面产生膨胀的现象。

① 产生原因。

a. 所采用涂料耐溶剂、油、黏结胶等物的沾污性差。

b. 漆面未及时清理。

② 防治方法。

a. 根据被涂物的使用条件,选用耐某种沾污性好的涂料。

b. 经常清理被涂物表面,消除沾的异物。

(18) 啄伤、划伤。指被涂物在运输、装配和使用过程中受外力作用产生漆膜伤痕。点伤痕称为啄伤,线状伤痕称为划伤。

① 产生原因。

a. 被涂物包装不佳,受外力或相互冲击,损坏涂膜。

b. 装配和运输过程中不注意漆面保护,发生划伤。

c. 在使用过程中受风沙和外物的冲击。

d. 涂层的耐崩裂性差。

② 防治方法。

a. 在运输和装配被涂物过程中应妥善包装和放置,加强漆面保护,做到轻拿轻放,注意吊装。

b. 根据被涂物的使用条件,选用耐崩裂和耐划伤性好的涂层。

二、任务实施

要得到高质量的涂面,除了涂料本身质量及正确的施工方法,掌握正确的抛光打蜡工艺是增加漆膜美观的重要一环。抛光剂、车蜡的种类很多,性能各异,只有根据涂面状况和使用环境来正确选用抛光剂和车蜡,才能取得最佳效果。

1. 抛光

抛光主要是为了增加漆膜的光泽度与平滑度,消除涂面的粗粒、轻微流痕、泛白、橘皮、细微砂纸痕迹、划痕、泛色层等漆膜表面细小的缺陷。抛光处理既适用于旧涂面翻新,也适用于新喷涂面及修补施工的修饰。

汽车是一种室外交通工具,长年受到阳光、风沙、雨雪、温差等不良环境影响。当前化工工业的飞速发展,使涂面接触化学品的概率增大,涂面受到的化学侵蚀程度既复杂又严重,光靠简单的水洗不能将其消除,而要进行翻新抛光处理,通过摩擦和抛光的作用来消除涂面的缺陷。抛光盘配合抛光剂与涂面摩擦,去除涂面的老化层和细微擦痕,使涂面变得光滑、靓丽。

溶剂挥发型面漆(硝基面漆)在干燥后涂膜表面会失光,通常需要进行表面抛光处理来恢复其光泽。现在通常使用丙烯酸基或丙烯酸聚氨酯型的双组分面漆,虽然表面具有高度的光泽,但由于喷涂环境的影响,喷涂表面有时也会产生大量的脏点,或是由于局部修补需要,使修补部位与原涂层消除光泽上的差异或色差,往往也需要进行整板抛光处理。

(1)抛光剂的类型。抛光所使用的材料主要是由大小均匀的细微砂粒组成。其形态有粉末状、软膏状(不流动)、稀泥浆状(流动)。根据组成有纯微细砂粒粉末;有硅藻土、矿物油、蜡、乳化剂、溶剂混合而成的软膏;有微细砂粒与蜡、硅氧烷、溶剂组成的混合液,以及不断涌现的含还原剂、去污剂、去釉剂,而不含蜡、硅氧烷的新型高质量抛光剂。按抛光剂材料颗粒大小大致可分为粗粒、中等细度、超微粒子。

含研磨剂蜡,该蜡为黏稠的乳状物,内含抛光剂和蜡,具有抛光和上蜡的双重功能,可消除漆膜表面泛色、轻微划痕及抛光后产生的光环,是一种抛光、上蜡二合一的用品,既可作为抛光使用,也可作为上蜡使用。此产品虽有上蜡的效果,但保持时间不长,一般应再涂一层高质量的蜡。该品种简化抛光、上蜡的多道工序,适用于车辆上光,不能用于重新喷涂部位的抛光处理,以防新喷湿膜上产生缩孔。

(2)整车抛光工艺。整车抛光既有旧车涂面翻新抛光,也有新喷涂面抛光。新喷涂面应在漆膜实干后进行,挥发性涂料在喷涂后 8～16h 进行,双组分涂料应在喷涂后,经过60℃(金属温度为准)烘干35min,待表面温度冷却后,手指压表面而没有产生手指印或风干36h进行抛光(但不建议风干)。

一般采用二次抛光处理法效果较好。在抛光前若是旧车涂面,则应用水将车身表面的泥沙冲洗干净,以防在抛光时损坏涂面。

①第一次抛光。首先用半弹性垫块衬 P1500 水砂纸,后再用 P2000、P4000 海绵砂纸,轻轻地把流痕、凸点、粗粒、轻微划痕打磨平整,再按顺序将全车打磨一遍,使涂面达到无光程度,注意不要磨穿漆膜层。清洗涂面并擦净、干燥后,用布块将全能抛光剂均匀地涂于涂面,机械抛光应将抛光机的转速调至 1000～1500r/min 为宜,将抛光机的羊毛垫平放在涂面上,然后均衡地向下施加压力。从车顶开始抛光,在涂面上有规律地沿水平方向来回研磨,研磨面积不宜过大,要一个块面一个块面地进行,每一块面长 60～80cm,宽 40～50cm,涂面逐渐呈现平滑与光泽,即可用干净的抹布把涂面上的多余抛光剂擦净。若发现某部位涂面还不能达到质量要求时,可重复研磨直至达到质量要求。研磨时要特别注意折口、棱角及高出底材的造型涂面,这些部位的漆膜相对较薄,研磨时触及机会较多,要特别注意不要磨穿漆膜,平面部位较圆弧面不易出光泽,应适当增加研磨次数。

②第二次抛光。当整车涂面用全能抛光剂完成后,涂面的流痕、粗粒、划痕、海绵砂纸打磨痕迹会全部消除,但有时会有一些极其细小的丝痕或光环,为了确保涂面更平滑、光亮,则需用釉质抛光剂进行第二次抛光。用干净的软布擦净前道抛光残留物,摇匀釉质抛光剂,用软布或海绵将其均匀涂于漆膜表面,用手工或机械方法抛光,机械抛光应将海绵盘转速保持在 1000～1500r/min,抛光时应按一定方向有序进行。不要用羊毛盘进行第二次抛光。手工抛光时应水平直线运动进行抛光,直到涂面擦亮即可,最后无论是机械抛光还是手工抛光都应用干净的软布擦净涂面。经釉质抛光剂抛光后,涂面亮度高、丰满度好,保持时间可达1年。

(3)修补涂装施工中的局部抛光。根据局部抛光所起的作用,可分为喷涂前修补部位外围旧漆膜抛光和喷涂后局部抛光。

①喷涂前修补部位外围旧漆膜抛光,可采用手工或机械方法,因修补涂装部位外围抛光面积一般不会太大,因此,手工处理较为普遍。使用抛光剂时应选用不含蜡、硅氧烷的粗抛光剂。抛光时倒少许于软布上,用力在修补涂装部位外围旧漆膜上来回研磨,去除旧漆膜表面的氧化层、泛色层、蜡等一般清洁剂不易擦净的脏物,为修补涂装工作创造一个很好的被涂面,抛光处理的面积尽可能宽一些,一般遵循处理面宜大不宜小原则,以给修补涂装时留出足够的伸缩余地。

②喷涂后局部抛光,应在漆膜完全干燥后,使用细度抛光剂或超细抛光剂。采用手工或机械处理方法,倒少量抛光剂于软布上,在修补涂装部位四周接口处,按修补涂装部位向旧涂面部位单一方向抛光,如图7-23所示。抛光力度不宜过大,抛光程度不宜过深,防止产生补涂边缘线形痕迹,涂面达到柔和程度即可。

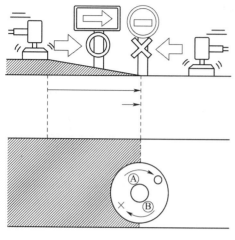

图7-23 抛光方向

2. 打蜡

汽车漆膜经过抛光后,一般均需在其表面打蜡,蜡质在漆膜表面干燥后会形成一层薄的保护膜,该保护膜可以反射阳光中的紫外线,降低对漆膜的破坏。蜡质的光滑度能有效防止水分子对漆膜的渗透并具有抗污能力,蜡膜有一定的硬度,可减轻划伤漆膜的程度,蜡膜的光泽能提高漆膜的光泽度、丰满度,弥补抛光处理后的不足。

(1)打蜡前对涂面及施工环境的要求如下:

①旧车漆膜保护性打蜡1~2个月打蜡一次,也可3~4月打蜡一次,这主要根据使用情况而定,一般可通过目测感觉或用手触摸涂面有发涩感,即需进行打蜡。

②旧车涂面沾有灰尘、泥沙、旧蜡,打蜡前应使用专用清洗液清洗干净,防止泥沙在上蜡时划伤涂面,旧蜡会使局部新蜡膜附着不牢。

③若旧车漆膜已氧化、泛色或有划痕,应清除后才能打蜡。

④新喷涂的膜表面的流痕、橘皮、粗粒、划痕,应通过研磨、抛光处理后才能打蜡。

(2)机械打蜡。机械打蜡时使用轨道抛光机,其椭圆形轨迹旋转及双手扶把紧贴机体的中心立轴,效率高、质量好、不易产生划痕。打蜡时将液体蜡摇匀后画圈似地倒在打蜡盘面上,每次以$0.5m^2$的面积顺序打匀,直至打完全车。待蜡凝固后,将干净、无杂质的全棉抛蜡盘套装在打蜡机上,开机后调节转速并控制在1000r/min以下,然后将打蜡机抛光盘套轻放在涂面上,进行横向与竖向覆盖式抛光,直至涂面靓丽为止。

(3)手工打蜡。若是乳状蜡应将其摇匀,然后倒少许于海绵或软布上,涂蜡时以大拇指和小拇指夹住海绵,以手掌和其他三个手指按住海绵,每次涂蜡以$0.5m^2$的面积为宜,力度均匀地按旋律式顺序擦拭。从前到后、从左到右,蜡膜要涂得薄而均匀,根据每种车蜡的说明,稍候用干净的软布擦净即可。

小知识

汽车漆面的护理美容和翻新美容

1. 漆面护理美容

漆面护理美容是指汽车在正常使用中进行护理,保护漆膜从而使漆面光泽持久,避免粗糙失去弹性和光泽。

汽车漆膜护理美容的施工工艺如下:

(1) 首先用中性清洁液清洗车身各部油污与脏点。

(2) 用中号抛光机及细海绵配合水溶性漆膜保护蜡,将漆膜保护蜡涂于海绵球的表面,用中低速900~1600r/min均匀涂抹在车身表面。封闭10min后改有羊毛球进行抛光,除去表面浮蜡。

2. 漆面翻新美容

漆面翻新美容是指受污染的漆面造成粗糙失光,不须喷漆,经过翻新美容后就能达到原来的效果。

在日常的使用中,汽车油漆表面由于长时间未做任何漆膜保护,以及受空气中的有害气体、紫外光照射、酸雨、鸟粪等侵蚀和汽车在高速行驶中与空气摩擦产生的静电,将有害气体的分子和灰尘吸附黏结于车身油漆表面,而形成一种氧化膜,使车身颜色变暗、不鲜艳,同时严重影响上蜡质量。

汽车漆面翻新美容的施工工艺如下:

(1) 首先确认没有严重的刮伤后,要对车身表面用清洁液彻底清洗。选用电动细磨机或气动细磨机配合专用超软连接垫和超软型尼龙细砂网,用中低速将氧化膜除掉后用快干清洁剂清洁。

(2) 去掉氧化膜的车身,用抛光机和粗海绵球配水溶性抛光粗蜡,将抛光蜡涂于海绵球表面,用中速1600r/min抛光。

(3) 再将水溶性抛光细蜡加少许水分均匀涂抹在需抛光部位,改用羊毛球,抛光机选中高速1900~2200r/min将砂纸纹抛掉使光泽产生。在抛光过程中应尽量使羊毛保持湿润防止过热损伤漆面。

(4) 最后进行上光封闭保护,用细海绵球将水溶性漆膜上光保护蜡均匀地涂在车身表面,10min后用洁净的羊毛球抛光。

3. 涂膜的修整

(1) 流挂和涂膜颗粒的处理。在喷涂当中造成流挂是非常常见的故障,由于喷涂环境的影响,在涂膜表面有颗粒等也是不可避免的。若流挂的面积很小,涂膜表面颗粒很少,可以用单独修理的方法进行处理,修理必须是在涂膜完全干燥的情况下进行。处理过程为首先平整流挂或颗粒部位,然后用抛光的方法使修理部位与其他部位光泽一致,消除修理痕迹。

① 平整修理。平整流挂和小颗粒多采用打磨的方法,但对于流痕或颗粒比较大的情况下,往往先用刮刀将流痕或大颗粒刮平,然后再用较细的砂纸打磨来加快工作的速度。打磨

流挂部位一般使用 P1200～P2000 号水磨砂纸配合硬质打磨垫块(不可使用软打磨垫)来进行,因为较细的砂纸产生的打磨痕迹比较容易抛光,但有时需要打磨的区域比较大,为提高效率可以用较粗的砂纸(如 P800～P1000 号)先打磨一遍,待基本完成后再逐级用细一级的砂纸打磨,直到打磨痕迹可用抛光的方法消除为止,注意不要跨级使用砂纸。

打磨时为防止磨到周围不须打磨的部位,可以用贴护胶带对不须打磨的区域进行贴护。打磨的手法应使打磨垫块尽量平行于面漆涂膜,手法要轻一些,用水先将水砂纸润湿,然后在打磨区域上洒一些肥皂水,这样可以充分润滑打磨表面,且不至于产生太大的砂纸痕迹。打磨时要非常仔细,经常用胶质刮水片刮除打磨区域的水渍来观察打磨的程度,只要流挂部位消除并与周围涂膜齐平即可,千万不要磨穿或使漆膜过薄,要给抛光留出余量,并保证抛光后仍有足够的膜厚。对于边角等涂膜比较薄且极易磨穿的地方尤其要小心。

对于颗粒等小范围的打磨,一般使用小型打磨块配合 P1500～P2000 号水磨砂纸来进行。国外有些涂装工具公司一般专门为这项工作配有小磨头和其配套砂纸,如德国费斯拖工具公司即专门配有这种小型设备,国内的涂装工作人员一般使用砂纸包裹麻将牌来进行,效果很好。打磨时,同打磨流挂一样,须沿涂膜水平运动并用肥皂水润滑,如图 7-24 所示。如果颗粒过大或流痕突出部位非常明显,可以先用刮刀刮除,然后再用上述的打磨方法进行打磨。用刮刀刮除工作效率比较高,但操作上要求一定的技巧,刮削时刀刃应略向上方倾斜,不可切削过量。

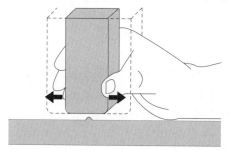

图 7-24　用小磨头打磨颗粒

②局部抛光。经过平整修理和打磨的区域必须进行抛光,对小范围修补区域一般使用手工抛光的方法即可,也可用机械抛光来提高效率。

手工抛光的材料一般使用法兰绒,因法兰绒质地较厚,且多为毛或棉质,非常适合抛光用。抛光时,用法兰绒布蘸上少许抛光粗蜡或中粗蜡,用力对打磨区域擦拭以消除打磨痕迹,运动轨迹以无序为好,尽量不要留下磨削的痕迹。待砂纸痕迹基本消除并具有一定的光泽后,将抛光区域和抛光布清理干净,不要留下粗蜡痕迹,然后换用抛光细蜡再次进行细致的抛光。

对于新漆面而言,未抛光的区域即具备耀眼的光泽,经过抛光的部位光泽虽然没有减低,但已经变得比较柔和,像珠光一样悦目,所以往往会造成两个区域有明显的差异甚至有色差。所以,用细蜡抛光的面积要大于修理区域三至五倍,使修补区域与未修补区域无明显的差异。最后,用上光蜡对整板进行上光即可。

用抛光机进行局部抛光同上述用手工抛光的基本步骤相同。首先将中粗抛光蜡(由于用机械进行局部抛光,用中粗蜡即可)涂抹于修理区域,选用小型海绵抛光轮以较低的转速对修理区域进行研磨抛光,待修理区域基本消除打磨痕迹并显现出光泽后,逐渐提高转速并扩大抛光区域到修理区域的三至五倍,然后换用较大的抛光轮,用细蜡对整板进行抛光上光一体操作,消除光泽和颜色的差异。

(2)涂膜凹陷的修理。在面漆喷涂完毕后,涂膜上常常会有个别因喷涂表面清洁不净,留有油渍、汗渍等造成涂膜张力变化而形成的小凹坑(鱼眼),或是清除贴护时造成的小范围涂膜剥落等现象,对这些地方进行补漆操作时若缺陷位置不明显,一般不需要用喷枪,使用小毛笔或牙签等对凹陷部位进行填补就可以了。但如果缺陷部位非常明显或所处位置是车辆极需要涂膜完美的地方,如小轿车的发动机盖或翼子板等,一般多需要采用点修补的方法(使用小型修补喷枪进行小局部喷涂)来修理。

用牙签或小毛笔填补凹陷最好在涂膜未干时操作,如果涂膜已经干燥将会造成填补部位附着不良和颜色的差异。具体操作如下:

①若面漆漆膜已经基本干燥,则需要用清洁剂对需要填补的区域进行清洁。如有必要可用 P800 号以上的细砂纸进行简单打磨,但打磨区域切不可过大,只起提高附着能力的作用即可,然后用清洁剂清洁干净。

②用牙签或小毛笔蘸上少许面漆(为保证没有色差,最好用富余的面漆。若为双组分涂料,则必须添加固化剂),并迅速地滴到故障部位(鱼眼)或描绘于需要填补的部位。

③用另一支小毛笔蘸取少许面漆稀释剂涂抹在修饰部位,以使修饰部位变得较为平整,并利用稀释剂的晕开和溶解作用使修补部位与其周围相融合。

④待完全干燥后可以稍稍进行打磨并进行抛光处理,方法同流挂及颗粒的修理。

三、评价反馈

1. 自我评价

(1)通过本学习任务的学习,你是否已经掌握以下问题:

①涂膜质量的检测项目有哪些?涂膜光泽度指的是什么?_____

_____

②喷涂过程中流挂的产生原因是什么?防治方法有哪些?_____

_____

③喷涂过程中颗粒的产生原因是什么?防治方法有哪些?_____

_____

④喷涂过程中抽缩、缩孔、鱼眼的产生原因是什么?防治方法有哪些?_____

_____

⑤喷涂过程中橘皮的产生原因是什么?防治方法有哪些?_____

_____

⑥涂装后粘接不牢的产生原因是什么?防治方法有哪些?_____

_____

⑦涂装后失光的产生原因是什么？防治方法有哪些？

_____

_____。

⑧使用抛光机进行抛光时，抛光盘平面与被抛光的漆面应始终保持一个多大的角度？为什么？

_____

_____。

⑨汽车漆面抛光的作用是什么？打蜡的作用是什么？_____

_____

_____。

⑩刮伤而未刮透的面漆层，如何进行修复？_____

_____

_____。

(2) 在本学习任务中用到了哪些设备？你已经能够正确地操作这些设备了吗？

评价：_____

_____

_____。

(3) 实训操作中，你能正确完成漆面抛光打蜡施工作业吗？你认为在施工作业中的注意事项有哪些？

评价：_____

_____

_____。

(4) 工作着装规范吗？

评价：_____

_____

_____。

(5) 在实训中你意识到安全防护的问题并提醒其他同学注意了吗？出现了不规范的情况吗？是如何处理的？

评价：_____

_____

_____。

(6) 你能积极主动参与工作现场的清洁和整理工作吗？

评价：_____

_____

_____。

(7) 在完成本学习任务的过程中，你主动帮助过其他同学吗？与其他同学探讨本学习任务的有关问题了吗？具体问题是什么？讨论结果是什么？

评价：_____
_____
_____。

(8)通过本学习任务的学习，你还有哪些方面需要进一步改善？
评价：_____
_____
_____。

(9)在进行本学习任务的过程中，你主动学习了"相关知识"的有关内容吗？掌握情况如何？
评价：_____
_____
_____。

(10)在本学习任务的实施中，你查阅了其他的相关资料吗(包括生产厂商的说明)？有何收获？
评价：_____
_____
_____。

(11)在本学习任务中你遇到的困难是什么？如何解决的？
评价：_____
_____
_____。

你的签名：_____　　____年____月____日

2．小组评价

小组评价见表7-1。

小组评价　　　　　　　　　　　　　　　　　　　表7-1

序号	评价项目	评价情况
1	学习态度是否积极主动	
2	是否服从教学安排	
3	是否达到全勤	
4	着装是否符合要求	
5	是否合理规范地使用仪器和设备	
6	是否按照安全和规范的规程操作	
7	是否遵守学习、实训场地的规章制度	
8	是否积极主动地和他人合作、探讨问题	
9	是否能保持学习、实训场地整洁	
10	团结协作情况	

参与评价的同学签名：_____　　____年____月____日

3. 教师评价

_____

_____。

　　　　　　　　　　教师签名：_____　　　_____年_____月_____日

参 考 文 献

[1] 李扬. 汽车涂装技术[M]. 2版. 北京:人民交通出版社股份有限公司,2015.
[2] 程玉光. 汽车涂装技术[M]. 北京:人民交通出版社,2005.
[3] 黄俊平. 汽车涂装技术[M]. 北京:机械工业出版社,2016.
[4] 王建. 汽车涂装技术[M]. 北京:机械工业出版社,2018.
[5] 宋东方. 汽车涂装技术[M]. 北京:化学工业出版社,2011.